"呈"风破浪

风浪

张呈栋传

2017 最受欢迎中超球员

于静◎著

中国出版集团　现代出版社

"呈"风破浪

风浪

张呈栋传

2017 最受欢迎中超球员

于静◎著

中国出版集团　现代出版社

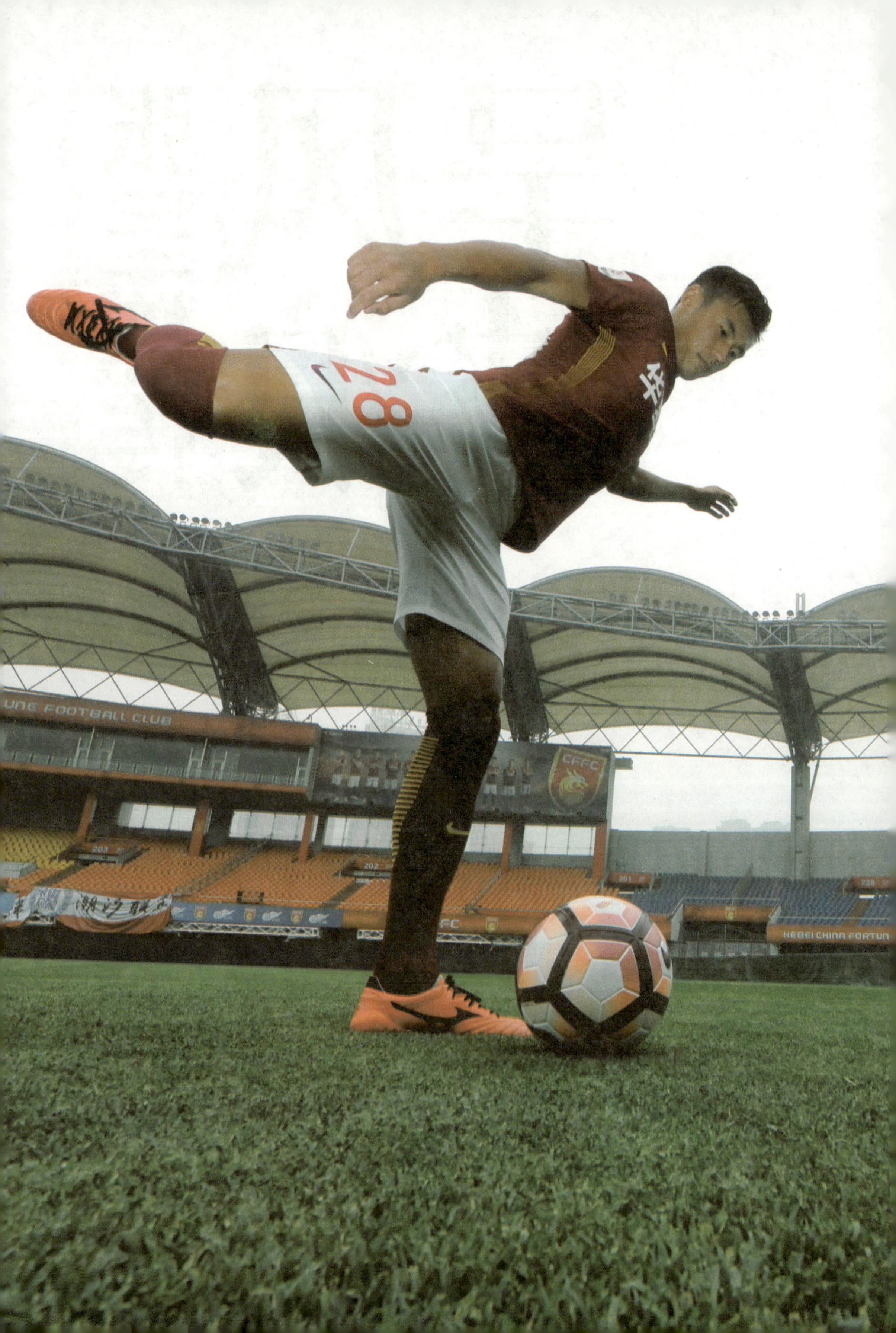

28
UNE FOOTBALL CLUB
CFFC
HEBEI CHINA FORTUN

"呈"风破浪

张呈栋传

2017 最受欢迎中超球员

于静◎著

中国出版集团　现代出版社

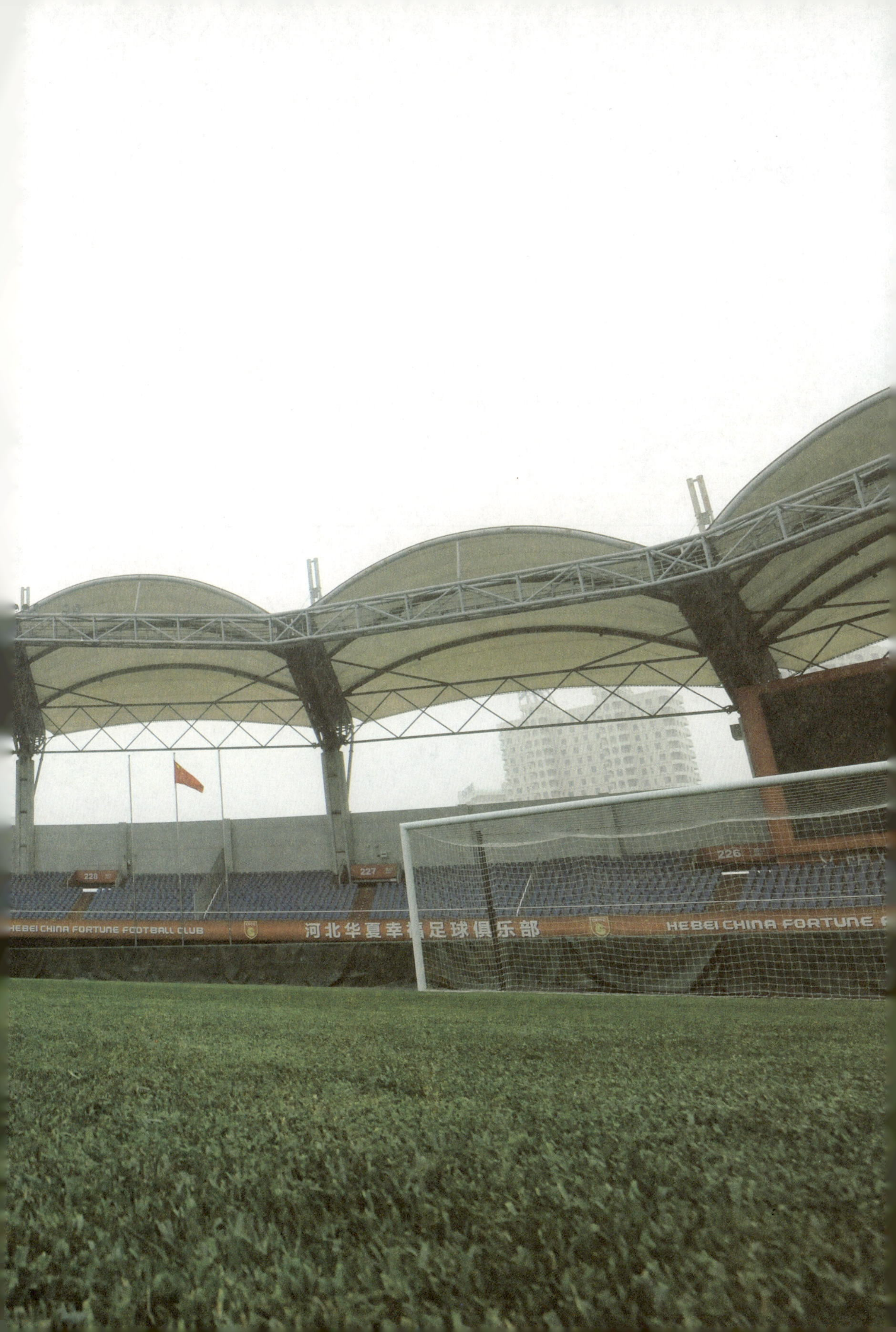
228
227
226
HEBEI CHINA FORTUNE FOOTBALL CLUB
河北华夏幸福足球俱乐部

图书在版编目（ＣＩＰ）数据

"呈"风破浪：张呈栋传 / 于静著 . -- 北京：现代出版社，2017.11

ISBN 978-7-5143-6609-9

Ⅰ.①呈… Ⅱ.①于… Ⅲ.①张呈栋－传记 Ⅳ.① K825.47

中国版本图书馆 CIP 数据核字 (2017) 第 274088 号

著　　者	于　静
责任编辑	杨学庆
出版发行	现代出版社
地　　址	北京市安定门外安华里 504 号
邮政编码	100011
电　　话	010-64267325 64245264（传真）
网　　址	www.1980xd.com
电子邮箱	xiandai@cnpitc.com.cn
印　　刷	中印南方印刷有限公司
开　　本	710mm×1000mm　1/16
印　　张	20.75
字　　数	200 千字
版次印次	2018 年 3 月第 1 版　2018 年 3 月第 1 次印刷
标准书号	ISBN 978-7-5143-6609-9
定　　价	69.80 元

CONTENTS ⚽ 目录

Football

序言

你好，
我叫张呈栋

我是张呈栋，大家都叫我嘟嘟。

其实，我是一个相对低调的人，决定出版这本书也是下了很大的决心。因为在我的潜意识里，总觉得出版书籍是件很了不起的大事，而能够出版书籍的人也一定是个了不起的人。

我是一个踢足球的，出书这事对我来说，好像挺遥远的，但却真实的摆在我面前了，而且还提上了议事日程。虽然后来我知道，原来出本书也没有那么高不可及。但我还是有很多顾虑，总感觉自己距离出书存在着一定的差距，没那么出色、也不够好。

但最终，这本书的作者告诉我：这本书不仅仅是对我个人的一种记录，记录我的成长，以及我过去踢球经历的肯定。这本书除了作为我的回忆留存，更主要的是，把我的这些经历告诉那些喜欢踢足球的孩子们，对他们来说，是一个很好的鼓舞与激励。所以，为了能够让更多的小朋友喜欢足球，让喜欢足球的小球员去坚定未来的道路，我决定豁出去了。

之所以说是一种鼓舞和激励，因为在我小的时候，父母并不希望我将来能够成为一名职业足球运动员。尤其是我的母亲，虽然她本身就是一名专业的游泳教练，但母亲不希望我承受与她当年一样的苦与累，因为母亲最清楚作为一名专业的运动员所要经历的痛苦与折磨，那种枯燥无味与忍耐坚持是多么的难，所以她试图阻止我，希望我能够像爸爸一样成为一个大学生。可是，那个时候我虽然年龄很小，但追求足球的热情却是八匹马也拉不回来。我也不知道从哪里来的那股子对足球的执着与热情似火的劲头，母亲的几盆冷水根本无法浇灭的心中的那团火。

　　最终，母亲同意了我的想法，父亲从小就开始陪同我学习踢球。一步一步的坚持，最后奠定了我走向职业足球运动员的基础。

　　还有，特别想说的就是，我后来出国踢球的经历。虽说这份经历算不上什么，但却是我一份非常宝贵的收获，这份经历或许能够送给一些有出国想法的孩子们，尽量让他们不去走弯路，这是我的初衷。

　　最初的我并没有出国踢球的想法，但后来为了能够继续有球可踢，只能选择了出国。虽然，并不是什么赫赫有名的欧洲五大联赛，但因为在同一时区每天都可以观看到顶级比赛，那种酣畅愉悦的感觉实在太兴奋了。

　　我的起步只是一家葡乙俱乐部，是葡萄牙的第三级别的联赛。但我没有丝毫的嫌弃，相反，倒觉得救了我，因为我又可以踢上比赛了。那段日子里，每天必做三件事，第一、是严格按照教练的要求去，努力的训练比赛；第二、学习语言，尽快解决交流问题；第三、只要时间允许就看高水平比赛，对比自己的技术进行学习。我相信，只有做到了这三点，就不白出国一趟。

　　每一个走出国门的球员都非常不易，我也同样如此，甚至可以说每一步都充满了坎坷，我也曾试图懒惰过、放弃过，但很快自己就被拉回了现实，而且还必须面对现实。但我非常感激曾经度过的那段磨砺，在一个陌生的国度里，面对一群陌生的面孔，无法交流、无法沟通，怎么办，你只能逼迫自己，在这个陌生的环境里生存下去。

幸运的是，我坚持了下去。在这个全新的环境里，我不再孤单，我融入到了他们的环境里。我觉得自己进步得飞快。教练看到了我的进步，从替补到首发，再到成为一名主力球员，这一切都让我记忆犹新。葡萄牙杯赛里，与里斯本竞技的帽子戏法让很多葡萄牙人知道了我、记住了我。记住了这个来自中国的球员，那一刻，我能够感觉到代表中国足球的光荣。后来，当我成为第一位登陆葡萄牙超级联赛的中国球员时，我觉得自己过去所有的付出都值得了。

说了这么多在国外的经历，只是想告诉大家，在葡萄牙的那段日子，对我的人生成长、职业生涯有着太大的帮助。后来我回到国内，无论在北京国安，还是在河北华夏幸福，我都能够很快融入到新的团队中，与我在国外的历练是密不可分的。

没有前面的四年留洋，也就不会有后面的中超发展。所以，在这本书里，我最希望把青年时期的故事分享给大家、特别是那些年轻球员们，希望你们如果有机会，也能出去闯一闯。年轻人，只要有梦想、不服输、敢于面对现实，坚持走自己的路，就可以得到自己想要的未来。

再后来，回国的事情，不用我多说，大家都知道了。无论在北京国安，还是在河北华夏幸福，在这里遇到的人和事，注定是我这一生难以忘记的。

非常感谢这两家俱乐部领导对我的认可，感谢我在这两家俱乐部结识到的朋友，包括我的战友，更包括那些可爱的球迷们。作为一名球员，我无以回报，只能用最努力的表现来奉献给我的球队，国安与华夏，都是我心目中的冠军球队。

河北是我的故乡、北京是我的第二家乡，我真心希望用这本书的文字记录表达我对这两支球队的感激之情。这一辈子，我内心深处都会留下关于他们的美好回忆。

要感谢的人太多，包括我的父母、我成长道路每一个良师益友，每一个支持我的球迷，也许我无法提及你们每一个人名字，但希望这本书能够表达我内心对你们的感谢，感谢你们对嘟嘟的爱。感谢本书的作者，是你让我把内心敞开，让大家更加了解真实的我。

这本书对我来说，是未来道路更大的激励。我知道自己欠缺的还有很多，需要提高的地方还要很多，我会以此为一个新的起点，全力以赴投入到训练与比赛、未来的生活中。爱我的球队、爱我的家人和朋友，为了你们，我会继续努力。

Zhang Chengdong's
boyhood

F⚽⚽tball

张呈栋 的
少年时代

下意识地选择足球

　　傍晚，初夏的阳光褪去了刺眼的光芒，明丽的天空多了几分柔和的光晕，草地上一群孩子在嬉戏，皮球在他们脚下起舞、翻飞，时而画出并不漂亮的弧线，而后应声落地，抑或是跟跄砸到谁的身上被迫弹回或停球……稍大一点的孩子或许就此将皮球断下，但想送进球门好像也没那么容易……但孩子们却百折不挠地享受着这份需要自己不断努力、拼抢得来的快乐，哪怕在踢球游戏里被摔得龇牙咧嘴也不叫疼，不叫苦……直至天色灰暗，月亮升起，这些小小的身影才不得不恋恋不舍地结束游戏。

　　这是 1996 年的春末夏初，张呈栋上小学一年级。也是这一年，张呈栋喜欢上了踢足球的游戏。说起足球还缘于他的兴趣，虽然当时的张呈栋只有 7 岁，但潜意识里对足球已经有所知晓了，且拥有不少于 3 年的看球龄。因为父亲张风杰是个十足的球迷。应该说，在父亲的熏陶下，足球在小小张呈栋的心里早已经潜移默化地打下了不浅的烙印。

　　20 世纪 90 年代，游泳和足球是中国体育界相对比较受关注的两大项目，很多家长因为这两个项目在大众间的火热度，而选择把孩子送去专业班里学习游泳或是足球，一来是锻炼身体，二来也是想万一孩子能够出人头地呢。但张呈栋的

父母并没追赶这个时髦，虽然张呈栋也学习了游泳，但是他和别的孩子不一样。因为张呈栋的母亲丁文英本身就是游泳教练，她知道孩子走上专业体育这条路有多苦、多累、多难。她不能让她的孩子重蹈她的覆辙，她要让她的孩子走上另一条可以通往成功的路，那就是走进象牙塔，用知识丰富、武装自己的人生。但愿望总归是愿望，就像很多事情早已注定一样，这个有着体育基因的孩子最终还是走上了体育专业这条路，且成功地站在人生的巅峰。

对于张呈栋踢足球，他的母亲丁文英是一百个不乐意，但儿子喜欢又能奈何，再加上家里还有一个球迷父亲作为后盾，她这个做母亲的也只能民主了一回，随他去吧。

母亲丁文英之所以反对儿子张呈栋从事体育项目，也因为自己曾经是一名游泳运动员，她知道其中的苦，也知道竞技体育的残酷性。作为运动员除了兢兢业业的刻苦训练，还需要天赋，不是只有努力就可以成功的。丁文英18岁退役成为一名河北队游泳教练，对于大多数人来讲这已经很成功了，她所拥有的工作是多少人所仰望的。奥运游泳冠军钱红就是丁文英的学生。即使这样，丁文英还是觉得不够，觉得自己欠缺了知识，没能在最好的年华里走进大学校园是她的遗憾。也因此，在选择伴侣的时候，她要求自己的另一半至少要大学毕业。

正如丁文英所愿，她的另一半是一所名牌大学的毕业生。张风杰是山东济南人，在山东大学毕业之后没有留在济南，而是分配在位于河北的一家知名胶片厂，而这家企业在当年的名望很高，吸引了不少像张风杰这样的人才，张风杰从此定居在保定。他们的爱巢就安置在了丁文英工作的体校院内。

也因为这样，丁文英更希望张呈栋能像父亲那样有着很好的学识，而并非成为专业运动员。1992年，张呈栋3岁的时候钱红夺得了巴塞罗那奥运会游泳冠军。那个时候，作为钱红的启蒙教练，丁文英不是没有犹豫过，她也想过让张呈栋成为一名游泳健将，也畅想过儿子站在奥运赛场奖台领奖的样子，但辗转反侧她还是决定放弃让张呈栋游泳这个念头。

尽管这样的决定在很多人看来都很可惜，但丁文英不觉得。如果成功了是条龙，但失败了就没有重来这一说，因为人生就没有重来。但丁文英还是带小张呈栋学习游泳，但并不希望儿子成为专业运动员，只为儿子将来能有一个好身体，也顺便多一项技能而已。

就如同很多事情是无法预测一样，张呈栋从小就生活在体校大院内，这给了他太多随意可以接触任何体育项目的机会，无论游泳、足球，还是其他的项目。就拿游泳来说，对门邻居是郭晶晶的启蒙教练，每天一出家门，对面的游泳馆是母亲工作的地方，他可以每天看着那些专业的游泳运动员在泳池里如鱼儿一样地游来游去。张呈栋也喜欢，这或许是小孩子生来就爱玩水的天性使然，小小的他一次次地跟着母亲下到水里，每每那沁人身体的一丝清凉都让他兴奋。他在水里撒着欢，然后钻出来浮上水面痛快地吸几口新鲜的空气，那感觉好极了，至今未忘。但那只是喜欢，不是爱。

母亲丁文英至今也想不明白张呈栋为什么没有爱上游泳，如果说启蒙，应该游泳更占有先机的。但是他却喜欢并爱上了足球，如果说缘于父亲张风杰带他看足球比赛成了最早的足球启蒙教育，听起来有点不可思议，但张呈栋就这么不可思议地与足球结缘了。以至于在他5岁的时候，和父亲一起看1994年美国世界杯的一幕幕都能够记得起来。

清晰如昨，巴乔射失点球后那落寞离去的背影，让小小的他，心里一阵酸楚，眼泪不自觉地夺眶而出。那时，小小的他，心情很沮丧；那时，小小的他，和全世界喜欢巴乔的球迷心情是一样的。尽管他只有5岁，但爱是相通的。也就是那时开始，张呈栋深深地喜欢上了巴乔和足球，直到现在也没变。

虽然此前也偶尔和父亲在电视机前看看比赛，但不是每场必看。1994年美国世界杯之后，只要父亲看比赛，小张呈栋总是凑过来一起看。那时候他认识很多当时红极一时甲A联赛的运动员，像北京国安的高峰、曹限东，还有大连万达的郝海东，上海申花的范志毅，等等，都是他很喜欢的队员。

那个时候张呈栋怎么也没有想到，将来自己会成为一名职业球员，更没有想到在19年后的一天会成为北京国安队的一分子，和当年自己崇拜的明星级球员成为队友，这是一件幸事。以至于，在多年后的今天谈及足球时，张呈栋都很诧异自己当时的选择：我也很奇怪自己为什么没有继承我妈的事业去游泳，反而延续了我爸看球的执着。

虽说游泳和足球都不同程度潜移默化地熏染着张呈栋的童年，但他还是能够在潜意识的指引下选择了足球。这对于一个从1岁半开始就被扔进游泳池里的张呈栋来说，只能牵强地解释为：足球运动或许看起来更man一点，更激情一点。

自从喜欢上了足球，张呈栋与父亲张风杰的互动也就自然多了不少，儿子爱好足球父亲自然是高兴的，因为家里多了一个可以和自己交流的小人儿，虽然小家伙人小，但知道关于足球的人和事却不少，当然很多关于足球的东西是从电视那里看来的，或是广播里听来的。但这对于一个只有6岁的孩子来说已经足够了。

渐渐地，张呈栋已经不满足于纸上谈兵，开始实战地演习了。小学一年级时从学校回家的第一件事就是去家门前的那块足球场，和比自己至少大两三岁的孩

子踢球，每天天不黑不归。直到有一天被母亲丁文英发现：儿子竟然开始踢足球了！惊诧之余，丁文英也默默地观察了张呈栋一段时间，发现他对足球的热情似乎超越了游泳。

虽然丁文英并不希望孩子从事与体育有关的项目，但她知道兴趣是成功的一半。刚开始的时候她不支持也不反对，可父亲张风杰就不同了，儿子能喜欢足球他高兴，但他也只是一个球迷而已，如果儿子真从事足球他也帮不上什么忙，所以他多半处于观察状态，不引导。

就这样，大概经过两年多的时间，张呈栋对足球这个游戏不仅没有放弃和厌倦，相反越发地喜欢，甚至到了着魔的地步。身为一个铁杆球迷的父亲再也不能忽视儿子的爱好了，与其让张呈栋每天和小伙伴没有章法地踢球，还不如在足球班里好好系统地学习如何踢球。父亲张风杰决定将张呈栋送去保定业余体校踢球，那是 1998 年，也是法国世界杯年。张呈栋 9 岁。

足球有序地开始

1998 年，很普通的一年，但是对于张呈栋来讲有点不同，因为这一年他开始正式学习踢足球，虽然只是在业余体校学踢球。万事开头难，只要肯攀登。

2 月 9 日是张呈栋的生日。每年春节一到，他的生日也基本到了，热闹还沾着点年味儿。这个生日是 1998 年的正月十三，距离一年一度的元宵佳节只有两天的时间。丁文英端来蛋糕，和丈夫张风杰一起往蛋糕上插生日蜡烛。那边，正在对着镜子戴生日帽摆范儿臭美的张呈栋忽地一脸兴奋地跑过来，宣布生日倒计时：10、9、8、7……整个活脱脱的一个小大人儿！然后，正襟危坐，双手合十，虔诚地许下自己的愿望。再睁开眼睛，和爸爸妈妈一起吹灭了蜡烛。

笑容在张呈栋的小脸上幸福地绽放着，丁文英满眼宠溺地揽过儿子，在他稚嫩细腻的脸蛋上狠亲了一口。张呈栋在丁文英的怀里甜腻腻地蹭了蹭，黏人地张开双臂给母亲一个九岁男孩的熊抱。然后，偎在母亲身旁切蛋糕。一旁一直没有说话的父亲张风杰拉过张呈栋，告诉他生日礼物是新学期送他去体校学习踢足球。

父亲的话，让正在切蛋糕的张呈栋愕然地张大嘴巴。他甚至不敢相信自己的耳朵是不是听错了，因为妈妈是坚决反对自己从事体育运动项目的，爸爸虽然不像妈妈那样反对，但也没表示出来有多支持。张呈栋一下子就蒙了，一脸的不可置信，探询地看看妈妈又看看爸爸。直到母亲丁文英含笑对他点头，告诉他爸爸对他说的话是真的、是给他的生日礼物时，张呈栋才敢去相信这一切。

他兴奋地又蹦又跳，简直开心到爆棚。这是张呈栋过得最幸福最有意义的一个生日。他一边吃蛋糕一边对爸妈说，这个礼物他很喜欢，很喜欢！喜欢到无以复加，喜欢到无法理解。

3月1日，是新学期开始的日子，也是张呈栋去业余体校报到的日子。下课铃声一响，张风杰就带着张呈栋去了体校，3月如果在南方，已是草长莺飞，杂花生树了，可在北方却是乍暖还寒，羽绒大衣还裹在身上不敢脱下来。张呈栋坐在父亲自行车的后座上，听着车轱辘压过积雪路面时发出"吱吱咯咯"的声响。一阵北风吹来，张呈栋把头紧紧缩靠在父亲的脊背上，并拉高了羽绒棉衣的大毛领子。这样，他觉着似乎暖和了许多。

父亲张风杰问张呈栋是否确定学踢足球，现在改变主意还来得及。因为学习踢足球很苦，即使这么冰冷的天气训练也不能停止。父亲的问话让张呈栋有点紧张，像是意识到了什么，他坐直了身子。9岁的张呈栋肯定且倔强地告诉父亲，他不怕吃苦，他要学踢足球，他会坚持，无论刮风下雨、无论酷暑严寒，他都不会停止训练。

父亲没再接茬，却更有力地踩着脚踏板，自行车的车速瞬间就快了起来。3月，保定的气温有点低，可张风杰的心里却因为儿子刚刚的回答感觉暖暖的。

张呈栋终于开始有条不紊地足球学习和训练了。虽然是课余时间踢球，但父亲张风杰对张呈栋的要求却一点也不含糊。

张风杰明白，足球看起来简单，踢起来难。大家都知道把足球踢进对手大门就是胜利，可怎么踢进去一直是攻击方需要破解的问题，当然这也是足球的魅力所在，如果都那么容易就把足球踢进对手的网窝里，或许就没有那么多人喜欢了。

就足球而言，张风杰充其量是个球迷，但他相信自己多年看球的经验应该还是有用武之地的。只要儿子认准了踢足球，作为父亲的他就能帮到儿子。那个时候，父子俩下班、下学后唯一做的事就是去体校训练，张呈栋在场上踢，张风杰在场下看；那个时候，父子俩每天训练回来的路上，都是不停地说着训练场里发生的事；那个时候，张呈栋说他常常在睡梦里听到父亲提醒自己要多跑动，利用

'98 8 22

队友间配合寻找更多的射门机会，要集中精力，握有主动权的时候要积极快速地带球，在有效的跑动过程中把足球传给队友或射门；那个时候，现在的张呈栋回想起当年还都记忆犹新。他说如果没有父亲当年对自己紧紧相随的督促，他是不会有今天的。

张风杰不懂更多的足球专业知识，但是他懂得多学多看的道理，不是有句话说得好："熟读唐诗三百首，不会作诗也会吟。"那么就让儿子多看高级别、有质量的比赛，必定对正在学习踢球的儿子有好的影响和引导。

1998年法国世界杯的时候，因为白天上学，晚上不能熬夜看球赛，张呈栋只能在第二天看父亲给自己准备好的录像，但对足球学习如饥似渴的张呈栋来说，真的如同一本教科书一样。好的比赛父子俩总是一起看，父亲也会根据比赛内容，结合着张呈栋眼下的训练，告诉他应该注意哪里、注意什么。法国世界杯结束后，父亲张风杰把很多精彩的比赛和片段留下来，时常地播放给张呈栋看。

世界杯之后，张风杰也很留意五大联赛，不过那时候在中国电视转播最多的比赛还是意甲联赛。巴乔、维亚利、AC米兰三剑客、国际米兰三驾马车都是张呈栋通过观看意甲联赛知道并记住他们的名字的。当然了，张呈栋最喜欢的球星还是巴乔，这或许和他5岁那年观看美国世界杯有关，当时巴乔留给全世界人民的那个悲伤、忧郁的背影成为他童年最深刻的记忆，是一份无法抹去的爱的忧伤。巴乔是他的偶像，直到现在张呈栋依然很崇拜巴乔。

还是因为意甲联赛的关系，张呈栋和许多中国的意甲迷一样，记住了张路的名字，他是电视转播意甲联赛的解说员。没想到，时隔多年后张呈栋竟然在自己所在的国安俱乐部与张路张指导相逢。张呈栋说，那感觉很特别很亲切，尤其是想起当年听张路指导解说意甲联赛，就如同时光在过去和现在两个时空穿越一般，奇特又美妙。

张呈栋和北京国安的渊源还是要从看球赛说起。父亲知道，除了电视上看高水平的联赛，现场看球的气氛也需要让张呈栋去体验和感受。北京国安的主场是距离河北保定最近的甲A赛场，张呈栋也和河北很多喜欢足球的人们一样理所当然地成为了北京国安的支持者。

全国第二届"淮海杯"少儿足球赛

    暑假的时候，张风杰对儿子说要带他去北京现场观战国安队的一场比赛。张呈栋心里乐开了花，瞬间蹦起来攀上了爸爸的脖子，眼睛笑成了一条缝，他举起手对张风杰有节奏地说：爸爸是冠军，国安是冠军！张风杰拍拍儿子的肩膀，也举起一只手说：张呈栋是冠军，国安是冠军！哈哈哈……父子俩不约而同笑了起来。

    回到房间，张呈栋翻了98赛季甲A联赛的赛程表。8月23日，北京国安主场迎战上海申花。谢天谢地，还好8月23日距离开学还有几天的时间，不然会遗憾。这两支球队对阵，在当时绝对堪称一场火星撞地球的强强之战。之所以这样说，不仅因为当时这两支球队实力不相上下，还因为上赛季7月20日国安以9：1的大比分在主场大胜申花，这让上海申花队一度颜面扫地。一年后，再回到北京工体战国安，申花肯定要一雪耻辱。

    这是一场不容错过的比赛，想想就好看。好在保定距离北京不远，火车一个多小时就到。可能太兴奋了，张呈栋比平时起来得都早，吃过早饭，穿戴整齐，他倚靠在窗前等父亲回来接他去北京。

夏天的早晨阳光透过树叶洒下细碎的光线，照在窗下几盆盛开的小花上，那是妈妈喜欢的花，小小的一朵，不很娇艳、不很美丽。记不得这花的名字，只记得妈妈说过这花有着坚强又倔强不屈的性格……仔细看来，这小花还真的如妈妈说的那样，虽然小小的，但却傲然挺立。突然，张呈栋觉得，自己也应该像这小花一样具备傲人风骨，这样妈妈才喜欢，才不愧是妈妈的好儿子。

90年代中期，张风杰辞去了乐凯胶片厂的工作，开始自己的小本生意。待他料理好工作回来接儿子时，看到张呈栋正坐在桌前学习。他没有打扰儿子，静静地坐在屋外的沙发上。因为第一次带儿子去北京，看球是一方面，另一方面也想让儿子见见世面，天安门、故宫博物院……很多地方他都想带儿子一起去看看。

很多年过去了，回想起来，给张呈栋印象最深的还是工体带给他的主场氛围，依然那么清晰可见。在距离比赛还有两个小时的时候，工人体育场外面的球迷已经聚集成了人山人海，他们从四面八方赶来这里，他们穿绿色国安球迷T恤，他们脸上画着油彩、手里拿着小旗子、嘴上叼着喇叭……他们太热血奔腾了！当然了，张风杰也不例外地给张呈栋套上了一件，绿色球迷服很肥大，几乎盖住了张呈栋的短裤。尔后，坐在看台上和那些穿着同样绿色球迷服的人们一起为北京国安队呐喊、加油、助威……张呈栋有种满足感，从未有过的满足感，电视里看到的，终于自己也置身其中了，真好！

这是张呈栋第一次到现场看球，看甲A时代北京国安队的比赛。

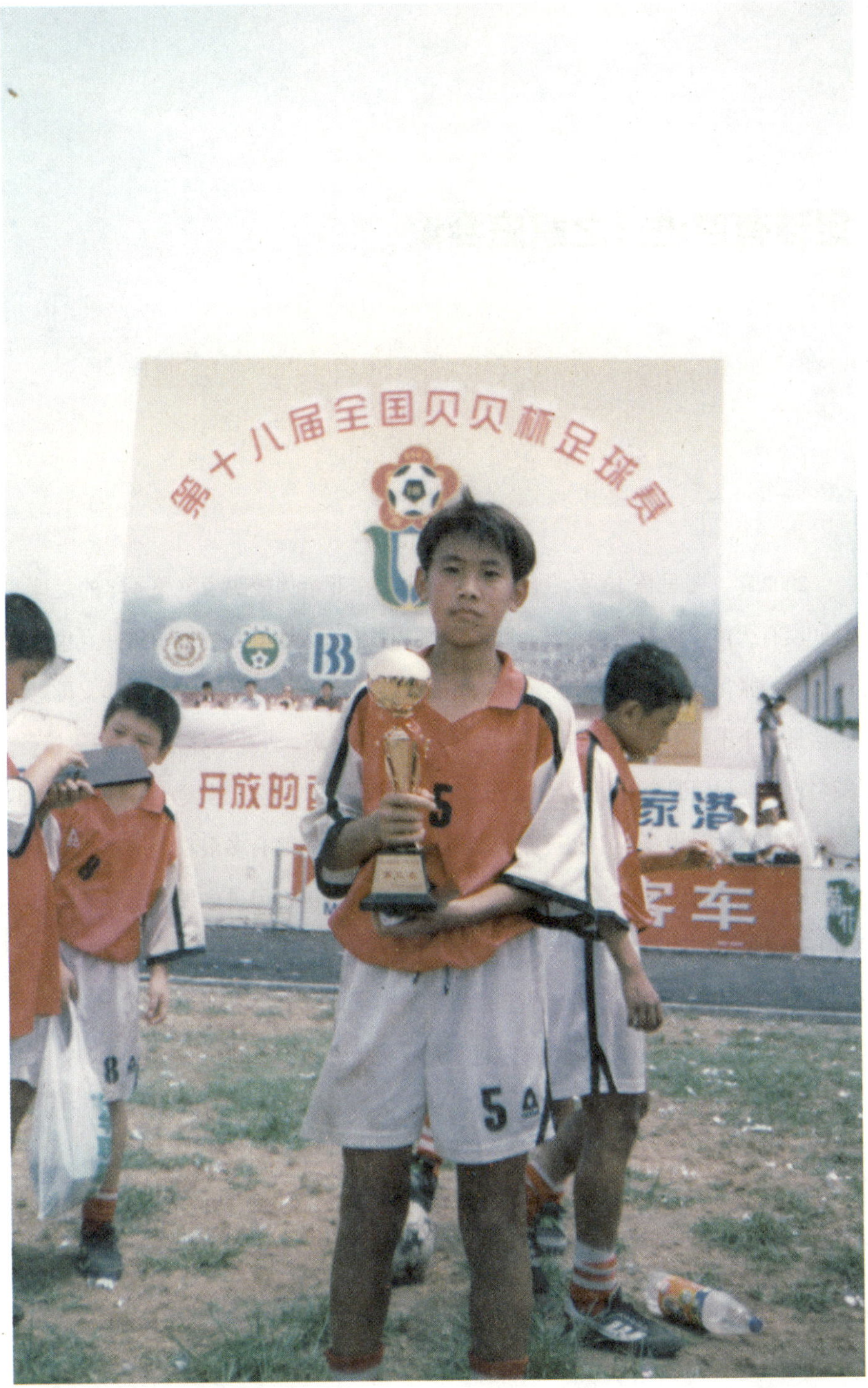
第十八届全国贝贝杯足球赛
开放的
家港
车

足球有序进行之家庭会议

2002 年，张呈栋 13 岁，上初中一年级，在业余体校踢了整整 4 年的足球。其间没有厌倦，没有懈怠，没有耽误学习，哪怕每天比同龄的孩子累一点也不退缩。看到张呈栋对足球的热爱不仅有增无减，而且热情高涨，张呈栋的父母意识到这是一个不得不面对的问题了。尤其是母亲丁文英，去业余体校踢球可以接受，顾名思义，利用课余时间踢足球，但专业足球不一样，是以踢球为主、学习为辅。身为专业运动员出身的丁文英深深知道选择体育这条路有多艰难，荆棘、坎坷，以及吃不完的苦。如果这样能够踢出来也算不白付出，但是如果踢不出来，儿子的未来岂不是一团糟。

张呈栋是个懂事的孩子，他知道母亲是为了他好，也很理解母亲。多少次，张呈栋不是没有想过母亲说的话，也不是没有想过按照母亲说的那样弃武从文，但张呈栋就是做不到。他知道足球可以让他快乐，在困难面前可以积极上进、勇往直前。只要是足球，付出再多也觉得值。他真的太喜欢踢球了。

尽管母亲的想法和张呈栋的想法不同，但这是一个民主的家庭，既然意见不能统一，就坐下来商量，直到达成共识。于是有关张呈栋继续踢业余足球，还是就此转为踢专业足球的问题，召开了第一次家庭会议。

晚饭过后，一家三口围坐在桌前。房间里一下子变得安静起来，张呈栋有点紧张，踢球与否在此一举。他有点担心，小心脏因忐忑而不规律地跳动，手心也沁出了汗……如同等待宣判一样。虽说张呈栋知道父母并不会强制他去做某件事，但他还是希望他喜欢做的事也能被父母认可，不然心里总像压块石头似的，有沉重感。

父亲张风杰首先打破了这份安静，他让张呈栋说出自己的想法，可以抛去一切顾虑，怎么想就怎么说，这样才是对自己负责。父母也好根据他的想法，和他一起做出选择。父亲的话如同给张呈栋吃了一粒定心丸，他不再担心了，他明白了父母的意图，是在帮他选择而不是强迫。

母亲丁文英说出了自己的想法和顾虑。她对张呈栋说：如果现在直接接受专业的足球训练可能会荒废学业，一旦踢不出来，就无法立足社会。但如果踢业余足球的话，至少将来还可以考大学，像父亲一样，即使生活不光彩夺目，但也可以做自己喜欢的工作和事情。

张呈栋攥紧了两个小拳头，抿了抿嘴，不再犹豫自己的决定。他郑重地告诉父母：如果让他自己选择，他不放弃足球。

张风杰和丁文英没有在第一时间接茬。房间里一下子又安静了，其实他的回答父母早已经预料到，也商量过了，只是想再听听他的意见。等待是一种煎熬，张呈栋第一次有了这样的感觉。虽然只是片刻，但这片刻的静默让张呈栋有种近乎窒息的感觉，像过了一个世纪那么久。就在张呈栋刚要开口说不后悔自己做出踢球的选择时，听到母亲这样告诉他：踢球可以，还是业余足球，如果想去专业梯队进行专业的足球训练必须等到初中毕业。张呈栋终于如释重负一般，只要不让他离开足球就一切都 OK。

之所以开这次家庭会议，是因为张呈栋在北京参加的一项少儿足球选秀中被傅博教练看中，机缘巧合，又恰逢傅博正在为当时的辽宁队组建 87 梯队，所以张呈栋才有了这样进入专业队踢球的机会。虽然最终还是放弃了，但父母知道这只是暂时的，因为凭借张呈栋那股子不可阻挡的踢球劲头儿，儿子选择的路是势在必行且势不可当的。

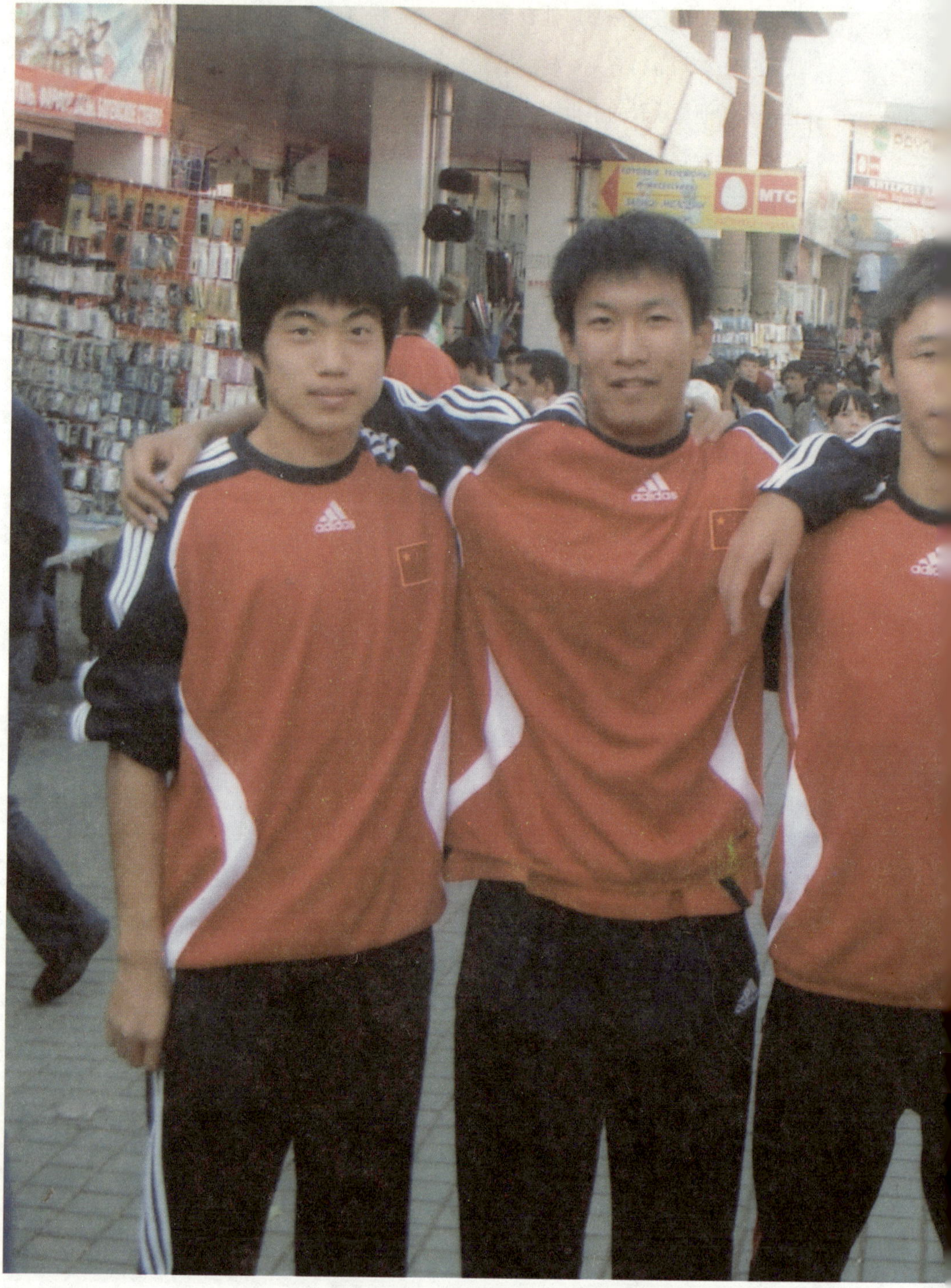
MTC
adidas
adidas

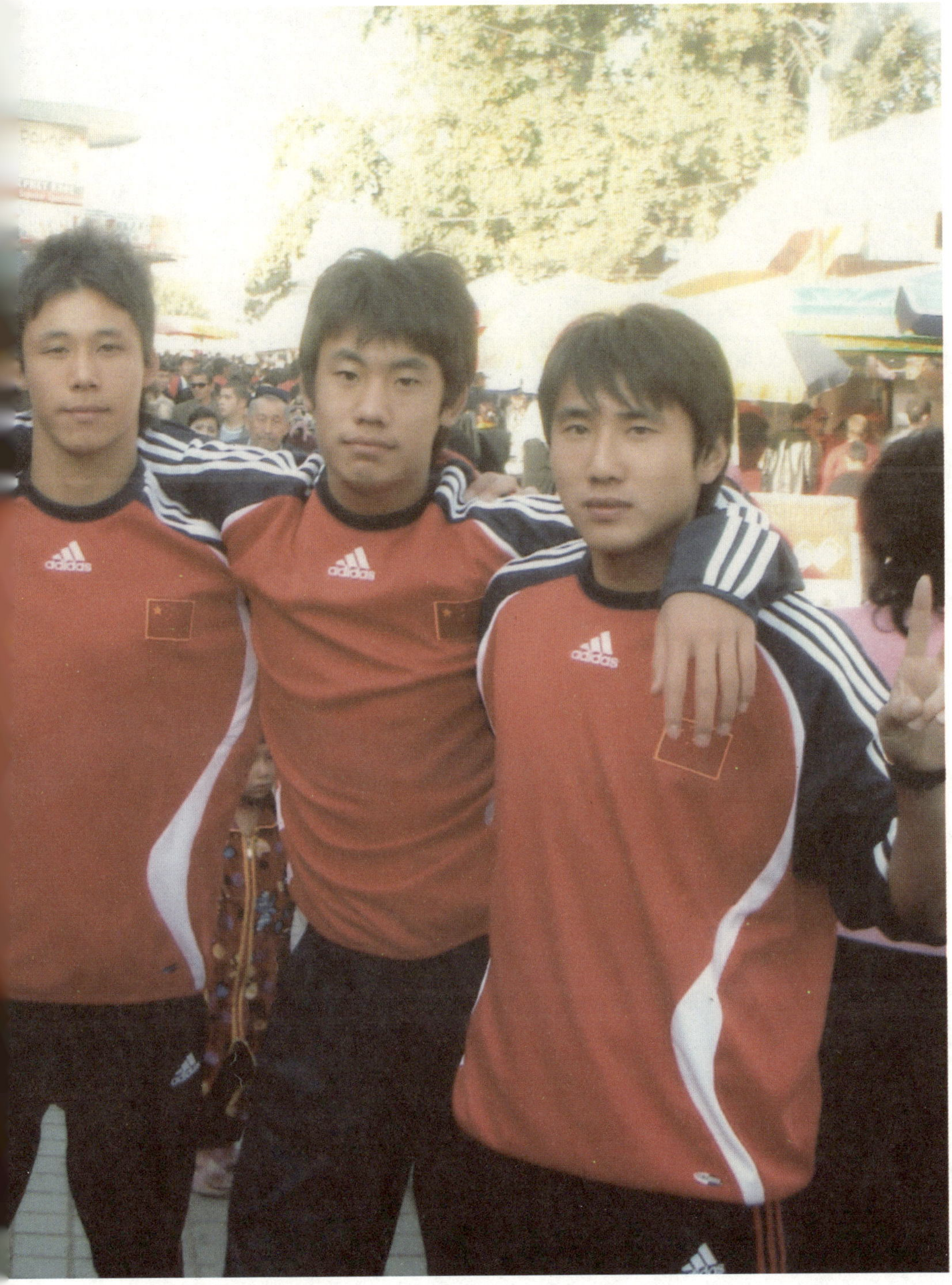
adidas
adidas
adidas

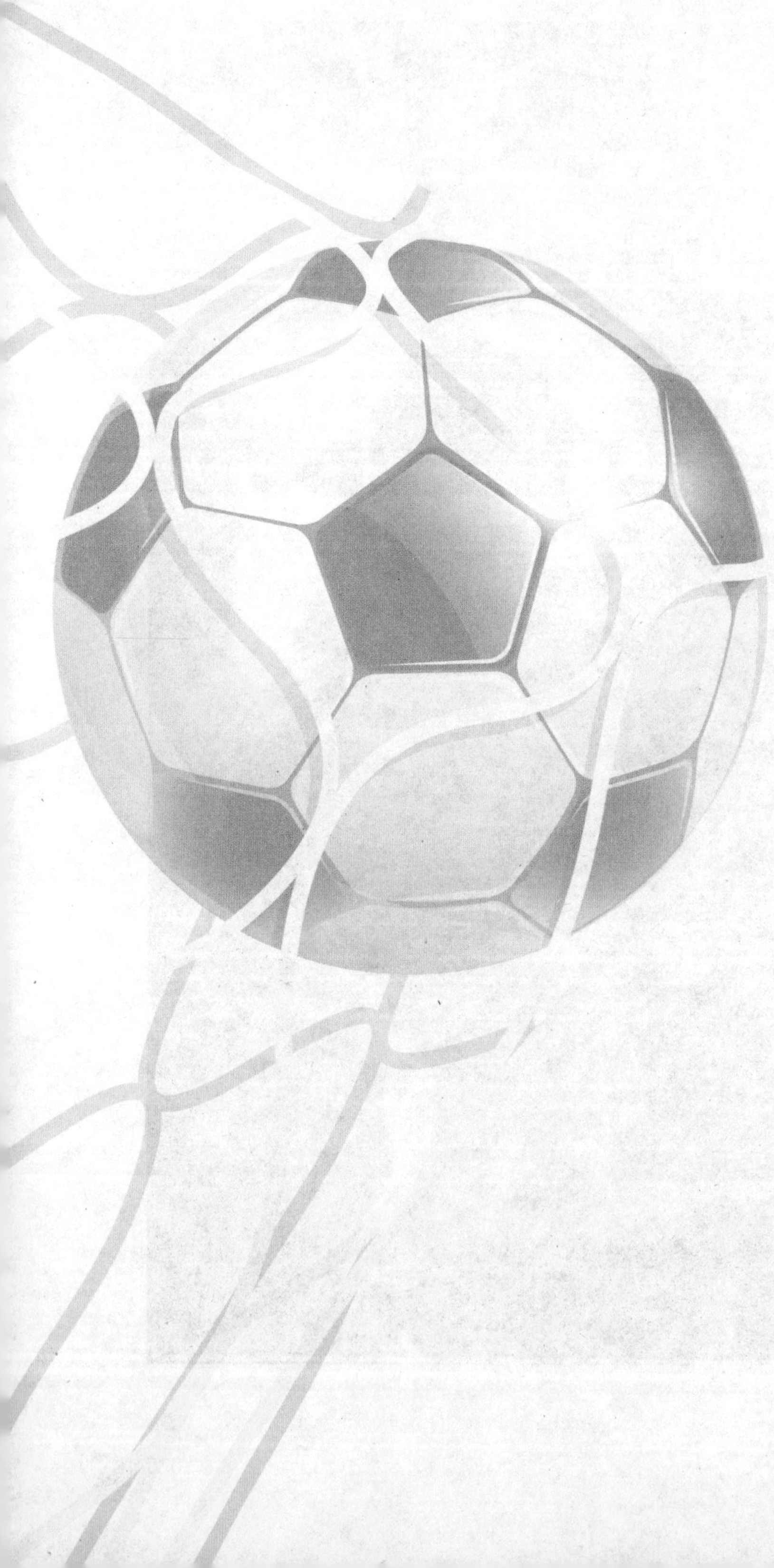

Zhang Chengdong's
boyhood

Football

在辽足的

那段岁月

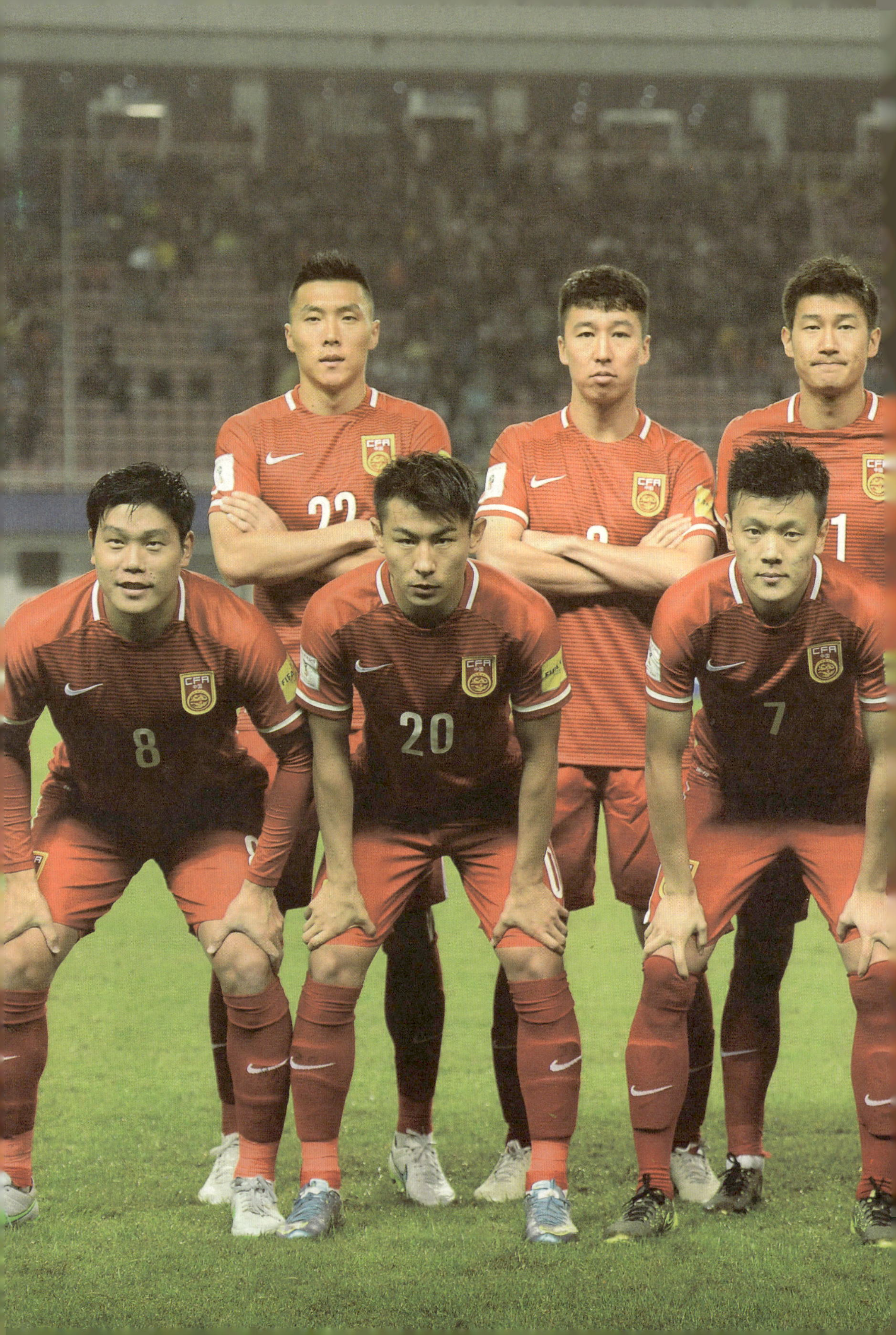
8
20
7

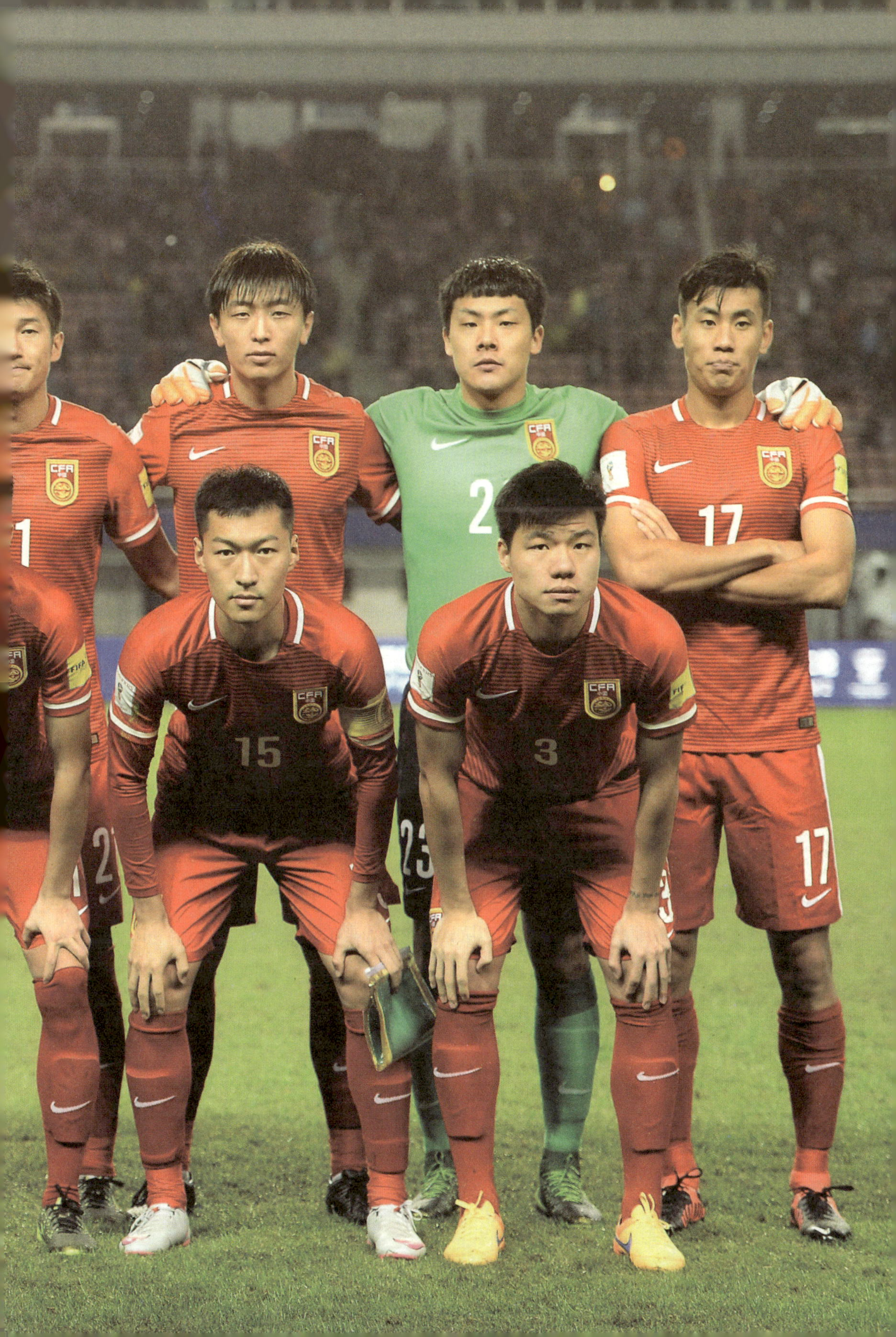
CFA
15
3
17

抉择

    2004年，张呈栋15岁。这一年，他初中毕业。从喜欢足球到走进专业球队，一切都那么顺理成章。虽然在第一次家庭会议被否决后，无奈关上了去辽宁足球俱乐部这扇门，但功夫不负有心人，两年后，张呈栋不仅依然可以推开辽宁足球这扇门，还打开了上海申花足球这扇窗。这不是幸运，是不懈的付出和努力，张呈栋做到了。

    同年夏天，也是张呈栋初中学习生涯的最后一个暑期，他第二次参加了足球选秀。这次他被来自意大利AC米兰训练营的青训专家选中，获得了前往意大利为期一周的夏令营。这不是和父亲第一次出国，却不同于过去出国的经历，来到意大利感受的完全是足球盛宴。他，第一次在米兰圣西罗大球场近距离感受这支以钢筋混凝土般防守著称的球队；第一次和马尔蒂尼、皮尔洛、卡卡、加图索、西多夫这些世界一流球队的球员们站在了同一块草地上，呼吸着同一片蓝天，感受着他们的气息。而这是多少正在学习踢球的孩子们的一个梦想，张呈栋拥有了。

    从米兰到保定，张呈栋更加坚定了踢足球的梦想。又一次家庭会议上，关于他是否继续高中学习还是进入专业俱乐部梯队踢球的问题上，张呈栋毫不犹豫地选择了进入专业梯队踢球。

小荷才露尖尖角。这次的意大利 AC 米兰训练营是在上海申花足球俱乐部的康桥基地组织的，刚刚崭露头角的张呈栋自然也被申花梯队相中。这也是张呈栋继第一次在北京参加选秀、被辽宁足球俱乐部抛来橄榄枝后，再一次被上海申花足球俱乐部抛来橄榄枝。这对张呈栋来说绝对是一件大喜事，毕竟申花是 2003 年末代甲 A 联赛冠军。国内大牌球员云集，俱乐部实力自是不用多说，是辽宁足球俱乐部无法企及的。但，张呈栋却选择辽宁足球俱乐部。

"为什么去辽宁队？辽宁队哪点比申花强？"张风杰噌地从椅子上站起来，喘了几口粗气，几乎是低吼着问张呈栋，心里的不满已跃然脸上。屋子里一下子安静得连根针掉在地上的声音都能听见。长这么大，张呈栋还是第一次看见父亲这般生气，他把心提到嗓子眼上来，浑身紧张得就像拉满弓的弦一样，但他还是怯生生地开口了，声音不大，却听得清晰干脆："辽足是不比申花强，但我相信我在辽宁队能打上比赛，申花队可能没这样的机会。"

这么多天的劝说跟没说一样，根本就油盐不进，恨铁不成钢！张风杰气得两眼冒火，不由分说地就甩了儿子两巴掌。既然怎么说都听不进去话，那只能武力解决试试看了。一向温文尔雅、讲究民主、对儿子疼爱有加的张风杰终于专制、霸道了一回，他第一次动手打了儿子，但并没有得到想要的效果，挨了一顿胖揍的张呈栋依然坚持去辽宁队。

张风杰坚决反对张呈栋的选择，他认为儿子的选择天真、懵懂无知，也不够理性。吵也吵了，打也打了，作为父亲，目的还是要引导儿子走上一条正确人生的路。他再对儿子晓之以理，又动之以情，希望儿子在选择专业球队这个问题上不要走弯路。

张呈栋明白父亲的良苦用心，但他并不认为自己的选择有什么不好，人才济济的球队固然好，但某种程度上更适合新人学习，不适合新人成长，而辽宁队虽然没有很多国内大牌球员云集，但却适合年轻球员成长和锻炼，机会多。他已在心里坚信自己在辽宁队能够打上比赛，所以张呈栋坚持。

没选择上海申花队，也没有选择试训了三周的山东鲁能足球学校，却偏偏钟情于实力羸弱的辽宁足球俱乐部。第一次张呈栋没有听从父亲给自己的建议，15

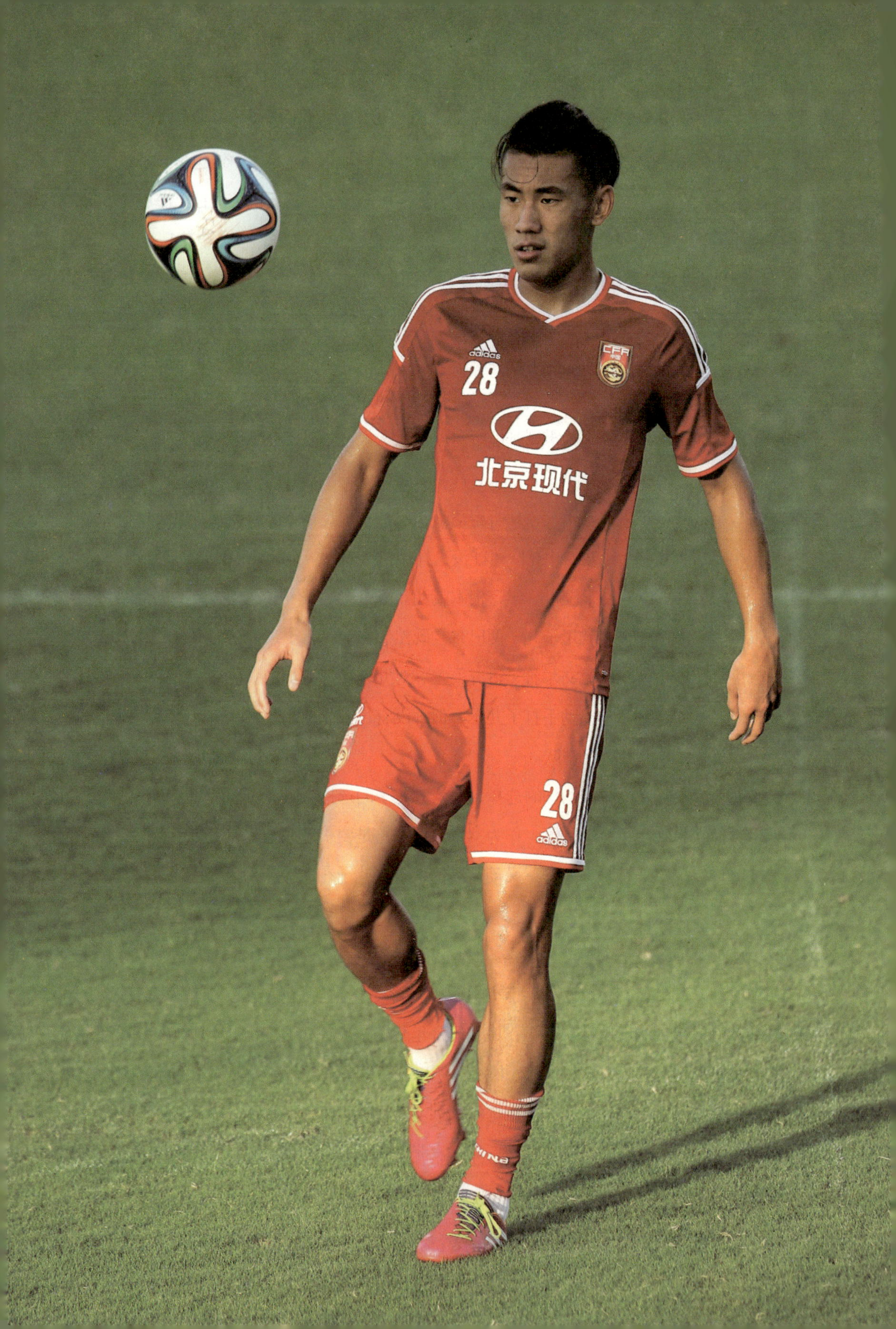
adidas
28
北京现代
28
adidas

岁的他第一次为自己即将开始的足球生涯做出了抉择，虽然艰难，但不后悔。

　　在选择辽宁队这件事上，张呈栋非但不听劝，还太有主意了。为此，父亲张风杰的心碎了一地。但终归踢球的是张呈栋自己，既然能这么确定目标，那就放手让他朝着目标走吧。最终，还是张风杰败了。拧不过儿子的选择，就只好由着张呈栋去了。不过，回过头来看，张呈栋的决定没错，进入辽宁队两年时间不到，17岁的张呈栋就获得了自己第一次参加中超联赛的机会。许多年后，张呈栋认为自己在辽宁队的那四年时光，是一笔不可复制的财富，给了他极好的锻炼机会，也给自己接下来的足球路打下了坚实的基础。

父亲的良苦用心

2004 年 9 月，张呈栋离开了家乡，来到了位于沈阳万林基地的辽宁足球俱乐部梯队。父亲张风杰也一起来到沈阳，并在万林基地附近租了房子，陪伴儿子踢球。

如果让 15 岁的张呈栋一个人来辽宁队，张风杰和丁文英还是有点不放心，与其提心吊胆地牵挂儿子，还不如陪伴在儿子身边，这样不仅可以利用业余时间辅导张呈栋的文化课，还可以让儿子在生活上得到相应的照顾。毕竟，专业足球不是那么好踢的，一旦踢不出来，或是不想踢了，张呈栋还可以做另外的选择，还可以参加高考。这也是张风杰坚持给张呈栋辅导文化课的目的。

其实在父母的心里并没有认为张呈栋能这样一直踢下去，尤其母亲丁文英，都很惊讶儿子的坚持。她告诉张呈栋：如果觉得累了苦了，压力大了，或是乏味枯燥不想踢了，随时都可以放弃这条路，随时可以拾起书本参加高考，做自己喜欢的事。

在沈阳的那段日子，尤其是梯队踢球的那段日子，张呈栋白天跟随球队训练，晚上在父亲的租屋里补习文化课。张呈栋说他的文化课一点也不差，即使不踢足球了，他也能考上大学。尤其是英语，从小学到中学从来没有断过学习。父亲张风杰也更注重这方面的培养，每到假期就带着张呈栋出国游玩，一方面让他开拓眼界，一方面锻炼张呈栋的英语会话交流能力。

在国外，父子俩很少坐出租车，很多时候，都是张呈栋捧着地图查看要去的目的地，以及如何乘坐公交、地铁等，如果有不懂的地方，一旁的张风杰才协助，但诸如问路之类的事情，都由张呈栋代替父亲用英语交流。一次次，张风杰就这样在陪伴中一点一点地锻炼张呈栋的自我生存能力和语言交流能力。事实证明，这对张呈栋的帮助很大，乃至他后来独自前往欧洲闯荡的时候，张呈栋都是凭借着自己的英语交流沟通。

2004年，15岁的张呈栋正是长身体的时候，为儿子制定科学的餐食成为张风杰在沈阳期间的一项主要工作。虽然张呈栋吃住在万林基地，但身为父亲总是担心儿子营养不够。

其实，张风杰做的饭张呈栋不怎么买账，可能出于少盐的原因，张呈栋觉得父亲做的饭不好吃，反倒是丁文英偶尔来沈阳看望儿子时做的通心粉，让张呈栋念念不忘。但这并不妨碍父亲张风杰的热情，好不好吃是一方面，有没有营养，以及保证营养的摄入才是根本所在。也正因为此，做饭手艺一般的张风杰经常做一些炖菜，营养、健康，又不复杂。比如，西红柿炖牛肉就是一道常做的菜，当然也少不了带张呈栋去外面吃烤肉或是涮肉。总之，只要对儿子身体有益处的食谱张风杰都尝试做。

　　长身体的那几年，父母最关心的事就是儿子饮食的营养合理搭配，虽说从初中开始，牛肉、黄油、奶酪等这些对身体有好处的东西，就成了张呈栋每天必不可少的餐食，而自踢专业足球开始，营养饮食更被提上议事日程了。有求必应的事情一定是和食物、营养、健康有关系的，至于张呈栋喜欢的鞋子、衣服之类的东西，都视为不合理要求，在吃的面前都毫无竞争可言。

走进辽足是一种缘

有错过，才会有新的遇见。张呈栋错过了辽宁队，却又放弃其他球队，只为来到辽宁队身边，这或许就是缘分。而与教练傅博除了有缘分外，更是有种"与君初相识，犹如故人归"的感觉。

来到辽宁队，来到梦开始的地方。傅博是张呈栋走进专业队的第一个教练，是他的伯乐。再次见到傅博教练张呈栋由衷感慨，如同看到了领航人。傅博是辽宁足球俱乐部的梯队教练，他经历了辽宁足球曾经的十连冠辉煌，由于傅博的年纪比十连冠时期的其他队员都要小一些，所以在当年的辽宁队中，傅博并不是球队的绝对主力，技术娴熟的傅博一直被认为是靠脑子踢球的球员，这也是傅博在退役之后能够很快成为职业教练的主要原因。而在那一拨老的十连冠球员之中，傅博是唯一一名多次在国家队执教的教练员，而且还作为U22国家队主教练、国奥队主教练率队征战了奥运会预选赛。在傅博执教生涯之中，以能够发现和选拔好的足球苗子著称。

选中张呈栋时，傅博是辽宁足球俱乐部的梯队教练。2002年对于辽足来说是特殊的一年，很多熟悉辽宁队历史的球迷都知道，那一年，辽宁队将自己的主场搬到了北京，原本一直在辽宁省内"流浪"的辽宁足球俱乐部进京了。那一年，辽宁队在中国足协注册的全名是辽宁足球俱乐部波导战斗队。在北京，辽足对外

叫波导战斗队。那一年，傅博负责帮助辽宁队组建 87 年龄组的梯队。

尽管辽宁足球俱乐部在财力方面的投入不是国内联赛里的豪门球队，却拥有国内顶级的年轻球员。辽宁队从来不缺明星级球员，一代辽小虎：李铁、李金羽、张玉宁、肇俊哲……都是很受国内球迷欢迎和喜爱的球员，他们都曾为辽宁足球立下过汗马功劳，是不可多得的足球人才。他们开创了辽宁足球的历史，他们闻名于国内各个足球赛场。

2004 年，甲 A 联赛已经进入"中超时代"，足球也越来越受到关注和重视，可是辽宁足球俱乐部的投入一直处在并不景气的边缘。没有选择堪称国内一流的上海康桥基地，张呈栋走进了位于沈阳市北李官地区名叫"万林"的足球基地，因为辽足驻扎在那里。其实万林基地的所属权也并非辽足俱乐部所拥有，因为合作关系，辽足把自己的基地临时安排在了那里。基地位于京沈高速公路出口附近，地理位置的偏僻可想而知。但在那里，张呈栋整整生活了 4 年多的时间。

第一次进入职业俱乐部的梯队，一切都显得那么的新鲜。他东瞧瞧西看看，摸着宿舍房间里的一床一椅，张呈栋发自内心的高兴，简直乐开了花。张呈栋所在的梯队是 U17，主教练是当初在北京帮助辽宁队俱乐部组建 87 年龄组球员、正好赶上自己也来北京参加选秀时看中自己的傅博，两名助理教练是王贺龙、于飞。当初张呈栋的父亲之所以愿意儿子去鲁能和申花这两支俱乐部，是因为除了这两支俱乐部的软硬件条件都过硬外，还有一点就是都有 89 梯队这个年龄段。可辽足没有 89 这个梯队年龄段，如果在辽宁队，张呈栋只能跟着大自己两岁的 87 梯队的年龄段训练。父亲张风杰担心张呈栋跟着比自己年龄大的球员一起训练，可能会因为训练量过大而对身体造成不必要的伤害。

确切地说，2004 年 9 月份张呈栋刚到辽宁队的时候，还是一个"黑户"。因为张呈栋的参赛证一直被"押"在河北足协，无法办理转会。出生于 1989 年的张呈栋刚好是全运会年龄段的球员，一向对全运会足球赛非常重视的河北足协当然不会轻易放走这样一个好苗子。不过，河北当时没有自己的职业俱乐部，河北足协也知道很难留住这批河北全运队的球员。

于是，拖上了半年多的时间，在 2005 年的 4 月份，张呈栋才算真正完成了人生的第一次转会。从河北足协改为辽宁足协进行注册，成为辽足俱乐部的正式球员。当然，河北足协放走张呈栋的条件是，必须在 2009 年的时候代表河北参加全运会。没想到，这个条件反而在 5 年后"救"了张呈栋一把，让张呈栋在无球可踢的情况下能够保持良好的竞技状态。

17 岁少年征战中超

经过了 8 个月的梯队训练,2005 年 5 月份,16 岁的张呈栋被调入辽宁队预备队,又经过 4 个月的预备队训练,也就是同年 9 月份,张呈栋调入一队,并开始跟一队进行训练。当时一队大多是 87、88 年的球员,也有一些 85 年的球员。像于汉超、杨旭、戴琳、杨善平、丁捷、张鹭这些 87、88 的球员后来都成了辽足的绝对主力,而 89 年的球员只有张呈栋一个人。

机会是留给有准备的人。平步青云,张呈栋踏实稳定地走过每一步。如此快速的提升,也许真的只有辽宁队才能给得起这样的机会。张呈栋是幸运的,幸运地抓住并把握住了机会。

从 2005 赛季开始,张呈栋开始了预备队比赛。又因在预备队比赛中表现出色,张呈栋被贾秀全看中,选入了贾秀全执教的 87 年龄组的国青队。披上中国国字号战袍的那一刻,张呈栋的欣喜不言而喻,比当初走进专业队时不知高兴了多少倍。他被承认了,他的努力终究没有白费,他终于可以站在世界的舞台上,这感觉真好。

虽然在国青队中张呈栋依旧是年纪比较小的球员,但他的表现却得到了主教练贾秀全的认可,也因此,他也是这一届国青队的常客。革命尚未成功,同志仍须努力。张呈栋似乎更懂得珍惜每一个属于自己的机会了。

乘风破浪：张呈栋传

2006 年 5 月份，张呈栋和 85 年出生的队友吴高俊在山东潍坊参加中超预备队联赛，比赛期间接到俱乐部电话，火速返回一队，准备参加中超联赛，机会之神又一次垂青张呈栋。

这突来的通知让张呈栋惊喜，但惊喜很快就化为了紧张，莫名的紧张。如果非要给这种紧张定个义，或许就是精神处于高度准备状态下的一种担心吧，担心自己在场上的发挥、表现，担心自己的经验不足，担心和队友的默契度……

2006 年 5 月 21 日，只有 17 岁的张呈栋第一次在中超联赛的赛场上亮相。那场比赛是辽宁队主场（抚顺雷锋体育场）对阵山东鲁能队的比赛，张呈栋身披 34 号战袍首发出场，司职前锋。只可惜那场比赛辽宁队因缺少多名主力球员，实力严重受到影响，加之山东鲁能队不仅实力强大、阵容整齐，又不乏诸如郑智、李金羽等这些国内球员的佼佼者。与这些实力技术优秀的大腕级别球员交手中，张呈栋看到了自己的不足。这场比赛尽管辽宁队踢得很卖力气，怎奈与山东鲁能队的实力相差悬殊，结果张呈栋这场中超首秀以 0-5 不敌山东鲁能泰山队。

一分耕耘一分收获，未必；九分耕耘一分收获，一定。这场比赛张呈栋印象深刻，他对自己的表现很不满意。虽然很努力地踢比赛，但由于紧张和经验不足，踢了 60 多钟他的小腿就开始抽筋。回忆起自己的第一次中超比赛，张呈栋至今仍清晰地记得。比赛前一天晚上，他给父母打去了电话，把自己要踢中超比赛的消息告诉了他们。尽管电话这头的张呈栋装作很镇静，但作为专业游泳教练的母亲还是从张呈栋并不平静的言语中察觉到了儿子的紧张，叮嘱他放松心态，别有压力。可答应得很痛痛快快的张呈栋还是在比赛中因为紧张导致抽筋，被换下场。不过这次经历却成了"分水岭"，从此，张呈栋的紧张情绪没有了。

2004 年 9 月至 2006 年 5 月，凭借不懈的努力，在辽宁队张呈栋用了不到两年的时间踢上了中超联赛。从此，张呈栋正式开始跟随辽宁队一队开始训练，并在随后的 2007、2008 赛季经常出场。正所谓：人之所以能，是相信能。张呈栋超越了自己。

2007 年，刚满 18 岁的张呈栋与辽足俱乐部签订了正式的职业合同，也正式进入了一线队。那一年，张呈栋的月薪只有 1000 元。这样的工资即使是一份普

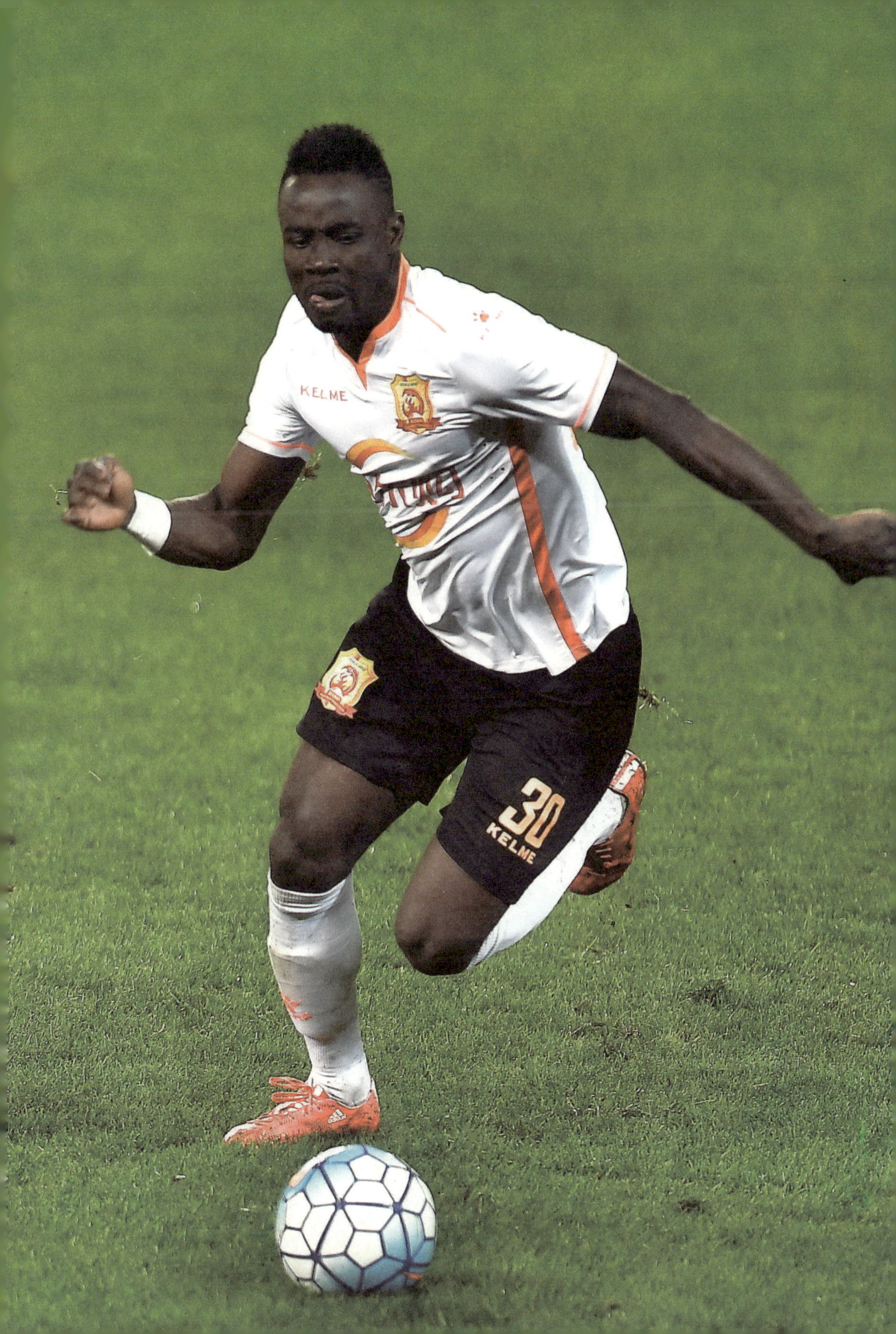
KELME
30
KELME

通工作也很低，更不要说是在薪水很高的职业足球俱乐部里了。那个时候像山东鲁能或是上海申花这样的俱乐部，主力球员年薪大概 300 万到 500 万之间，替补队员的年薪也有差不多几十万。一个赛季后，2008 年，张呈栋每月工资涨到了1500 元。虽然是替补球员，但这样的工资对于一名职业球员来讲还是太少了点。不过尽管如此，对于这样的工资待遇，张呈栋只能对自己说：别想这些，好好训练，争取机会多打比赛。

惜别辽宁队

　　处在新老交替、青黄不接的辽宁队在 2008 赛季再一次惨遭降级。那一年主教练马林在中途接手球队，虽然率队几经努力，还是未能摆脱噩梦。2008 年 12 月份是球队冬训开始的日子，信誓旦旦的主教练马林明确告诉于汉超、杨旭、张呈栋这些年轻球员：好好练，我明年一定带着你们打回中超去。

　　那年冬训，张呈栋练得格外苦，但他也非常庆幸自己在这个时候遇到了马林这位积极、有责任心的教练。中超俱乐部里辽宁队是出了名的投入少、资金紧张的"困难户"。但同时，辽宁队也是人才辈出的球队，辽小虎从来就不服输，身为辽宁人的马林自是如此。所以，新赛季前的昆明冬训成了重中之重，训练加量了，而杨旭、张呈栋这两名年轻的前锋球员也成了当年有着"亚洲第一中锋"之称的马林教练的专训对象。

　　在昆明海埂基地那段时间，杨旭、张呈栋两人的训练量最多的时候达到了一天四练，为了能够在新赛季让球队有所突破，马林细致到亲自指导、示范如何在门前把握包抄抢点的窍门，让两人受益匪浅。

　　三个月的冬训期，让辽足球员们憋足了劲，张呈栋也同大家一样准备在新赛季开始后能一展雄姿，可很多事情总是那么不如人意，又猝不及防，他无论如何也没想到这个准备期竟然成了他在辽宁队的最后一次冬训。

乘风破浪：张呈栋传

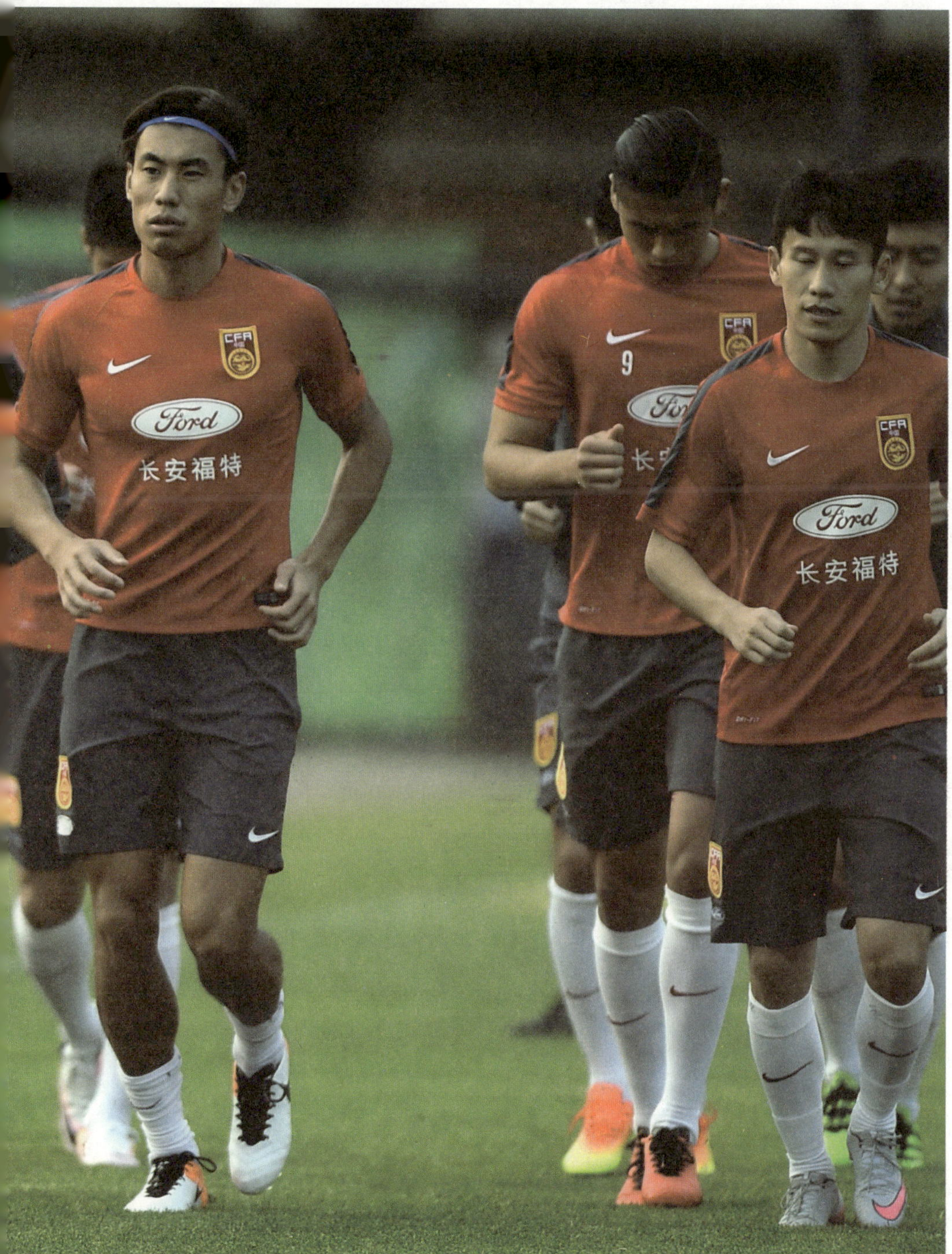
CFA
Ford
长安福特
9
CFA
Ford
长安福特

2009 年年初，中国足坛发生两件大事：两名年轻球员周海滨、冯潇霆分别以"自由身"加盟海外俱乐部。在此之前，中国球员没有"自由身"一说。按照当时国内的转会制度规定，在球员与俱乐部的合同到期之后，俱乐部仍然有 30 个月的保护期，也就是说如果俱乐部不同意球员转会，即使球员不与原俱乐部续约，也只能等到 30 个月后才能选择新的俱乐部。实际上在这种情况下，就等于只要俱乐部不放人，球员就只能"永远"留在原俱乐部，否则的话，选择休息 30 个月，而这无异于提前退役。所以，在 2009 年之前，俱乐部与球员签订工作合同，多数都一年一签。

不过，当时中国足协规定的 30 个月保护期有一个"漏洞"，就是只针对国内俱乐部之间的转会。于是，周海滨、冯潇霆在与原俱乐部合同到期之后，选择了加盟海外俱乐部，其中周海滨奔赴荷兰，冯潇霆前往韩国。

周海滨、冯潇霆两人加盟国外俱乐部的消息，立刻在国内俱乐部里掀起了轩然大波。很多俱乐部着手在新赛季开始之前紧急与球员重新签订合同的工作，凡是队中有潜质的年轻球员都被要求签订 5 年的工作合同。张呈栋也没能幸免，他的面前也被摆放了这么一纸为期 5 年的合同，当时的工资是月薪 4000 元，不过有一半是属于绩效工资，要等到年底辽足冲上中超之后才会补发另一半工资。

面对辽宁足球俱乐部开出的一纸为期 5 年、每月 2000 元"半薪"的合同，张呈栋有点不知所措了，他彷徨，他犹豫。彷徨不是因为一个月只有 2000 元的"半薪"，且附带一个冲超成功的条件（冲超不成功就半薪）。那时候大家只想着努力打回中超，就好似刻不容缓的历史使命一样。至于薪水少一点，张呈栋也没有更多的异议，可以接受，相反多打比赛、积累经验才是自己最想要的。同样，父母也告诉张呈栋，不要把工资看得太重。还有，刚回到辽足的助理教练李铁，也作为老大哥告诉张呈栋：年轻球员，没必要太在乎眼下薪资的多少。当你证明了自己的能力，当俱乐部离不开你的时候，自然而然待遇就会提高了。球踢好了，钱也就来了。

犹豫是因为这份合同一签就是 5 年，这让张呈栋一时间接受不了。5 年在一个球员的职业生涯中绝对是不短的年限，他还不想这么年轻就被绑死。不是不忠诚于辽宁队，也不是对辽宁队没有感情，而是一直雄心勃勃的张呈栋想飞得更高、更远一点。所以，5年的合同真的有点太长了。其间，无论是张呈栋还是张呈栋的父母都向俱乐部提出：能否合同一年一签，或两年一签，哪怕是三年一签也可以。但商量未果，辽足俱乐部态度强硬：必须签约5年，否则下放预备队，不允许一线队报名。

辽足武断、强硬的态度好似给了张呈栋当头一棒，他走也不是，留也不是。签，意味着一份五年之内都不能更改的契约。不签，一个冬训的辛苦训练都将化为乌有。到底该怎么办，到底何去何从，20岁的张呈栋迷茫至极。

当然，迷茫的不只是张呈栋，还有辽宁队的很多年轻球员。正因为这样，赛季前，辽宁队的签约工作一度陷入僵局，但大多数年轻球员最终还是无奈与俱乐部签订了这份5年的合同，其中就包括于汉超、杨旭这对"辽足双子星"。不过，思来想去，张呈栋还是没能在辽宁俱乐部开出的这一纸为期5年的合同上签上自己的名字。结果，辽宁足球俱乐部给出的结果自然是：离队。

当时没有和俱乐部签约的还有张呈栋的河北老乡卜鑫，两人连夜订了第二天离开沈阳的车票。临别之前，张呈栋找到了主教练马林，讲了自己的真实想法。马林点点头表示自己很理解，马林告诉张呈栋：那就先回家再想一想。

就像生命里有很多事情注定得不到圆满一样，张呈栋很不舍，但没有办法。他，有种被逼走的感觉。2009年2月，也就是新赛季开始前，张呈栋离开了辽宁足球俱乐部。按照当时的转会规定，张呈栋虽然与辽足没有工作合同，但在30个月之内不能加盟其他职业俱乐部。就这样，2009年，刚刚过完20岁生日的张呈栋"失业"了。

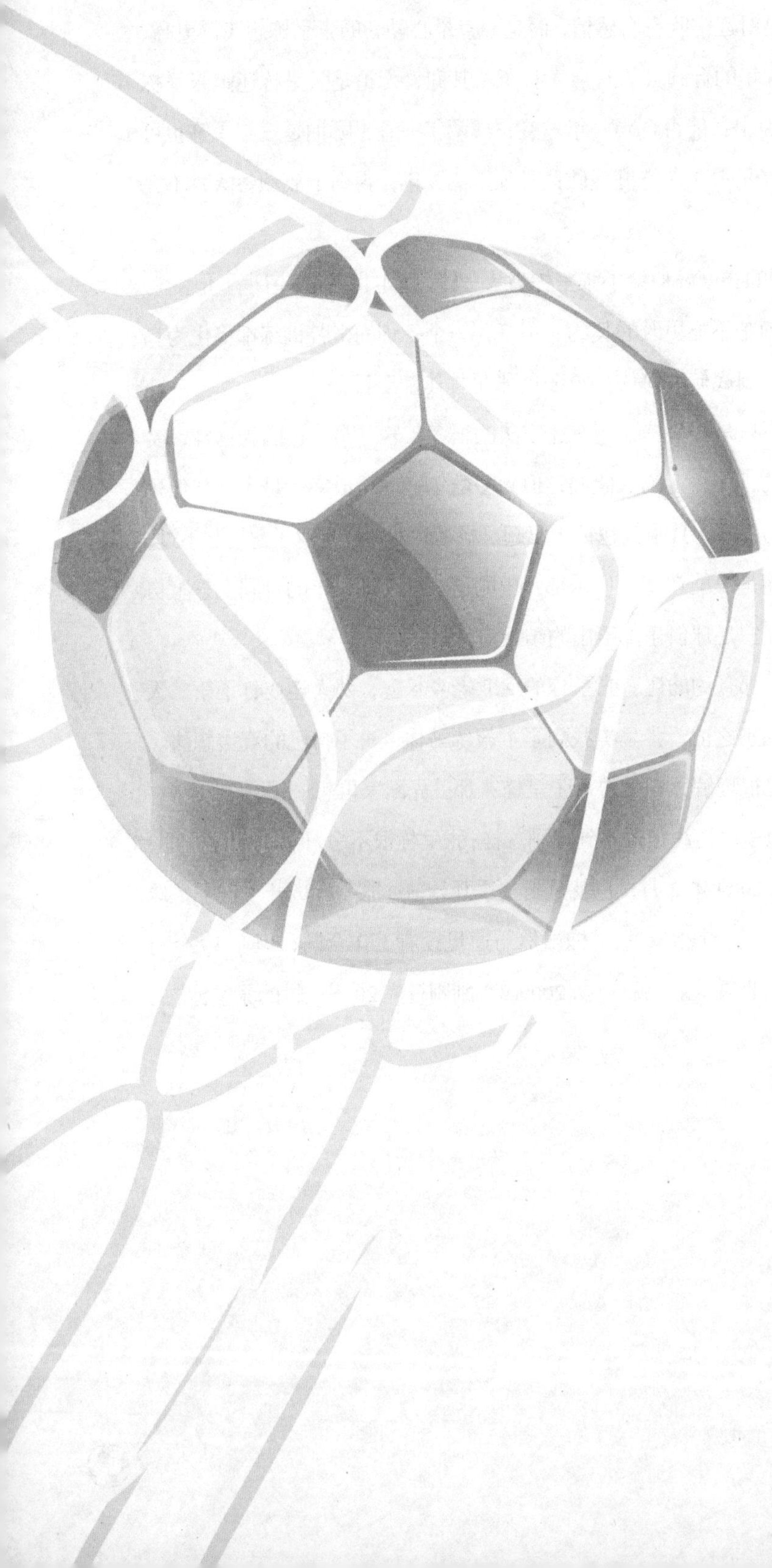

Zhang Chengdong's
boyhood

Football

第一次
留洋

被迫出国试训

因为一纸霸道的合同逼得张呈栋下了岗，他的心情也随之一下子跌入了谷底。他没精打采地在家里窝了两天，对着天花板发呆。躺也不是，坐也不是，那叫怎一个烦字了得。他才20岁，足球的好年华才刚开始，他不能这样眼巴巴地错过了，也不能让自己多年来的执着追求成为泡影。虽然很自信，虽然相信自己一定会有球踢。可是，球在哪里？脚下的路在哪里？连张呈栋自己也不知道。

烦躁几乎淹没了张呈栋的日子，他变得沉默了。本来话不多的他，看着电视里曾经队友们的比赛，心纠到了一块……他行尸走肉般地来到家对面的那块草皮上，多少儿时的记忆浮现眼前，一幕幕竟如此的真实，昭示着他追逐的梦。

夜已深，只有路灯昏黄的光穿过夜的落寞洒在草皮上拉出一道长长的光束。他坐下来，手指缓缓触上草皮，只轻轻一触，眼泪便顺着张呈栋的眼角滑下来……不知道过了多久，直至抬头看到父亲站到窗前日渐苍老的身影。

回到家，看到父亲依然站在窗前。轻轻地走过去，从背后抱住了父亲，头靠在父亲肩膀的那一刻，张呈栋觉得很温暖，心也踏实了。但父亲的肩膀却瘦弱了许多，再也不似小时候那么宽厚了。张呈栋觉得自己欠父亲这么一个拥抱，他不该再让父亲为自己担心了。

转天，收拾起行囊。他决定，自己先跟随河北全运会队进行训练，这样既可以保证体能，也可以保证训练状态。同时，还可以等待机会。此时，还好有当初阻碍自己转会辽宁队的"全运会资格问题"，回过头来看倒帮了张呈栋，让无球可踢的他变得有球可踢了。

但这样的训练短时间内还可以，全运会结束了怎么办，距离中国足协当时规定的30个月的转会期还有至少两年的时间，运动状体如何保持，成了问题。显然，如果还想继续踢职业足球，出国踢球是最好的选择了。不过，出国踢球，对于中国球员来讲真的太难，一方面苦于技术水平，另一方面就苦于语言关。

有了出国踢球的打算，好朋友推荐的经纪人主动来帮助张呈栋。经纪人给张呈栋一些选择：澳大利亚联赛、比利时联赛、西班牙以及葡萄牙的联赛。这一次，张呈栋听从了父亲的建议，选择葡萄牙球队试训。

与张呈栋一起前往葡萄牙试训的还有另外两名年轻球员，他们分别是张呈栋同时期国青队的队友雷永驰和惠家康。他们两个的情况和张呈栋相似，也是中超球员，也是因为合同的原因，在2009年初，离开了原来效力的深圳足球俱乐部。和张呈栋一样，成为"待业"青年。

2009年6月，张呈栋和雷永驰、惠家康这三名中国球员前往葡萄牙进行试训。不同的是，雷永驰、惠家康更想加入高级别联赛水平的俱乐部，如果能够留在葡超最好，退一步葡甲也可以接受。但以中国年轻球员的能力，想要直接征服葡甲或葡超这样的欧洲联赛，难度可以想象。于是，两人后来并没有选择任何一家葡萄牙俱乐部，而是回到国内。所以，在两人的职业生涯经历中，2009年是空白。直至等待了一年多的时间，两人才在中甲俱乐部成都天诚重新踢上了球。

相反，张呈栋有自己的想法。既然选择来到葡萄牙联赛试训，还能通过葡萄牙联赛的试训，即使不是葡超，也不是葡甲，那也没有关系，葡乙又何妨。既然自己的能力、水平只适合在葡乙踢球，那就踢葡乙好了，从低水平的联赛踢起，一步步来，没有什么丢人的。

留在葡乙

经过近一个月的试训，张呈栋只能通过每周的热身赛和训练来向葡萄牙联赛各个大小球会证明自己的能力，而这些热身赛也正是每个俱乐部技术总监考察每一名来试训队员的最基本途径之一。张呈栋通过了这样的试训期，他决定留下来打葡乙联赛，并得到了葡乙联赛马夫拉俱乐部一份为期两年的工作合同。就这样，张呈栋开始了自己海外足球生涯。

虽是一支葡乙球队，但这对于一名中国足球运动员来说已经是很不简单的事情了，毕竟中国足球运动员的实力水平远远逊色于已经起步百年的欧洲足球，即便是葡乙联赛。如果真要葡乙的球队和中国足球一决高低的话，恐怕国内很多中超球队还真不一定就能赢得了。这就如同中国的金牌项目乒乓球一样，而足球是欧洲的一个强势项目，也是民众喜闻乐见的一种运动，大街小巷随处可见踢足球的孩子们。

来到马夫拉俱乐部，张呈栋的要求不高，只要管吃管住有球踢有比赛打就足够了。就这样，张呈栋得到了自己的第一份海外工作合同，工资不高，每个月只有500欧元。但是在葡乙已经算是不错的一家小球会了，要知道在葡萄牙可是有80多支葡乙俱乐部。

管吃管住，这在很多欧洲俱乐部，尤其是小球会是比较少见的。按照惯例，欧洲足球俱乐部几乎所有球员都是走训制，训练结束后回家。没有吃住上的统一

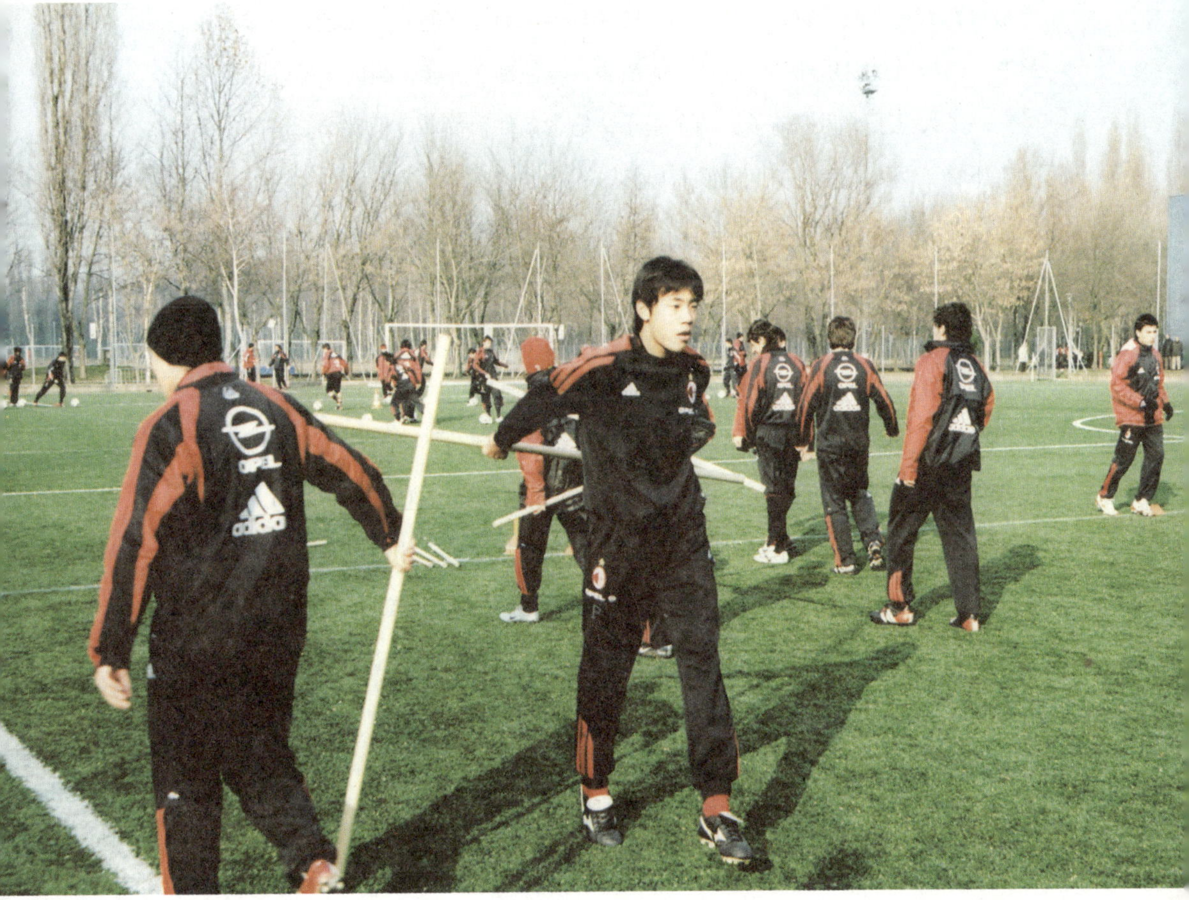
OPEL
adidas

惯例、安排，有的只是一些简餐，热狗、水果和沙拉之类的非正餐食物。球队一般都是在比赛之前集中球员，这是欧洲球员的生活节奏。但马夫拉俱乐部可以为球员提供宿舍与一天三次用餐，作为葡乙的一家小俱乐部也希望能够以此吸引一些有质量的球员。

在欧洲，像葡乙、西乙这样的小球会都不是很有经济实力。马夫拉俱乐部的老板经营着一家汽车行，主要是汽车的销售与维修。车行有三层楼，一楼卖车、修车，二楼就是俱乐部一线队球员的宿舍，吃住都在二楼，距离球场也很近。

一张大桌子、两把椅子、两个柜子，宿舍条件很简单，但整洁。房间不大，分上下铺，两人一屋。房间里没有电视，但宿舍楼上的休闲区有个大电视，每天播放着各种顶级赛事，只凭这一点，就可以让张呈栋高兴得蹦起来，曾经多么梦寐以求的一件事，现如今竟如此唾手可得，这就是身在欧洲的不可比性，五大联赛想看啥比赛都有，还不用熬夜，这绝对是近水楼台先得月。莫名地，张呈栋觉得自己距离梦想更近了一点。他告诉自己：努力是成功的另一个名字。

的确是这样，那个技术出众、速度惊人、突破犀利，有着葡萄牙足球史上最佳球员的 C 罗，他所得的每一个奖项都是他比别人多辛苦付出得来的。所以，他才说出这样的话：如果你不知道怎么做一个职业球员，那就每天第一个进入更衣室，最后一个离开更衣室。没错，这就是张呈栋来到马夫拉俱乐部学的第一课。

原来国外俱乐部的更衣室文化并不是单纯指的尊重和严明纪律，即使是俱乐部董事长走进更衣室也得先征得队长的同意，这就是更衣室文化的一部分，是对球员的尊重，但不是全部。更衣室文化更深一层的意思是：加练，再加练。第一个走进更衣室，最后一个离开更衣室是：来，要早于其他队员，加练；走，要晚于其他队员，加练。

台上一分钟，台下十年功。正如 C 罗所说、所做的一样。张呈栋明白，如果自己还不够聪明，说明自己做得还少。那就照样学样，每天第一个来更衣室，最后一个离开更衣室，每天给自己加练三四次射门。张呈栋相信，至少可以做个最好的自己。

于大宝的到来

　　事实上，无论是努力还是加练，都没有比语言沟通不畅更困难。张呈栋和所有出国踢球的孩子一样，遇到了语言交流的问题。虽然张呈栋的父亲很早就意识到学习语言的重要性，也很注意培养张呈栋的英语沟通表达能力，但是他所在的球队毕竟不是英语国家，马夫拉虽然有不少的外籍球员，但基本是讲葡语，像巴西、阿根廷、哥伦比亚这样本就讲葡语的国家的球员，根本不存在语言上的沟通问题。中国人却只有他一个，球队里虽然也有一些队友讲很好的英语，也在训练中给自己翻译，但多了一道翻译的程序，还是有种慢半拍的感觉。

　　语言不通的障碍，让张呈栋感觉自己在训练场上很不灵活，少了很多敏锐性。尤其训练里和队友的协调呼应、默契配合等，基本处于跟不上拍的节奏状态，踢得很累，累不是因为训练量大，而是自己处于一种猜的状态中，猜自己下一步要干吗，猜队友要自己传球给谁，整个训练过程几乎是从队友的动作或眼神中来领会，跟个蒙头人一样。尽管不是能力的问题，但这样下去也是绝对不可以的。连张呈栋自己都能感觉到自己在训练场中的不和谐与迟钝。

　　他第一次在国外感到如此的无助，尤其是最初的十几天时间里，张呈栋感觉自己真的要崩溃了，每天都是在烦躁的状态下度过。他开始不知所措了，在几乎不会讲英语的葡萄牙人面前，张呈栋意识到：如果自己还想留在这里踢球的话，自己真的要从零开始学习葡萄牙语了。可是学习语言也不是一天两天就能学会，是需要时间和过程的。他，该怎么熬过去？

正当张呈栋一筹莫展的时候，他曾经的国青队队友于大宝被租借到马夫拉来了，这对于张呈栋来说，无疑是个好消息。至少在这个队伍里他不再孤单，终于多了一个黄皮肤的中国人。

见到于大宝，张呈栋格外的高兴。而于大宝也同样很高兴，他们如同多年未见的老朋友一样。异国他乡能够遇见已经不容易，能够遇见，还能在职业球队一起踢球就更不容易了。两个人都很珍惜这样的缘分。他们年纪相仿，是贾秀全执教87年国青队时候的队友，还没来得及接触，就听到于大宝去葡萄牙留洋的消息，当时张呈栋羡慕不已。

于大宝是2007年的时候，被葡萄牙豪门本菲卡俱乐部相中，成为了首位加盟葡超俱乐部的中国球员。但由于本菲卡队人才济济，很难在一线队打上比赛的于大宝在2008年初开始被租借其他球队，没想到辗转租借两支球队后，于大宝竟然在张呈栋踢球的马夫拉俱乐部相遇了。

在葡萄牙生活了两年半时间的于大宝，葡语沟通交流已经基本没有问题。作为一个经历过留洋最初阶段困难的人，于大宝很清楚张呈栋当时的心情以及懊恼、困惑。训练场边，他给张呈栋当起了翻译，跟教练、队友做了沟通与介绍。说明了张呈栋的能力、特点，以及擅长的位置。当然，也逐一简单、明了地把队友们的功夫介绍给了张呈栋。就这样，以最简单、快捷的方式，在最短的时间内让大家对张呈栋有了一定的认识和了解。同样，也让张呈栋对队友们的场上表现有了一定的认知，极大地拉近了队友与张呈栋的距离。这让张呈栋少走了不少的弯路。

适应是一种接受，也是对原有生活的一种改变。张呈栋明白，要想在新的环境里生存下来，首先要学会适应环境，这也是他首先要做的一件事。也因此，不训练的时候，于大宝就带着张呈栋四下转悠，穿街走巷、熟知一些当地的风土人情，不为别的，只为让张呈栋能尽快融入这座城市。当然了，于大宝也讲自己在葡萄牙经历过的人和事，及自己眼中的葡萄牙。

由于马夫拉俱乐部的所在地距离葡萄牙首都里斯本只有二十几公里的路，故而这座欧洲著名的政治、经济、文化、教育中心的国际化美丽的城市也同样吸引张呈栋和于大宝两人，也是他们业余生活结伴常去的地方。或许因为两个人的年龄相仿，亦或许因为两个人有着相同的兴趣和爱好：逛街、购物、吃饭、东看看西逛逛，这个习惯从那时开始一直延续和保留到现在，从未变过。以至于后来都回到国内踢球的两个人，在赛季结束放假的时候，还经常相约一起出游，重复着曾经一起做过的事。

有了于大宝每天的陪伴，张呈栋的葡语进步得很快，训练、比赛里队友间常常用到的一些词语，他基本也可以听得懂了。没有了沟通的障碍，张呈栋在场上活了起来，控球能力也渐渐显露出来。教练、队友们也开始熟悉起来，接受他并喜欢他，这让张呈栋很开心，信心也增强了许多。只可惜，于大宝在马夫拉只待了仅仅四个多月的时间，便转会回国到天津队踢中超了。

在马夫拉队，于大宝主要踢前腰、前锋两个位置，而张呈栋踢的位置是前锋、左边前卫。在比赛中，马夫拉的教练也经常用两人互相轮换。2009 年 10 月，在马夫拉 1∶0 击败伊雷特里克的比赛中，张呈栋在第 72 分钟替换于大宝上场，那是张呈栋在马夫拉队的处子秀。一个月之后，张呈栋迎来了自己在葡乙联赛中的第一次首发，在客场与乌尼奥山队的比赛之中，张呈栋打满全场，非常可惜那场比赛，马夫拉 0-1 不敌对手。不过，从那时起张呈栋已经通过自己的表现开始慢慢打上了球队的主力，被球队认可。

树立全新踢球风格

到了欧洲的训练场上，张呈栋发现自己 OUT 了，中国足球的差距不是节奏快慢，也不是强度大小，而是训练场上的对抗踢得如同比赛场上一样凶猛，完全没有保留，绝对真刀真枪对决，这一点，让张呈栋震惊了。

张呈栋想到年初时候辽宁队在海口的冬训，主教练马林就要求每个队员在训练中带护腿板，对抗、拼抢也要求激烈，当时还觉得训练这么拼受伤了怎么办。因为国内的训练很少有要求带护腿板的，可没想到，来到马夫拉队，训练中的对抗又被拉升了一个级别，绝对是更凶猛了，不带护腿板是不可能的事，就差拼个你死我活了。

最初的头几堂训练课张呈栋还真是有点不适应，他总感觉训练这么踢的话，万一队友伤了还怎么踢比赛。但事实告诉张呈栋，训练里的对抗也要当作一场比赛来踢，这是张呈栋来欧洲踢球感受到的最大不同。

更多的时候，人们看到的是欧洲五大联赛曼妙的脚法、行如流水的带球、过人风姿、锐利果敢的铲、断球、抑或潇洒漂亮的停球。这些实战画面的背后，其实是他们训练中疯狂的进攻、凶狠的逼人、抢断与阻击，甚至还有犯规、拉人等小动作。这些构成了欧洲足球的一部分。

还好，即使是在这样硬朗、强悍的训练、比赛下，张呈栋的身体还都能吃得消。

虽然是东方人，但由于张呈栋从小就注意饮食上的营养搭配，诸如牛肉、奶酪、黄油这类对身体有益的东西都是每餐不少的，所以身体上的碰撞并不吃亏。但训练中，张呈栋还是有所保留。

一次对抗训练，张呈栋被分在了替补一方的阵容里，在对抗中正准备断下正在带球奔跑的队友脚下球时，张呈栋下意识地收了脚，没再继续下一个动作，因为他不敢与队友对脚，他怕他在与队友的对脚中可能伤害到队友，更怕他这样与队友对脚，队友万一受伤踢不了比赛影响可就大了……足球就这样在张呈栋收脚的那一瞬被主力阵容一方抢走了。然而，让张呈栋吃惊的是，对自己发火的不仅是自己所在的替补一方的队友，还有主力一方的队友，他们同时向自己发火。一通嗷嗷叫后，张呈栋彻底蒙了，看着被气作一团哇哇大叫的队友，张呈栋不理解，他扪心自问，他到底做错了什么？

训练结束的时候，那名与张呈栋对脚的主力一方队友走过来。他抹了一把脸上的汗水、甩了甩贴在脸颊的几缕头发，又拿起一瓶水"咕嘟咕嘟"喝了几口，然后来到张呈栋面前，他的一只大手友好地搭上张呈栋的肩膀，直言提醒：伙计，你为什么收脚？这样踢，教练不会喜欢你的。张呈栋一愣，说出了自己的顾虑：如果不收脚，你就可能受伤了。

如果是在国内训练，这肯定是心照不宣的事，根本不用说，训练中不受伤，保证主力球员比赛是毋庸置疑的。但是在葡萄牙不是这样，训练也要实战，所以才有了更让张呈栋大吃一惊的话："不，如果我受伤了，你就是主力了。记得下次不要客气，我也不会对你客气。"说完，队友拍拍张呈栋的肩膀，做了个加油的动作。

或许这就是答案，张呈栋似乎明白了。这或许就是所谓的欧洲足球文化的一种理念，无论是训练还是比赛，都需要每个人要全身心地对待。只有训练里有好的表现，才能有比赛里好的表现。所以训练要百分百地投入，就像比赛一样。

这之后，张呈栋的足球观开始改变了。过去在国内踢球，他在球场上讲话不多，只做有必要的喊话，觉得做好自己就可以了。但是葡萄牙踢球不一样，无论训练还是比赛都充满了激情。这里的队员们在场上的状态都相当活跃，队友间总是呼来唤去、相互提醒、及时补位、传球等。据说队友间这样的喊话、打气可以让每个队员在比赛中更精力集中，有助于比赛。

张呈栋发现，在欧洲各个国家的联赛中，葡萄牙球员身材并不是最强壮的，但葡萄牙球员却是最能拼命的球员，因为他们把一场比赛的胜负看得很重要，他们在比赛场上都是全情投入，一场比赛在葡萄牙人的眼中就是一场战斗。不管是重要的还是不重要的比赛，甚至做个游戏都必须分出个所以然来，这或许是葡萄牙人的性格使然。

欧洲赛季间歇期是每年的6月到8月，而这期间，正是国内联赛打得正酣的时候。2011年欧洲赛季间歇，张呈栋像过去一样前往工体看北京国安队比赛，没想到新赛季里国安队也请了一名葡萄牙教练帕切科，虽然不认识，但张呈栋感到很亲切，没想到，在国内的看台上他也能感受到葡萄牙人在场边指挥比赛时的疯狂劲头。

北京工人体育场的看台上，张呈栋第一次看到帕切科，第一次看到这个被国人称"疯子"般的激情教练场边指挥比赛，张呈栋笑了，他一拍大腿，几分激动的样子，对身边一起看球的朋友说："对！就是这个感觉，这才是葡萄牙教练，葡萄牙教练就这样，手舞足蹈的，一场比赛下来他不比队员轻松。"因为在葡萄牙，每个教练都这样，指挥比赛就如同他在场上踢球一样。他还会告诉你：这场比赛就是一场战役，上了场就必须全力拼抢，要胜利，要打出士气、血性。

就像帕切科那样，每场比赛都充满激情。葡萄牙人喜欢性格张扬的人，有煽动性性格的人很受欢迎，尤其在足球场上。张呈栋第一次亮相葡乙赛场时，感觉自己很格格不入，完全是两个世界的人。场上的自己很规矩，但是在葡萄牙人的眼里就像只小绵羊一样，而对手如同狼。如果不能让自己也成为一只狼，那就只有死路一条。适者生存，张呈栋只能把自己变成一只狼，一只在足球场上可以快意奔跑的狼。

也就是从那个时候开始，张呈栋的踢球风格开始逐渐形成了，再经过四年多的葡萄牙生活慢慢地被定格，直至今天我们依然可以看到当年在葡萄牙赛场上张呈栋的影子，是那种典型的欧洲硬朗型球员，比赛中不怕对抗、积极拼抢、作风顽强有霸气。

一战成名

2010 年 1 月 21 日，葡萄牙杯赛 1/8 比赛，作为乙级队的马夫拉队客场对阵葡超豪门里斯本竞技。比赛前，没有人能想到这两支实力相差悬殊的球队，能有什么精彩可言，一支是处于中游的乙级球队，一支是实力雄厚、赫赫有名的葡超球队，但就是这样两支球队的一场比赛，让马夫拉的球迷们在很多年以后依然记得，记得这个给他们带来快乐的那个叫张呈栋的中国籍球员，还有那个夜晚、那场比赛。

里斯本竞技是葡超里三支最著名的球队之一，就算在欧洲冠军杯、联盟杯赛中也同样声名显赫。在这场实力远远胜出马夫拉队的较量中，如人们预期一样，比赛结果并没有爆出冷门，里斯本竞技队 4：3 淘汰马夫拉队晋级，但比赛的过程却几乎轰动了整个葡萄牙足坛，这个来自葡乙球队的中国籍球员、22 岁的张呈栋，在这场葡萄牙杯赛 1/8 比赛中头顶、脚踢上演了帽子戏法。虽然最终还是以 3：4 的比分不敌里斯本竞技，但能够和葡超这样一支大牌球星云集、远近闻名的球队中有 3 粒进球，怎能不让人记得住。

因为这场比赛，马夫拉队的中国球员张呈栋三次攻破了里斯本竞技队的"城门"，一时间他成了葡萄牙足坛无人不知、无人不晓的人物了，当时葡萄牙各大媒体也竞相报道张呈栋上演的帽子戏法，以及这场差点让里斯本竞技阴沟翻船的比赛。甚至有葡萄牙媒体把张呈栋比作中国的若奥·平托。而里斯本竞技也因为这场"丢人"的险胜发生内讧，体育主管在一怒之下宣布辞职。

葡萄牙媒体轰炸式的报道效应很快发酵、传播，蔓延到中国足球圈。当时，中国的各大媒体也随后对张呈栋做了大量的报道，而这场比赛距张呈栋留洋欧洲仅仅5个月的时间，年轻的张呈栋便一战成名。

这场比赛让张呈栋在一夜之间成了马夫拉小镇上的名人，比赛结束后的几天时间里，很多媒体都来到马夫拉俱乐部采访中国籍的小伙子。为此，张呈栋还特意收藏了一些当地的报纸，准备回国时候带给父母看，毕竟这是自己第一次因为踢球露了脸。

葡萄牙人性情开朗、随性、好客，张呈栋着实体验了一把。那场比赛结束后，张呈栋和他的队友们来到小镇上经常去的一家烤肉店庆祝，本来队友们是让进了三个球的张呈栋请客，结果没料到烤肉店的老板却直接爽快地给免单了。因为烤肉店的老板做梦也没有想到，自己镇上的球队能够跟里斯本竞技这样的大球会比赛表现的那样出色，他觉得很自豪，他是马夫拉队的球迷，他为张呈栋能有这样好的进球高兴，他向马夫拉队队员承诺：只要还有这样好的表现，就继续免单。

后来张呈栋才知道，与里斯本竞技队的那场比赛，马夫拉镇上去了好几千名球迷，因为对于他们来说，马夫拉队能够在里斯本的主场比赛，就如同节日一般。当时自己的队友也是同样的心情，激动又开心。来到赛场后，在更衣室内就开始兴奋起来了，又是唱歌又是拍照，跟过节一样快乐。而那场比赛也因为真正的放松，才有了好的发挥和体现，才真正体会了足球本身那种纯粹又简单的快乐。

因为热爱，所以努力。张呈栋在克服了语言沟通障碍后，和队友们就打成了一片，因为大家都吃住在一栋楼里，再加上每天的训练也都在一起，很快就熟络了起来。而葡萄牙人外向、奔放、激情的性格也慢慢感染着张呈栋，他很快就融入其中。即使两周后于大宝回国了，张呈栋也不觉得寂寞、孤单，因为他已经适应了这里的生活。

他每天训练积极刻苦，终于凭借自己的努力，在与里斯本竞技比赛前，就打上了马夫拉队的主力，占据了左前卫的位置。这个位置是张呈栋打得很顺畅的位置，也是自己很喜欢打的一个位置。但由于比赛的需要还有教练技战术的安排，张呈栋的位置也随时在前锋、前腰、左前卫的位置上不断地变化。

原来梦想距离自己这么近

就在张呈栋名扬马夫拉不久，给过自己最大帮助的于大宝却要回国了。2010年2月，在葡萄牙留洋三年的于大宝选择回国踢中超联赛，加盟了天津泰达队。马夫拉又只有张呈栋一个中国籍球员了，有很多留恋，很多不舍。可人生哪有不散的筵席，每个人都有自己的梦想、追求。

因为与里斯本竞技那场比赛张呈栋上演了帽子戏法，国内的很多俱乐部也把目光盯到了张呈栋的身上，加之国内很多俱乐部也从辽足俱乐部那里了解到，他是一名有潜质的足球运动员、是希望之星。所以，国内不少俱乐部也向张呈栋发出了邀请。

不过，那时候的张呈栋还不想回国踢球。如果说理想是方向，而梦想是彼岸的话，那么张呈栋觉得自己正奔走在赶往梦想的路上。因为只要自己能够踢好葡乙的比赛，那么就有机会踢葡超比赛，如果葡超也能踢好的话，就有机会去踢英超、西甲、意甲、德甲，张呈栋的心中，已经有了对未来一个比较清楚的努力目标。

从葡乙到葡超，连跳两级，看上去有点难，但也不是绝非不能实现的事。此前，就有一些在葡乙比赛踢得出色的球员直接去了葡超这样的例子，或是更高级别的联赛。比如人们都知道的贝贝，就是后来转会曼联的高中锋"Bebe"（蒂亚戈·曼努埃尔·迪亚斯·科雷亚）当时就和张呈栋一样踢葡乙，只是两个人所效力的葡

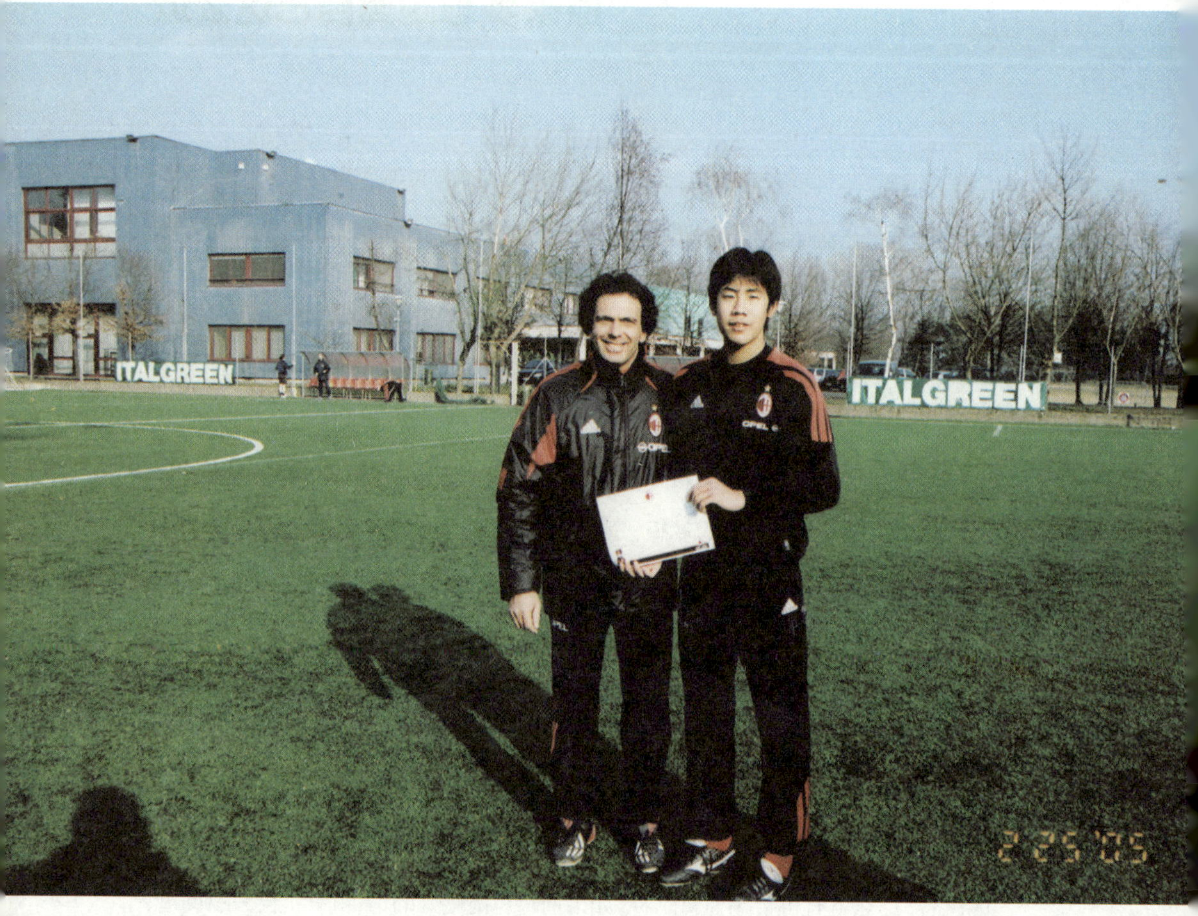
ITALGREEN
ITALGREEN
2 25 '05

乙俱乐部不同，因为贝贝的出色表现，被葡超的吉马良斯俱乐部相中，后又被英超球队看好，结果只踢了一个月的葡超的贝贝就去了英超豪门曼联了。

贝贝虽然是个特例，但也因为当时贝贝的能力实在太炫目了，从葡乙到葡超，贝贝只用了两个月的时间，因为在葡超吉马良斯的赛季前的热身赛里，贝贝的表现就极为突出，无论是对抗的训练，还是热身赛，贝贝良好的状态无人能敌，球场上他如一匹脱缰的野马，过人、抢断，只要能拿到足球，不管是脚踢还是头顶，都能准确无误地应声落入对手的网窝，他快速的奔跑和精准的射门总能得到队友、教练们的肯定和称赞，而贝贝这种极佳的状态和接连不断的进球也吸引了葡萄牙籍教练奎罗斯的眼球。也正因为此，在奎罗斯教练的推挤下，曼联队在 2010 赛季初以 740 万英镑引进了这名 20 岁前锋球员贝贝，当时这笔转会震动了世界足坛，在此之前外界几乎没听说过贝贝这个名字。不过，因为贝贝效力于葡乙联赛，而张呈栋就曾与贝贝在葡乙联赛的赛场上相遇过。这更坚定了张呈栋的信心，他觉得梦想离自己越来越近了。

其实，当初马夫拉在与葡萄牙杯赛中与里斯本竞技队相遇前，就是与贝贝所在的球队争夺进入 16 强的资格赛。结果，当时马夫拉负于对手，但不料对手因为注册问题被葡萄牙足协进行了处罚，所以马夫拉才得以进入下一轮与里斯本竞技队相遇。如同命运的安排一样，如果没有与里斯本竞技的比赛，张呈栋也许不会这么快地被外界关注，也许他还需要一段时间，在葡乙联赛里蛰伏、储备、蓄势待发。但有些事就这么阴差阳错地发生了，比如遇上了里斯本竞技，遇上里斯本竞技居然还发挥得好、还有进球，且一进就仨球。这样的表现，怎能没有球队注意他，又怎能没有高水平球队来找他。

他成功地留在了葡乙，又在葡乙球队马夫拉站稳脚跟。正如张呈栋所想，立足葡乙，稳步求升，这是他的第一步，只要踏踏实实地迈好第一步，才会有接下来的第二步、第三步。张呈栋相信自己，相信自己一定能够走进更高级别的联赛里去。

梦想终于照进现实

张呈栋不是那种容易受外界因素干扰的性格，虽然对里斯本竞技的那场比赛他发挥出色，但那只是一场比赛而已，并不是全部。所以他依然把所有的精力都投入马夫拉队的训练和比赛之中，结果在马夫拉队的第一个赛季结束之后，张呈栋在杯赛和联赛里一共为马夫拉攻入 11 粒进球，不仅成为队中的头号射手，还为球队奉献了 6 次助攻。赛季结束后，马夫拉的老板很清楚，这个中国的小伙子一定会有高级别的俱乐部来挖走他。

在马夫拉效力的一年时间里，除了训练和比赛外，张呈栋做得最多一件事就是看球。在葡萄牙几乎每天都可以看到不同的足球比赛，周一到周四有欧联杯、欧冠，而欧洲各国联赛从周五到周日都会有比赛。张呈栋知道要想踢好球，首先，要看高级别的优质比赛，看多了、学多了肯定会有所提高，当自己在比赛中遇到类似的状况也知道怎么处理了。一方面是爱好、是喜欢，一方面是抱着学习的心态，张呈栋不放过看每一场比赛的机会。在马夫拉队的宿舍内，几乎每天晚上都和队友们在一起看球，队友们也会指着电视屏幕里的队员告诉张呈栋，那些如今在葡超效力的球员以前也在葡乙踢球，有的甚至还在葡丙联赛踢球，只要踢得好，很快就会有人来找你。每当说起这样的话题，队友们都会对正在看葡超比赛的张呈栋说：也许下一个踢葡超比赛的就是你。

果然，机会很快就降临到一直做好准备的张呈栋身上。由于在马夫拉队的出色表现，来自葡超球队莱利亚俱乐部在 2010 年夏天决定租借张呈栋。就这样，张呈栋跨过葡甲联赛这道坎，连升两级直接参加葡超联赛。

　　不过，刚刚加盟了莱利亚俱乐部，张呈栋就一度遭遇了信任危机，原因是莱利亚俱乐部在新赛季更换了主教练。而之前看好张呈栋并征得俱乐部技术总监同意的主教练已经下课了。

　　当张呈栋在新赛季开始前，带着满心的憧憬准备投入葡超联赛时，得知看好并认可自己能力的主教练下课了，这对于张呈栋来说很受打击，心情也莫名地低落了起来。至于为什么心情低落，他自己也说不清楚。而新任主教练到底如何使用他，连张呈栋自己也是一头雾水。

　　球员的心情能够左右球员在场上的状态，这话其实一点也不为过。总之张呈栋训练场上的状态莫名地差，不知道是因为之前在国内休息了将近两个月的时间，一时找不回来状态，还是因为刚刚回到葡萄牙的不适应，总之张呈栋没有状态。甚至在球队进行赛季前准备的时候，张呈栋的体能甚至一度无法跟得上全队的训练节奏。这让新任主教练很不满，他咆哮、做出无奈状，甚至难以置信地走到张呈栋面前，直接问向张呈栋：那场葡萄牙杯赛，你真的进了里斯本竞技三个球吗？

　　张呈栋沉默了。对于这样的质疑，张呈栋非常清楚，如果自己不能很快用实际行动打动、改变新任主教练对自己的印象，等待自己的命运即使不是离开，也是只能扮演饮水机管理员的角色。就在张呈栋遭遇质疑的时候，马夫拉俱乐部领队找到莱利亚队的新任主帅：给他一个月时间，就一个月，一个月之后还不行，我把他领回马夫拉。

　　这次两家俱乐部的对话后，张呈栋像变了一个人似的，他知道自己必须在最短的时间内振作起来，找回状态，找回那个在训练场上生龙活虎的自己。他想起自己来到马夫拉俱乐部学到的第一课：如果你不知道怎么做一个职业球员，那就每天第一个进入更衣室，最后一个离开更衣室。

　　曾经那个张呈栋似乎又回来了。他像疯子一样在训练场上拼命，第一周开始恢复体能，第二周、第三周完全已经跟得上球队的训练节奏，到了第四周，待两场教学比赛后，莱利亚队的主教练很爽快地告诉俱乐部：可以和这个中国人签合同了。

就这样，张呈栋在 2010——2011 年的葡超联赛开始前，成为莱利亚俱乐部的一名球员。并在随后的葡超首轮比赛中获得了替补出场的机会，张呈栋闯荡欧洲用了仅仅一年的时间，就完成了在葡超联赛的处子秀，梦想终于照进现实。

征战葡超先遇伤病再激发闪亮变现

连升两级的张呈栋并没有表现出太多的不适应，自从加盟莱利亚俱乐部后，张呈栋很快得到了主教练的青睐，当初一度怀疑张呈栋是如何在葡萄牙杯赛打入里斯本竞技三粒进球的这位主教练改变了对张呈栋的看法，他发现这个中国籍球员每天的训练都很刻苦，早来晚走给自己加练，还很自律。就算比赛里是替补出场，就算只有 10 分钟的上场时间，也照样在场上坚持不懈地争取，哪怕只有一线的机会，也要拼得尽心竭力。

2011 年，葡超的上半赛季中，张呈栋以自己出色的表现、亮眼的发挥，赢得了主教练的信任与认可，并很快占据了球队中的绝对主力位置，并且打入了中国球员在葡超联赛的第一粒进球。张呈栋在上半赛季的 14 场联赛中攻进两球，对于一个只有 21 岁的中国球员来说，这已是相当不易的表现了。没有料到，正当张呈栋打得风生水起时，所有足球运动员都无法躲避的伤病厄运第一次降临到了张呈栋身上。

张呈栋非常清晰地记得自己受伤的那一天：2011 年 1 月 17 日，在一次拼抢中他的第五跖骨骨折。职业生涯的第一次重伤让张呈栋不得不提前告别了自己的第一次葡超联赛，因为这一伤就是 4 个月的时间。

以至于在很多年后再说起那段伤病，张呈栋都还唏嘘不已，摆了摆手"唉、唉"地不带感情地连叹了两口气，用玩笑的口吻说道：我在葡萄牙记忆最深的除了打进里斯本竞技的那三粒球，就是我的第一次受伤。

伤病对于一个运动员来说真是太致命的一击了，它带给运动员不只是身体上的痛苦，还有心理上的痛苦。打上石膏的张呈栋在最初的一段时间里，只能躺在床上静养，看着队友在球场上拼杀，心里头干着急。尤其是最初的几天，他甚至每天都会问给他换药的医护人员：我还有多长时间能恢复？

不想面对伤病，但必须与伤病做斗争。张呈栋那段时间，心里头很不是滋味，很苦。他常常自问，踢得好好的怎么就受伤了呢，如果运动员不会受伤该多好。躺在床上的那段日子，张呈栋就这样每天胡思乱想着。

就这样，张呈栋躺在床上数日子。2月初，开始了拆掉石膏后长达三个月的治疗、恢复。在相当长的一段时间内，张呈栋只能跟着康复师拄着拐训练，一点一点，开始是双拐，后来是单拐。

受伤的那条腿不能动，就进行另外一条腿的力量训练。后来，伤势有所恢复，虽然还不能进行有球训练，但可以通过游泳训练来恢复身体状态，小时候打下的游泳基础在张呈栋进行身体康复的时候起到了非常大的帮助。

康复训练很苦，但张呈栋心里有一个信念，那就是一定要尽快好起来，一定要快一点回到葡超赛场上，因为他还没有完全证明他自己。张呈栋就这样每天提醒自己。

伤愈之后已经是新一年的葡超联赛，在2011年夏天，张呈栋离开了莱利亚俱乐部，来到了另外一家葡超俱乐部——贝拉马尔。在这里，张呈栋迎来了自己一个非常完整而且成功的葡超赛季。

在贝拉马尔，张呈栋遇到了一位对自己职业生涯帮助非常大的教练：鲁伊·本托。对于这位来自中国的22岁球员，本托不仅给予足够的信任，并且对他进行了改造。在遇到本托之前，张呈栋更多打的是前锋或边锋，而在本托的调教下，张呈栋的潜在能力再次被激发出来。张呈栋不仅成了贝拉马尔队的主力左边前卫，后来还一度成为球队的主力后腰。

在2011年葡超联赛前20轮的比赛中，张呈栋19次首发，攻入4球外加2次助攻，进球与助攻数均排名球队前列。后来，即使在平托战绩不佳下课后，虽然张呈栋并不是球队的绝对主力，但依旧在后面的 6 场联赛中打入了两粒锁住胜利的球。

对于张呈栋来说，在贝拉马尔的这个赛季可以说是一次成功的转型时期，由过去的中锋、边锋转变成一名边前卫，同时也能够胜任后腰，转型后的张呈栋在全年 26 场葡超比赛中打入 6 球、4 次助攻，这样的表现可以说是非常出色。后来，张呈栋在德乙联赛中也是打的左前卫与后腰这两个位置。

倒是回国之后，张呈栋再也没有打过熟悉的左前卫，无论在北京国安队，还是在中国国家队，更多的是司职右后卫，有时候被推到前场，仍然还是右前卫的位置。所以，直到现在张呈栋也非常感谢鲁伊·平托对自己的改造，除了教会自己在边路如何进攻之外，更让打了多年前锋的张呈栋学会了如何防守。

在贝拉马尔的那一年，张呈栋充分享受到了葡超联赛带给自己的快乐。虽然贝拉马尔并不是什么大牌球队，但在葡超联赛中，张呈栋却有了和众多世界级球星同场竞技的机会，当年法尔考、J. 罗德里格斯、胡尔克、J. 马丁内斯、瓜林等人同在波尔图。阿根廷两大球星艾马尔、萨维奥拉在本菲卡。

非常有意思的是，当初与张呈栋同在葡超踢球的几名波尔图大将都来到了中超联赛的赛场，像 J. 马丁内斯去了恒大，胡尔克去了上港，瓜林去了申花，当然还有已经离开北京国安的克莱伯。2011 年 12 月 11 日，葡超联赛的第 12 轮比赛贝拉马尔主场对阵波尔图。张呈栋面对有这些巨星压阵的波尔图球队的比赛中，第 33 分钟头球攻破了卫冕冠军的球门，虽然最终还是被波尔图逆转取胜，但当时张呈栋在自己连续出场的葡超 4 轮比赛里收获了两个进球和两次助攻，这也是继当初与里斯本竞技队比赛中上演帽子戏法后，张呈栋再次攻破欧洲豪门球队的城池，当时与张呈栋同场比赛将比分扳平的球员 J. 罗后来去了皇马，将比赛比分反超的是巴西国脚胡尔克。

能够与这些世界级足球巨星同场竞技，对于张呈栋来说是一种学习、是一种享受的过程，这个赛季他真正地体验到了也感受到了欧洲足球的真谛。从最初的青涩到慢慢趋于成熟，22 岁的他，在球场上展现了良好出色的状态，这也让张呈栋在经历了两个赛季的葡超比赛之后，开始有了更高的追求，就像一只小小鸟想要飞得越来越高一样，张呈栋也想自己能够去更高的平台闯一闯。

2012 年与西甲擦肩而过

在欧洲那片滋生足球健将的沃土上踢球，只要你踏实做好自己，就不愁有人主动找上门来。如果不是因为转会费的原因，也许张呈栋早在 2012 年就能够登陆西甲了。因为前一年在贝拉马尔的出色表现，已经让很多欧洲足球俱乐部盯上了这个中国小伙子，其中包括来自乌克兰甲级联赛、德国乙级，同时还有西甲和一些中下游的俱乐部。而张呈栋自己当然最希望去的就是西甲。

那时候，张呈栋最简单的想法就是希望能够去更高的平台上再去闯一闯。就张呈栋而言，西甲最适合不过了。因为西班牙和葡萄牙两国相邻，甚至周末的时候，很多西班牙人都特地来葡萄牙度假。还有，两国的文化差异也不大，之前的两年葡萄牙生活，也让张呈栋基本融入了葡萄牙人的文化氛围了。所以登陆西甲对张呈栋来说是最好不过的选择了。

当时有几家西甲球队都与张呈栋有过接触，像格拉纳达、巴列卡诺，以及当时在西乙的拉科鲁尼亚都对张呈栋表示出一定的兴趣，不过由于涉及非欧盟球员名额问题，这些俱乐部提出的一个条件就是必须免费租借。拉科鲁尼亚和巴列卡诺都提出免费租借，格拉纳达更是希望借助张呈栋打开中国市场。可以说，如果那个时候有中国企业愿意与这些俱乐部合作，张呈栋完全可以在 2012 年加盟一支西甲俱乐部，而以张呈栋当时一直在葡超联赛保持的状态，绝对要比二次留洋再去的出场机会要更多。

非常无奈的是，当时无论是俱乐部还是欧洲的经纪人都不同意将张呈栋免费租借，因为当时已经有乌克兰俱乐部为张呈栋开出 150 万欧元的转会费，同时愿意与张呈栋签订两年的工作合同，其中第一年的工资是 50 万欧元，第二年 60 万欧元的工资。要知道，在 2012 年的时候，这个价格在欧洲绝对是一份非常不菲的待遇。但张呈栋自己的想法并不是把挣钱放在第一位，而是更想提升自己的踢球空间，他认为：即使西甲给的工资少一些，也要去西甲，毕竟西甲和葡超的平台不一样。

但事与愿违，两难的情况下，张呈栋在无法实现登陆西甲的愿望下，也没有选择工资更高、级别稍低的乌克兰联赛，而是前往了德乙联赛，加盟了不伦瑞克俱乐部，当时不伦瑞克也是一致被公认的升入德甲热门球队，并在张呈栋来到球队后的那个赛季冲上了德甲。

其实这次加盟德乙联赛对张呈栋来讲并不成功，时隔几年，再说起与西甲的那次擦肩，张呈栋觉得很可惜，因为那个时候他的竞技状态正处在攀升阶段，而西班牙和葡萄牙两国的文化也比较接近，首先生活方面不需要重新适应，其次还是高水平的联赛。如果当时能够如愿登陆西甲的话可能会有所不同抑或突破，因为不知道哪个机遇就可以改变人的一生。但张呈栋也同样知道，很多事情没有如果，就只能面对现实了。

在留洋的最后一年登陆德乙

　　由于非欧盟球员的问题，张呈栋无法登陆西甲，这让他一度陷入两难的境地。是继续留在葡超，还是再换一个平台去闯一闯。如同当初离开辽足之前一样，张呈栋与自己的家人进行了一番商量，最终家里还是表示：一切尊重张呈栋自己的意见。

　　在决定是否去德乙之前，张呈栋专门给前几年在德国留洋的邵佳一打去了电话，毕竟葡萄牙与德国的文化差异还是不小，足球理念也不尽相同，希望邵佳一这位老大哥能够帮自己出出主意。

　　在德甲、德乙都闯荡过的邵佳一建议张呈栋：既然想往更高的平台去闯一闯，如果暂时不能去西甲的话，可以考虑去德乙试试，但一定要选择一家有机会冲上德甲的上游球队。只要能在球队站稳脚跟，就有机会打上德甲。

　　值得一提的是，在2012年夏天的南非世界杯上，德国队夺得了第三名，但是勒夫率领的德国队已经有明显的上升趋势，德国足球之前几年的发展一直在欧洲处于领先位置，最终张呈栋决定前往德国，加盟了志在冲甲的德乙俱乐部——不伦瑞克，在当时的德国足球转会市场公布的球员身价排名中，张呈栋也是队中身价最高的球员，被估价为 150 万欧元，而队中一名来自波黑的国脚当时的身价是 120 万欧元。

2012 年 8 月 23 日，德乙劲旅不伦瑞克在官网宣布：以租借的形式引进中国球员张呈栋，租借期至 2012——2013 年赛季结束，张呈栋选择了 20 号球衣。这也是自从邵佳一回国后，德乙联赛时隔 9 个月后，赛场上再次出现了中国球员的身影。

张呈栋加盟了德乙，但他的表现并没有之前在葡超时候那么抢眼，这或许和他一直没有受过系统的训练有关。事实上，在 8 月下旬与不伦瑞克签订工作合同时，张呈栋已经等待了近三个月能否前往西甲的消息。从葡超联赛 6 月份结束后，张呈栋就回到了国内，一心想去西甲俱乐部踢球的张呈栋，在这期间不但没有运作其他俱乐部的转会问题，还拒绝了很多其他欧盟联赛俱乐部的邀请。直到 8 月初的时候，张呈栋才被告之原俱乐部马夫拉不同意免费租借到西班牙的俱乐部，在这种情况下才开始启动与不伦瑞克的谈判。

等待转会期间，张呈栋只是在国内自己保持训练，并没有参加过不伦瑞克队的季前训练。要知道，任何一支球队的赛季前准备都是非常重要的，之前张呈栋之所以在贝拉马尔的那个赛季表现出色，就是因为季前准备期一直全程跟随球队参加。

屋漏偏逢连夜雨，不幸的是，张呈栋不仅错过了不伦瑞克的季前准备期训练，又遇到了在欧洲联赛中开始最早的德乙联赛。有时候真是一步赶不上，就步步赶不上。当张呈栋来到德国与球队会合的时候，德乙联赛已经开始了。可以想象当一支球队在联赛开始后才迎来新的队员，主教练会如何对待错过准备期的球员，且还是一名来自足球第三世界国家的球员，入不了教练的眼，自然也不会成为球队主力框架成员。

尽管如此，张呈栋并没有气馁，他还是用尚好的表现为自己赢得了出场机会。先是在与同城球队的一场热身赛中，主教练为了考察张呈栋的能力与状态，安排张呈栋首发出场。结果张呈栋在开场 9 分钟就帮助球队破门得分，打入了球队的第一粒进球。随后 19 分钟他又在底线传中，这次速度非常快的传球让对方后卫在解围时不慎将足球挡入自家大门，造成对手乌龙。

虽说出场表现可圈可点，可张呈栋毕竟没有参加球队的季前磨合，主教练还是不敢轻易打破球队的主力框架。在等待了两周多的时间后，2012 年 9 月 15 日，在德乙联赛第五轮的比赛中，不伦瑞克主场对阵雷根斯堡，张呈栋才首次进入大名单，并在下半时替补出场，最终不伦瑞克主场 1 ：0 击败对手，获得了开赛之后的五连胜。

随后，张呈栋陆续参加了与慕尼黑 1860、凯泽斯劳藤、科隆、柏林联、法兰克福、柏林赫塔、科特布斯这些德乙强队的比赛，并且与排名靠前的球队比赛都是首发出场，虽然没有获得进球，但能够看得出，在一些关键硬仗的比赛中，主教练还是信任张呈栋的，但信任归信任，作为一名前场进攻球员，需要的是进球，一直没有进球的张呈栋在联赛后期开始淡出主力阵容。不过，算上德乙联赛以及球队的其他比赛，张呈栋在不伦瑞克总共参加了差不多 20 场比赛，这对于在竞争非常激烈的不伦瑞克队来说，张呈栋的比赛场次已经不算少了。赛季结束后，柏林赫塔获得德乙的第一名、张呈栋所在的不伦瑞克以第二名的成绩升上德甲。

在德乙联赛的这一年，张呈栋就能够明显感觉与葡萄牙足球的不同风格。回忆起在不伦瑞克参加的训练和比赛，张呈栋颇有感悟：相比于葡萄牙足球，德国足球对身体对抗要求更高，在球场上听到身体的碰撞的"砰砰"声根本不足为奇，如果没有能够对抗的身体、没有能够一直奔跑的体能，根本无法坚持下来全场比赛。由于德乙的比赛节奏特别快，张呈栋说就算在他能够踢上主力的时候，当比赛进行到 80 多分钟时就会觉得自己的体力有些跟不上，而且比赛节奏也会随着比赛的进行越来越快，绝不会因为比赛快结束而有一点的懈怠。可以说，比赛从75 到 90 分钟的时候是拼抢最激烈的时候，有种分秒必争的紧迫感，就好像有种足球在下一秒就应声入网的感觉。所以在德国联赛踢球必须要有一个好身体。

张呈栋觉得德国足球更侧重结合技术的身体对抗，所以德国联赛的球员大多是不仅能拼、敢拼还能跑，张呈栋深有体会。这也让他比赛里养成了一种能拼搏、不害怕身体接触、技术动作简单、实用但有效的足球风格。

结合现在的中国足球，张呈栋认为，无论葡萄牙足球还是德国足球，在身体对抗能力和奔跑能力上的要求都是第一位，如果具备了身体对抗能力和奔跑能力，再有技术能力就可以驰骋欧洲足球了。其实中国足球技术不差，缺少的是身体对抗和体能这一块。这是张呈栋在经历了葡萄牙足球和德国足球后，对足球的最大的体会。

对于张呈栋的这次德乙经历，后来国内很多媒体报道时认为是一次不太成功的经历，主要依据就是张呈栋在德乙联赛中只获得 12 次出场机会，而且大多数时候都是替补上场，并没有取得任何进球。尽管如此，张呈栋并不后悔这一年的德乙联赛生活，虽然没有在葡萄牙时候那样在球场上风光，但德国足球的理念改变了自己对足球的看法，而自己以主力身份打的十几场球，给自己的锻炼价值也很大，这些都是他人生中相当重要的一笔财富。张呈栋认为：无所谓风光，无所谓成名，只要能得到锻炼，脚踏实地地走好每一步，给自己的足球生涯奠定一个好的根基才更要紧、更根本所需。

第一次留洋带来的足球理念

　　四年的欧洲留洋生活对于张呈栋来说，是他足球生涯里浓墨重彩的一笔。有欢笑、有眼泪、有坚持、有寂寞、有闪亮登场也有黯然神伤……这些不仅丰富了张呈栋的人生画卷，也让他对足球有了更深的领悟。经过几年的沉淀，安静下来梳理下自己所经历过的，张呈栋感触颇多，他希望自己的经历能够给后来人提供一些帮助，特别是那些年轻球员能够少走一些弯路。

　　如果不走出去怎知道外面世界的精彩。足球也一样，走出去了，才知道这条路有多宽广。20 岁走出国门的张呈栋觉得自己出去得有点晚了，他认为如果有机会走出国门，去足球水平更高的平台发展，一定要趁早，因为越早出去，对自身的帮助就会越大、成长也越快。当然张呈栋所说的早，并不是年龄越小越好，所谓小也不是没有基础的少儿足球，也不是十几岁孩子盲目的没有系统的随心所欲的草根足球，而是指确定下来要走踢球这条路后，对自己制定的一个足球规划，最好是在十六七岁这样的年龄，在国内打好基础的前提下再走出去，经过在国外一到两年的磨炼，待到了 18 岁也正好是可以和俱乐部签约的年龄了。这样顺理成章地留在国外锻炼几年，踢球的水平自然就提高了不少。

　　之所以说，要趁早，是因为在年纪小的时候接触欧洲足球，才能够更好地接受先进的足球理念，更好地塑造自己，毕竟欧洲足球有着百年的历史，足球经验

也自然醇厚。此外，张呈栋不建议一群人或是整队留洋，那样不太利于培养独立的生存能力。

突然觉得，张爱玲说过的一句话："出名要趁早，来得太晚的话，快乐也就没有那么痛快了。"倒是挺适合踢足球的这些小伙子们，毕竟运动生命是有限的，在最有限的光阴里踢几年让人赏心悦目的漂亮好球，是每个足球运动员的梦想。

还有一点就是语言关，对于中国球员来说，语言是生存的基础，有了沟通与交流，才能更好地理解欧洲的文化，当你对一个国家的文化有了真正的了解后，才会融入他们的足球环境中，才能发挥出自己的特点来。

当然了，如果国内的俱乐部或地方足协有条件的话，可以把欧洲教练引进来，还可以多开展青少年联赛。说得直接一点，就是养成多打比赛的习惯。以赛代练也是促进球员不怯场、在场上发挥好的办法之一。

张呈栋说：很多时候，我们看国外球员在训练的时候可能表现一般，但到了场上就不一样。实际就是会比赛的能力，或者说能够在比赛中发挥出自己的真实水平。其实我们很多时候说这个队员在比赛中发挥得不好，就是因为缺少比赛的经验。很多时候，中国球员们目前的状况是，大多时候在没有真刀真枪对抗的时候表现得不错，甚至很好，一旦真正比赛就不行了。有的时候在比赛里可能最多发挥出训练的 60% 水平，而国外的球员反而在比赛里多数能够发挥 90% 甚至 95% 的水平，这说明什么，说明国外的球员们会比赛。原因是他们很小的时候就学会在防守中什么时候用什么样的犯规去阻止对手的进攻，包括什么样的情况下即使要吃黄牌也要在所不惜，这就是比赛的经验。所以，中国球员之所以要走出去，就是去感受欧洲先进足球的临场比赛经验，而比赛经验怎么来的，就是多打比赛，在比赛中不断摸索出来的。

对于一名球员来说，只要积累了丰富的经验，才能在遇到真正考验的时候不怯场，尽量发挥出自己的真实水平。对此，张呈栋也说他在欧洲得到的最大锻炼就是，不管这场比赛有多么严峻、有多么至关重要，在比赛前想得多么多，甚至紧张，一旦到了赛场就开启了比赛模式，全情投入、倍儿兴奋，脑袋里只有比赛一根弦。这就是打得比赛多了的结果，能在最快的时间内把自己调节到比赛状态，所谓到了场上就会兴奋，其实就是不怯场，没压力，有动力，比赛踢得放松，不紧张。场上球员的状态也自然随着比赛的进行而加快节奏，这就是之前所说的，比赛随着时间的进行越打越快，而不是越打越慢，这就是葡萄牙足球，也是欧洲足球的特点，在足球场上尽情展示、体现和发挥自己的个性。

有些事情只有真正经历了，才知道它的内涵，了解它的真谛。或许葡萄牙足球就是这样。但很多国人并不知晓葡萄牙足球，也因此，在2016年张呈栋结束二次欧洲留洋，从西班牙返回中超的时候。国内有媒体在总结张呈栋二次留洋的时候提到了关于"葡萄牙联赛的留洋效果并不太具有说服力"这样的说法。对此张呈栋特意在微博进行了回应：您知道葡乙的水平和强度吗？您知道什么是葡超吗？虽然葡超赶不上四大联赛，但也是经常和法甲轮换做第五把交椅的！我在葡萄牙的第三年，在葡超踢后腰的时候，现任巴列卡诺的体育主管和球探曾去现场看过我四五场的比赛，当年夏季转会窗口就因为转会费差一点去了西甲！我如果不踢葡超，人家会认识我吗？您真的以为人家会来中超看我踢比赛吗……

一个平日里安静、不争的张呈栋少见地与媒体进行了这样一番算是言辞激烈的隔空对话，张呈栋说他之所以一定要在微博上去强调，是不希望因为一篇文章误导了国人对葡萄牙足球的导向，也不希望自己在国外留洋三四年的经历都被轻描淡写地抹杀了，更担心国内的家长看了这样的文章就不愿意把自己的孩子送到葡萄牙。

其实如果要在青少年的时候出国，去葡萄牙是一个非常好的选择，毕竟那里可以参加当地的青少年比赛，进入成年队之后也不被限制非欧盟球员的说法。所以，中国球员出国后，不要觉得葡萄牙会比其他国家的联赛级别低，也不要觉得不去英超、意甲、德甲、法甲这样级别联赛的国家，就没面子，就脸上没光抬不起头来。

张呈栋说他在葡超的时候，球队里有那么多南美的球星在，可以说南美的球员在刚刚来到欧洲的时候，基本上都会选择葡萄牙，然后再从那里走向英超、意甲、德甲、法甲几大联赛。其实对于中国球员来说，初到欧洲踢西乙比赛都会觉得有困难，这是不争的事实，必须承认和面对。就是自己当年踢葡乙时也遇到同样困难，觉得似乎挺简单，但要想站稳脚跟也并非和想象的那么容易。张呈栋说了个数字，就是他刚到葡乙的时候，当时有 50 多支葡萄牙乙级球队，想一想能够有这么多比赛可以打，如果你能力不行，很快就会在比赛之中暴露出缺点来。当然，如果是金子的话，也会很快发光的。

目前，日本和韩国有一些国脚在英超、德甲都踢上了主力，但在欧洲留洋过四年的张呈栋非常清楚，有多少日本和韩国的小球员在欧洲不知名的小联赛、小俱乐部踢球，为的就是锻炼自身，积累比赛经验，让自己的足球之路更上一个新台阶。中国球迷可能只看到了孙兴民、香川真司和本田圭佑，但在葡萄牙、比利时、奥地利的很多日本、韩国的小球员，他们都是一边读书一边踢球，等到他们在低级别的联赛中锻炼的完全没有问题了，想踢英超、意甲这样的几大联赛也就是顺其自然的事情了。

第一次留洋的美好记忆

　　葡萄牙，位于整个欧洲大陆最西端，它拥有欧洲最古老的边界、令人震撼的历史，它曾是海洋霸主，它也拥有极为多元化的风景。这里拥有怡人的地中海气候，一年四季温暖而美好，即使是休闲度假也是一处极好的选择，能够在这样一个风景非常美丽的国度成为一名职业球员，除了享受足球的快乐之外，更能够领略这里的风景、美食。第一次来到欧洲留洋的张呈栋自然也对这份美好心生艳羡，流连忘返。以至于回到国内踢中超后，依然在每年的休整期和当年的好队友、现在的好朋友于大宝一起回到这里享受美食美景。

　　2016赛季结束后的休整期，也是张呈栋转会到华夏幸福俱乐部前的放松，再次和于大宝来到欧洲、来到葡萄牙时依旧感觉亲切、美好，过往的一切也再一次浮现于眼前。

　　初到葡萄牙，除了语言关这个最大难题之外，另外一个障碍当然是思乡之苦。20岁的张呈栋实际也只是个大孩子，和所有出国的孩子都是一样，刚刚出去的时候同样有诸多的不适应，尤其是想家。

　　虽说张呈栋在15岁的时候就已经离开家乡，只身来到辽足梯队。但那个时候至少还有父亲陪在身边，陪他一起学习文化课，听他讲述球队里故事和队友们的种种乐事、趣闻，并不觉得有什么太多的不习惯，而且母亲只要时间允许也常来看望自己。但是在葡萄牙不一样，这里没有家人的陪伴，没有和自己同肤色的中国人，也没有人能和自己交流、分享身边的事。第一次，他觉得自己格外思念祖国、思念家乡、思念亲人。尽管热情、纯朴、好客的葡萄牙人很接纳他，也给过他很多帮助，但依然抵不过张呈栋浓浓的思乡情。

那个时候，他突然觉得自己很孤独、很寂寞。有种被遗忘的感觉，但自己知道必须咬牙走下去，有时候很奇怪，命运好似非要拉着你往前走似的，就在自己有点迷茫奋力坚持的关头，于大宝来到了自己所在的马夫拉球队。有了于大宝的相助，张呈栋很快就从有点压抑的阴霾里走了出来。那几个月的时间，对于张呈栋来说绝对快乐而充实。每天训练之余，于大宝会帮助张呈栋学习葡语，给他讲当地的风土人情。在于大宝积极热心的帮助下，张呈栋很快就对葡萄牙这个国家队有了很粗浅的认识，这让他对葡萄牙产生了想了解的兴趣，而他的语言能力也就这样潜移默化地从一点不懂，到慢慢地可以简单交流了。当然，这期间张呈栋也是没少努力和付出，要知道葡萄牙语也不是那么简单就能学得来的。

张呈栋说葡萄牙给人的感觉热情、豪放、不拘谨，但从球场上走下来的小伙子们除了骨子里有这些葡萄牙人的特点外，他们更注重服饰上的穿着。刚到葡萄牙的时候，张呈栋每天都穿着运动服，无论训练的时候还是在宿舍里，很少穿自己的衣服，虽然也看到队友们每天都穿得酷酷帅帅的，但张呈栋也没有多想，依然很随意。直到有一天队友告诉他，运动服只是在训练和比赛的时候才穿的，平时的时候可以穿得更时尚，把自己打扮得新潮入时，更展现自己的性格特点和魅力才行。

从那之后，张呈栋就和队里的其他小伙子们一样，除了在比赛和训练场上穿着运动服之外，赛场外的张呈栋总是穿得阳光、摩登又不失帅气。看起来，一切都显得那么恰到好处，完全一个活脱脱的邻家大男孩。

葡萄牙也和所有的欧洲国家一样，拥有着一条条赋有欧洲特色的街道，以及比比皆是、随处可见、有着历史厚重感的教堂，以及亚热带季风气候的特色，使得这里也不那么寒冷，一年四季都有绿色看。或许因为这样让大多数的欧洲人都有出游度假的喜好，而张呈栋也同样被葡萄牙美丽的风光与诱人的美食所吸引，在来到马夫拉的几个月时间内，张呈栋就和队友们把这里的所有教堂都走了一遍，至于美食张呈栋也同样不放过。

葡萄牙人很少有睡午觉的习惯，他们的午饭经常是下午两点钟才开始，一吃就是两三个小时。张呈栋经常和队友们在训练结束后，一起开车寻找当地美味可口的特色饭馆一起品味，因为都是年轻的小伙子，大家如同一家人一样，坐在一起边吃边聊，其乐融融。

因为俱乐部附近的餐厅，大家都吃得差不多了，没有更多的新鲜感。有时候在时间充裕的情况下，张呈栋经常和队友们一起开车来到六七十公里外朋友们推荐的餐厅大饱口福。至今张呈栋还记得，在波尔图北部有一家很有特色的饭馆，那里的餐食绝对可以堪称特色又美味，一个大大的盘子端上来，几乎和餐桌大小差不多的样子，里面有面包、奶酪、香肠、薯条，还有各种调好酱汁及蔬菜沙拉……第一眼看上去，首先是餐食量让人震撼，放到嘴里是口感的回味、咂舌让人吃惊……总之，在葡萄牙这样并算不上美食大国里，能够吃上这样的一餐，真可以说满足了。

此外，葡萄牙的天气非常好，队友们经常会吃完午餐就去海边晒太阳了。买一杯咖啡，通常只需要0.5欧元，即使是在首都里斯本，最贵的咖啡也只有1欧元。以至于在后来去德乙踢球的时候，张呈栋发现，在德国柏林大街，一杯咖啡最便宜的也要4欧元，这价格，真是不比不知道，一比吓一跳。

作为最会吃的美食大国的一名中国人张呈栋，自然更喜欢中国的餐食，已经在葡萄牙考取了驾照的于大宝总是会开车载着张呈栋寻找中国餐馆来满足他们味觉细胞的空虚。当然，能够在葡萄牙吃到中国人开设的餐馆，以及食物，也会感到格外的亲切，有种很强烈的归属感。

当然，在国外生活也少不了自己动手、丰衣足食的日子。队友们也都各有各的拿手活，张呈栋教队友们做中餐：西红柿炒蛋和扬州炒饭。队友教张呈栋做正宗的 Pasta 和烤鸡。像煎牛排、煎鱼排就是当年在葡萄牙从队友那里学来的，现已成为张呈栋的看家本领了。

就这样，张呈栋很快适应了在葡萄牙的生活，尤其是张呈栋在球队中可以打上比赛，成为球队的主力之后，心情更加惬意。休息的日子里也不觉得闷，一副完完全全融入葡萄牙当地生活的状态。以至于当张呈栋第一年从葡萄牙回家探亲的时候，母亲立刻发现了儿子性格的变化，似乎有一点"肉"的感觉，做什么事都不急，慢慢悠悠的，完全不似球场上踢球那么利落、凶猛。对于自己的这个慢性子，张呈栋认为就是在葡萄牙生活的时候养成的，因为葡萄牙人就是这样的做事风格，但这让张呈栋也有一个非常随和的脾气，理性、低调、厚重、有内涵。

而从另一点来说，张呈栋在葡萄牙留洋的日子是独立的，尤其和其他有家人、有经纪人陪在身边的球员相比更是如此。之所以说张呈栋独立，是因为他真的是只身来到欧洲闯荡葡萄牙。他说自己是完全的"放养型"，没有人管自己，就是自己管自己。经纪人只管给张呈栋联系好踢球的俱乐部，其他就不管了。但正因为如此，异国他乡的生活锻炼了张呈栋能够独立生存的本领。

2011年在莱利亚的时候，张呈栋在第五跖骨骨折之后，养伤期间甚至还要自己拄着拐去办居留证，这一切，张呈栋都自己挺了过来。2012年，到了贝拉马尔俱乐部的时候，张呈栋就更适应葡萄牙的生活了，那个时候，教练非常器重他，因为解除了语言沟通的障碍，和队友相处也非常的融洽。张呈栋和葡萄牙的队友一起租房子，一起生活。那一年，他的葡语水平提高得非常快。后来的日子里，张呈栋可以自己给房东打款，自己看租房合同。张呈栋说那时候的自己完全一副葡萄牙人的生活状态，就好比自己是葡萄牙人，在另一座城市打工一样。是真正地融入葡萄牙的生活和文化中了。

改变发生在张呈栋去了德国之后，因为打不上比赛，张呈栋的心情也变得低落起来，再加上德国很少有天气明朗的时候，少太阳又灰蒙蒙的天气更让张呈栋的心情变得郁闷起来。还有，德国人严谨、机械的性格也不像葡萄牙人那样开朗、奔放，很多时候，队友之间的交流并不是很多，大家在训练后基本纷纷回家。这样的氛围也让张呈栋明显感觉到了寂寞。比赛少的日子，张呈栋变得空虚了起来，对什么东西也变得不感兴趣了，就连想用美食填补这份空虚，似乎也变得难了起来，生活显得无趣了许多。

当然所有的不快与心情的烦躁，都是因为没有比赛可打造成的，这也是让张呈栋变得痛苦的根源。德乙联赛下半赛季的最后三个月里，张呈栋的出场时间变得非常少，对于一个曾经在葡萄牙比赛繁多的球员来讲，如何打发掉这些空虚寂寞的时间实在是太难了，张呈栋甚至有种度日如年的感觉。也因此，张呈栋萌生了去意，他有点想家了。离开中国四年了，或许也到了该回家的时候了。他又一次开始重新审视了自己的人生，是重回葡超，还是返回国内打中超，张呈栋又一次面临人生抉择的时候，他毫不犹豫地选择了回国，来到了自己少年时代喜欢并仰望的球队——北京国安俱乐部。

Zhang Chengdong's
boyhood

Football

来到曾经
梦想 的
北京国安

留洋四年终于决定回国

有一种抉择是跟着自己的心走。张呈栋说很多时候他其实也不知道自己该如何选择自己未来的路，每当这个时候，他便让自己安静下来，聆听心的声音，听听心怎么说，张呈栋觉得这样做的结果至少不会让自己后悔，毕竟心是最真实的，更何况走在自己选择的路上，虽然不能保证这边风景独好，但沿路的快乐一定不会少。所以在德国的那段日子，当比赛踢得越来越少，当心情变得越来越压抑，当周遭的一切不能再吸引自己眼光的时候，张呈栋听从了自己心的声音，做出了跟随心走的选择：他决定回国踢中超联赛。

选择是一份痛苦的差事，真是说起来容易，做起来难。因为你并不知道自己的选择到底是对是错，前路到底是布满荆棘，还是鲜花盛开。尽管如此，到了该选择的时候还是需要做出选择的。在欧洲留洋的四年时间里，每一年都让张呈栋有所收获。初来葡萄牙在马夫拉俱乐部时，从浅浅的青涩、适应后一步步走向成熟时的那份快乐，乃至与葡超球队里斯本竞技一战成名，到后来被租借到葡超莱利亚俱乐部的一展雄姿，再到后来葡超球队贝拉马尔的成功表现，都无不证明张呈栋实力的不俗，并不断通过自己的实力赢得了国内外人们赞许的目光……

如果就这样坚持在葡超踢下去，或许张呈栋一直可以是葡超的主力球员，他的名声也或许更显赫一些，但张呈栋没有选择这样，因为他不满现状，因为他还

想去追求更高的发展空间，希望在更高的平台上有更好的发展，但他也因此付出了代价和牺牲。

2012 年夏天，张呈栋离开葡萄牙，准备前往西班牙再迈一个新台阶。在等待西甲几家俱乐部的答复时，张呈栋再次谢拒了来自其他欧洲俱乐部和国内中超联赛的邀请，那时候张呈栋心里只有一个想法，就是希望继续往前走，在更好的足球平台上寻求发展，即使不能去西甲，也暂且不会考虑回到中超联赛里来，最终张呈栋选择了德乙不伦瑞克。

不过，在不伦瑞克成为替补的那段日子让张呈栋陷入了一段人生低谷期。原本在此之前，张呈栋还曾经入选了卡马乔时期的国家队，并且参加了世界杯预选赛。可惜后来因为在不伦瑞克打不上比赛，国家队在 2012 年下半年的几次集训也没有再征调张呈栋。也就是那个时候开始，张呈栋心里产生一些变化和想法，但他还是想给自己一些时间来争取，如果接下来的半赛季时间里依然不能改变现有的处境，则选择回国。因为那个时候，国内联赛已不同于以往，开始越来越受到关注，各个俱乐部也越来越显现出职业化、国际化，投入也相继不断扩大。所以，回国踢中超也是个不错的选择。

人生总要在不同时期面临一番痛苦的抉择，就像当年离开辽足，张呈栋同样也是进行了一番思想斗争，最终才迈出了留洋这一步。而这一次，在不伦瑞克的煎熬让张呈栋不得不冷静地分析：是否还应当继续留下来。

在自己的脑海中，张呈栋把来到不伦瑞克的所有经历像过电影一样慢放了一次。他告诉自己，选择德乙这条路其实没有什么错，因为当初来到不伦瑞克就是看准这支球队能够冲上德甲，而实际上不伦瑞克在赛季结束后也确实如愿实现了这个目标。只不过，在球队升上德甲之后，自己的位置可能就更尴尬了，毕竟在德乙的时候就没有打上主力，所以静下心来想想，确实很难能在不伦瑞克打上德甲的比赛。

最关键的是，在德国的这一个赛季，因为缺少比赛造成的自信心受到影响，让张呈栋特别渴望能够尽快打上比赛。当时重回葡超也是一个选择，葡超的布拉加俱乐部，还有一个踢欧冠资格赛的球队都同意租借张呈栋，但以那个时候张呈

栋的状态，即使回到葡超，能不能打上主力，同样是一个问号，思索再三，张呈栋觉得这个时候重返中超应当是一个正确的选择。

是走是留，张呈栋分析了留下有什么利弊，然后再去判断如果回到中超会有什么样的发展。张呈栋在仔细思考了当时的中超联赛水平后，认为那个时候的国内联赛水平与四年前已经不一样，随着不少巴西、南美以及欧洲的球星都来到了中超，还有一些大牌教练也开始前往中超执教，比如里皮、埃里克森等大牌教练已经来到中国，中超联赛至少在亚洲已经属于高水平的联赛，这个时候回到国内，已经很成熟的中超联赛同样对自己的发展有所帮助。在做出这样的分析之后，张呈栋觉得自己可以回国选择一家有实力的中超俱乐部。

就这样，留洋四年的张呈栋做出了重返中超的决定，而接下来要面临的便是一个新的问题，到底要选择哪家俱乐部加盟。此时，国内有很多家中超俱乐部都向张呈栋抛来了橄榄枝，表示出了诚意，但张呈栋更多地还是综合考虑这家俱乐部的平台，以及自己的发展空间，而不是仅仅看哪家给的工资更高，其实这一点张呈栋从当初选择辽宁队开始就没有改变过。对此，张呈栋说：钱人人都爱、人人都喜欢，自己也不是圣人，当然也不例外，只是在选择金钱的问题上和自己喜欢做的事的问题上，张呈栋会选择后者。因为张呈栋更喜欢做自己想做的事，那就是选择一个心仪的俱乐部踢好球，只是这次不同于四年前。四年前，张呈栋没有选择的余地，面对辽足一纸霸道合同他只能选择放弃。四年后，摆在张呈栋面前的不只是一纸合同，而是几纸合同供他选择，且还都是令人艳羡的合同。

来到曾经梦想的北京国安

栋的状态，即使回到葡超，能不能打上主力，同样是一个问号，思索再三，张呈栋觉得这个时候重返中超应当是一个正确的选择。

是走是留，张呈栋分析了留下有什么利弊，然后再去判断如果回到中超会有什么样的发展。张呈栋在仔细思考了当时的中超联赛水平后，认为那个时候的国内联赛水平与四年前已经不一样，随着不少巴西、南美以及欧洲的球星都来到了中超，还有一些大牌教练也开始前往中超执教，比如里皮、埃里克森等大牌教练已经来到中国，中超联赛至少在亚洲已经属于高水平的联赛，这个时候回到国内，已经很成熟的中超联赛同样对自己的发展有所帮助。在做出这样的分析之后，张呈栋觉得自己可以回国选择一家有实力的中超俱乐部。

就这样，留洋四年的张呈栋做出了重返中超的决定，而接下来要面临的便是一个新的问题，到底要选择哪家俱乐部加盟。此时，国内有很多家中超俱乐部都向张呈栋抛来了橄榄枝，表示出了诚意，但张呈栋更多地还是综合考虑这家俱乐部的平台，以及自己的发展空间，而不是仅仅看哪家给的工资更高，其实这一点张呈栋从当初选择辽宁队开始就没有改变过。对此，张呈栋说：钱人人都爱、人人都喜欢，自己也不是圣人，当然也不例外，只是在选择金钱的问题上和自己喜欢做的事的问题上，张呈栋会选择后者。因为张呈栋更喜欢做自己想做的事，那就是选择一个心仪的俱乐部踢好球，只是这次不同于四年前。四年前，张呈栋没有选择的余地，面对辽足一纸霸道合同他只能选择放弃。四年后，摆在张呈栋面前的不只是一纸合同，而是几纸合同供他选择，且还都是令人艳羡的合同。

最先盯上的竟然是恒大与富力

虽然张呈栋在结束留洋生涯之后选择了自己少年时代就心仪的北京国安，但其实早在国安之前，就已经有两家实力不俗的俱乐部盯上了张呈栋，尤其是得知张呈栋有了回国的想法后，有两家俱乐部都想得这位海归球员，这就是广州恒大与广州富力。

众所周知，广州恒大在成功冲超后，就开始有计划地按照发展规划行事，大批屯积国脚当然也是恒大俱乐部的发展战略之一，从 2012 年开始，便四处撒网搜罗有潜质的年轻球员，张呈栋自然是恒大收购名单中的重点候选人。2013年初的时候，当时恒大队的主教练"银狐"里皮在得知了张呈栋的经历之后，就对这个在葡萄牙成名的小伙子产生了兴趣。很快恒大俱乐部就与张呈栋取得了联系，恒大俱乐部明确告诉张呈栋，只要里皮拍板，恒大就一定把他买回来。当时远在欧洲的里皮特意委托自己在尤文图斯俱乐部一起共事过的球探前往德国去观看张呈栋的比赛。

非常不凑巧的是，在不伦瑞克里的那段时间里，张呈栋很少作为球队的主力出场，因此在里皮派出的球探来到德国之后，因为张呈栋并没有参加球队的联赛，所以球探也无法知晓这个被不伦瑞克打入替补席的中国球员到底有怎样的实力。因此，里皮后来向恒大俱乐部表示，还是希望等到张呈栋打上比赛的时候，观察后再说。

就这样，张呈栋错过了一个加盟恒大的好机会。不过，塞翁失马，焉知非福。直到现在，张呈栋也并不后悔：如果那个时候真去了恒大，也不一定就能够打上比赛。毕竟恒大的好球员太多了，包括回到国安也是，哪个主教练都不可能在联赛中途突然用一个从来没有打过中超的球员，哪怕是这个球员在欧洲的表现还不错。

除了恒大之外，另一个紧盯上张呈栋的中超俱乐部是当时同样投入不菲的广州富力。相比于广州恒大需要教练里皮的拍板定决，富力显然更希望张呈栋的加盟，无论是当时的主教练法里亚斯，还是富力俱乐部，在通过考察后都非常渴望能得到这位留洋小将。

2013年是广州富力队冲超后的第二年，前一年完成保级后，富力队希望能够在2013年开始向更好的成绩发起冲击，所以俱乐部在年初早早就启动了招兵买马的工作。张呈栋就是重点引进目标。富力俱乐部甚至已经向拥有张呈栋所有权的马夫拉俱乐部开出了报价，同时也为张呈栋本人开出一份极具吸引力的工作合同。也许换成别人，有这样一份合同摆在面前，可能会选择签字，更何况是在年初回到中超，可以完整跟随球队进行备战，何乐而不为呢。而准备期的训练有多重要，通过这几年在欧洲闯荡后的经历，张呈栋比谁都清楚。

可思来想去，张呈栋还是婉言谢绝了广州富力的盛情邀请。主要的原因就是当时的不伦瑞克已经排名德乙积分榜前列，如果不出意外就一定能够在赛季末冲上德甲。如果能够跟随球队一同升上德甲，张呈栋还是渴望能够留下来征战德甲联赛，毕竟当初选择不伦瑞克就是抱着这个打算来的。

就这样，错过了恒大，又婉拒了富力，张呈栋最终未能与广州这座城市结缘。不过，后来在加盟国安后，张呈栋坦言，身为一个北方人，他对广州长达几个月的湿热天气还是有一些打怵，担心自己的不适应。现在想想，如果当初选择去了广州，也不一定就是最好的选择，因为自己是一个非常怕热的人，说不定那里的天气就是一个难题，就算适应了天气也不一定就能有现在这样良好的表现，当然也有可能不仅适应那里的气候，还有比现在更好的表现，但世上从来没有"如果"这种事情发生，所以选择了就是选择了。还是那句话，决定了就不后悔。

与国安的相逢是一场缘

　　缘分有时候真的很难说得清楚，就如同命中注定一样，张呈栋与北京有着一份不可割舍的情缘。因为喜欢足球，北京国安队也无时无刻不牵扯着张呈栋的心。再加上河北距离北京很近的缘故，还是孩童时代的张呈栋就很向往北京生活，尤其是北京国安队更是让有着足球梦想的张呈栋朝思暮想了。

　　不巧的是，从小就喜欢北京国安的张呈栋后来因为被辽足俱乐部相中去了沈阳，从此在沈阳一待就是五年。没有想到，弯弯绕绕了十个年头后，还是来到了北京，来到了北京国安队。

　　由于 2013 年前河北还没有中超联赛，想要现场看比赛，北京相对是比较近距离的一个选择。所以张呈栋留洋葡萄牙期间，在每个赛季结束回国休假时，只要有时间他都会前往工人体育场观看北京国安队的比赛，这也是张呈栋每次回国的固定安排。

　　虽然，自从在张呈栋与里斯本竞技队上演了帽子戏法后，国内不少俱乐部就已经与张呈栋开始进行接触，其中也包括北京国安俱乐部。只不过，此前的两年间，张呈栋并没有回国踢球的想法，他更多的是想让自己的球技在更高的平台上得到更好的锻炼和提高。因此，即使是与国内俱乐部保持着联系，但张呈栋始终表示，自己还希望在国外闯一闯。直到经历德国后，张呈栋才有了回到国内俱乐部踢球的想法。

只是让张呈栋没有想到的是，那支他从少年时代就开始喜欢的北京国安队竟然也对自己感兴趣，而且与自己进行了接触后，俱乐部的最高层、名誉董事长罗宁也在 2011 年的时候与自己进行了一次会见。那也是张呈栋走上职业生涯后，面对面交流过的、"官最大"的俱乐部领导。

张呈栋至今仍然记得非常清楚，那是 2011 年的 10 月份，他回国参加世界杯预选赛 20 强比赛。当时中国队在主场对阵伊拉克队，主教练是西班牙人卡马乔。在那场比赛中，张呈栋在下半时替补出场，他身着国家队 11 号球衣，只可惜最终中国国家队还是在深圳 0-1 负于伊拉克国家队，彻底交出了小组出线的主动权。

结束了在深圳进行的世界杯预选赛 20 强的比赛，张呈栋来到了北京，本想着在北京直接转机回到葡萄牙，没想到，他却接到了朋友带来的消息，被告知国安俱乐部名誉董事长罗宁说要见见他，这让只有 22 岁的张呈栋有一些吃惊。

虽然在此前的一年多时间里，一直有国内俱乐部询问过他关于是否回国加盟俱乐部的问题，张呈栋并没有什么想法，但当国安俱乐部主动向他抛来橄榄枝的时候，张呈栋的心里是非常兴奋的，甚至有点小动摇了。毕竟北京国安俱乐部不同于其他的国内俱乐部，北京国安队是他从小开始就喜欢、崇拜的一支球队，也是张呈栋多年来一直不曾改变过想法的球队。所以，与罗宁的见面还是让张呈栋很激动，因为能够和罗宁面对面地坐在一起谈自己的职业生涯计划和想法，是过去自己想都不敢想的事情，这让张呈栋从心底里感到了北京国安队对自己的器重。

可是，激动归激动，张呈栋还是保持着冷静的头脑。他觉得自己不应该这么快回国，既然已经走出去了，就应当在外面多闯一闯。毕竟葡超联赛也不是那么容易打的，能够在葡超里站稳主力位置就更是不容易的事，自己应该珍惜，同时，张呈栋也对自己的未来充满信心。也因此，尽管张呈栋的心里痒痒的，但他还是理智地谢绝了来自北京国安俱乐部的好意。

张呈栋说，当时自己只能一再向罗总表达了感谢，甚至是歉意，毕竟国安能相中自己已是一件很欣慰的事了，因为自己也不知道，这一次拒绝国安，以后是

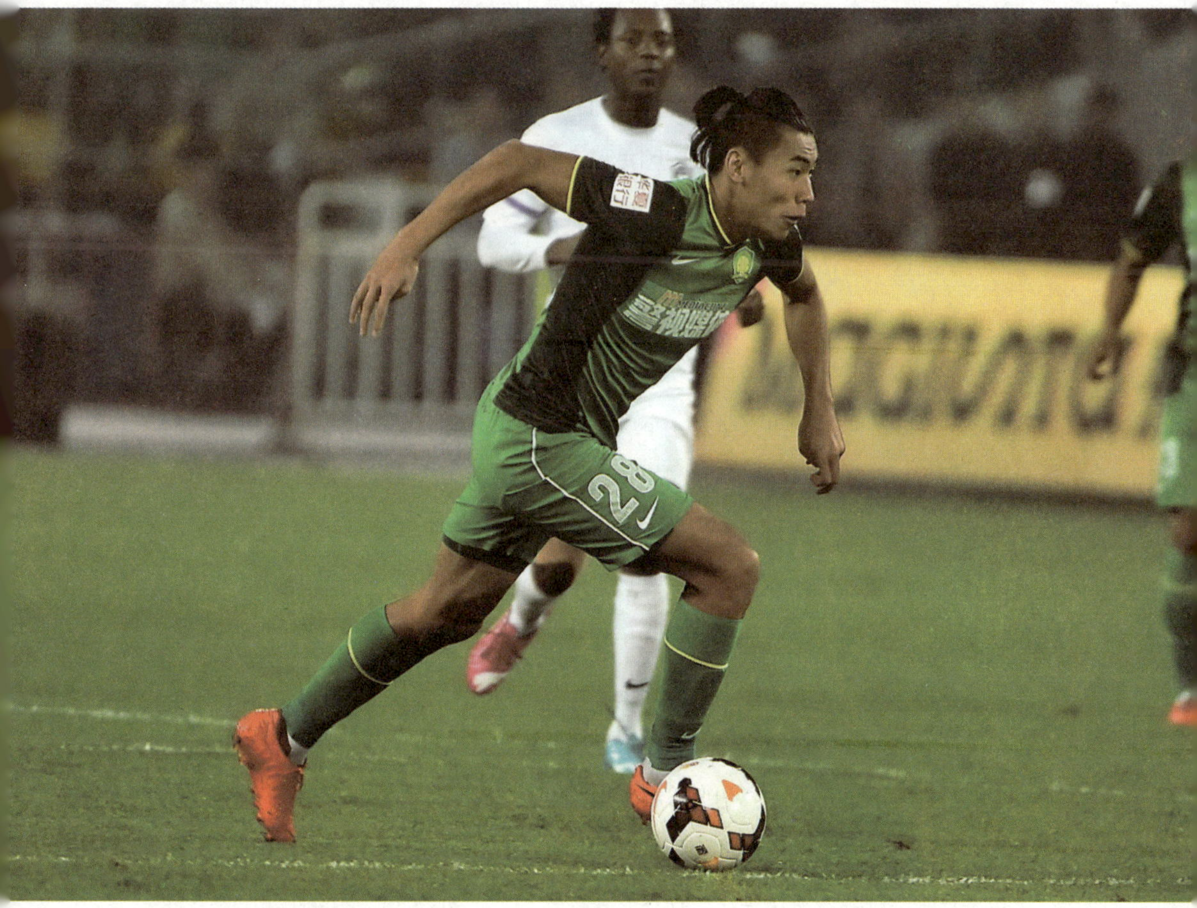

否还会有这样的机会。

不过，更让张呈栋没有料到的是，罗宁在了解了他的内心想法后，反而表示了支持他选择继续留洋的决定。罗宁对张呈栋说，虽然国安俱乐部很希望他的加盟，但还是希望他能够一直有机会在国外的俱乐部效力，发展自己、长本事是一件好事，值得推崇。毕竟国外足球有百年发展的历史，有很多东西值得中国足球学习和借鉴。还说，不管将来张呈栋能否回到北京国安队踢球，作为一个搞足球的人，还是希望每一个中国球员都能够拥有在国外俱乐部踢球闯荡的机会，这对中国足球未来发展有好处，也是中国足球进步需要走的一步棋，同时也是给中国足球未来打下夯实基础的一个不可或缺的环节。

罗宁的这一番话让张呈栋很是感动，如果说过去的自己对出国踢球只是一个简单、朴素的想法，那就是既然出来闯荡了，就要努力混出个模样再回去。但这一次与罗宁敞开心扉的一番话，在某种程度上，张呈栋对自己的职业生涯发展方向更加清晰了。张呈栋再次坚定了继续在国外高水平俱乐部踢球发展的信心，同时把国安俱乐部作为自己未来回国的首选目标。

就像冥冥中有所注定一样，罗宁在2011年说给张呈栋的一番话竟然在张呈栋回到北京国安后，也就是在2015年夏天的时候，他再一次面对出国留洋时，还是罗宁，这位国安俱乐部头号人物再次表达了支持张呈栋的决定，最终放行张呈栋前往西班牙，完成了第二次留洋的心愿。可以说，在某种程度上，对张呈栋有着知遇之恩的罗宁在这两次留洋中给予了张呈栋绝对的支持和鼓励。

人常说，千里马常在，伯乐难寻。作为北京国安的高层人物，罗宁能够如此大力支持自己的球员或者说是"准球员"出国踢球，着实让张呈栋既震惊又感动。这也是让张呈栋不管是第一次留洋还是第二次留洋，每一次归来的时候，张呈栋一定选择北京国安俱乐部的一个原因。张呈栋说，他是一个懂得感恩的人，他记得罗宁给自己的支持和鼓励，这也酿造了自己与北京国安的一份缘。

大家都在劝我选国安

与罗宁的那次交流，虽然没有让张呈栋做出立刻返回中超的决定，但必须承认的是，那次的一番对话对张呈栋着实触动相当大。对于一个正处在成长道路上的年轻球员，国安这样老牌俱乐部不仅能够给予欣赏的目光，还能够为他指出正确的人生发展轨迹。从这一点上来说，张呈栋在内心由衷地感谢罗宁这样的高层领导能如此为自己的事业着想。

因此，当2013年的夏天，张呈栋正式决定结束第一次留洋生涯，自然第一个想到了北京国安。一方面，因为有了两年前与罗宁在北京的那次深入长谈，另一方面，几乎身边的很多朋友都劝说他应当选择北京国安足球俱乐部。

当时在国安队，张呈栋有很多不错的朋友。比如邵佳一、张永海这些老大哥，还有年纪相差不多的朴成、雷腾龙、张健、于洋这些当年曾一起入选过国奥队、国青队的队友，除此之外，还有自己的保定老乡，也是关系非常不错的好朋友郎征。可以说，那时候大半支国安队的队员们都与张呈栋相熟，所以说张呈栋选择加盟北京国安俱乐部也是再正常不过的事情。

不过，在决定回国前，张呈栋还是向这些好朋友们非常认真地询问了关于国安队的一些情况，而这些朋友们除了向张呈栋敞开双臂欢迎外，也都很客观地给他介绍了国安俱乐部以及这支球队值得选择的地方。

2012年年初，当时还是葡萄牙籍教练帕切科执教北京国安队的时候，赛季前的拉练北京国安队就在葡萄牙的里斯本进行，也就是那次拉练让张呈栋与北京国安队的很多老朋友得以相见，开心自不必说。

回想起当时的情形，张呈栋记得非常清楚，北京国安队在里斯本拉练的那些日子里，张永海、郎征这些朋友们对张呈栋说得最多的话就是：嘟嘟，回国踢球吧，现在在国内的足球环境真的不差。还有来国安吧，国安的投入虽然不是数一数二的，但却很稳定地发展，错不了。

队友们的建议或多或少地让张呈栋心里有些想法，而这个时候，张呈栋也自然想到那个亦师亦友长自己9岁的大哥邵佳一。说起与邵佳一的相识，还是当年在辽宁队的时候，张呈栋就随着李铁、张永海这些老大哥们一起认识了还在德国留洋的邵佳一，那时候邵佳一是张呈栋的偶像，也是他一直努力的追赶方向。2010年，张呈栋进入国家队，邵佳一也是中国队的主力，两人也第一次在国家队成为队友。在后来的接触中，邵佳一始终对这位小老弟非常关照，特别是每当张呈栋有了困惑，都会向邵佳一征求意见与建议。包括当初选择前往德乙不伦瑞克，张呈栋就是听从了邵佳一的建议。这一次，张呈栋同样向邵佳一询问了自己是否应当选择北京国安。

答案不难想象，那个时候已经结束留洋回到国安俱乐部的邵佳一非常中肯地向张呈栋介绍了他眼中的北京国安。邵佳一告诉张呈栋，国安在国内中超俱乐部里，绝对是一个非常不错的平台，俱乐部非常正规，绝对不是搞几年足球就撤的企业，更主要的是，北京有全国最好的球迷。北京国安的球迷绝不逊色世界上任何一个国家、任何一个联赛的球迷，在工体踢球的氛围足以同欧洲媲美。

朋友们的这些建议，也让张呈栋坚定了选择国安的决心。同样，家人也都支持张呈栋能够回到国安俱乐部踢球，因为亲人们大都生活在北京，或者是北京附近的城市。而选择北京国安，自然意味着他可以在训练、比赛之余与家人有更多的团聚，对于从15岁开始就已经离开父母在外漂泊的张呈栋来说，更知道懂得和珍惜亲情。

最终，张呈栋选择了北京国安队作为自己留洋归来效力的中超俱乐部。这个决定，同时也圆了张呈栋年少时深埋心底里的那个"绿色身影"的梦想，终于成为北京国安队踢球的一分子。

张呈栋眼中的北京国安

作为老牌劲旅北京国安队深深影响着热爱足球比赛的一代人或是几代人，他们为北京国安队呐喊、助威；他们因为国安队比赛的一场胜利而欢呼雀跃，他们是北京国安队的忠实粉丝，张呈栋也是。和所有生活在北京以及生活在北京周边喜欢足球的少年一样，北京国安就是他儿时的梦想球队。1997 年，在张呈栋上小学的时候，他的父亲就经常在周末带着张呈栋去北京、去工人体育场观看北京国安队的比赛，"国安永远争第一"的口号从那时起就在张呈栋的记忆里打下了烙印。

小时候，张呈栋对北京有着格外亲切的印象。因为自己家里的很多亲戚都生活在北京，那时候，最开心的事情就是父母带着他从河北保定来到北京游玩。再后来，他喜欢上足球，喜欢上北京国安队，父亲再带着他来到北京时，就不是走亲访友、去天安门、动物园这些地方玩耍了，而更多的是去北京工人体育场观看国安队的足球比赛了。那时起，张呈栋就成了国安队主场比赛的工体常客了，而北京国安队则成了他追逐的梦想。

至今，张呈栋都还记得自己小时候在工人体育场观看国安队比赛时的情景，虽然那时候的他只有 8 岁，也能张口就能说出当年国安队"三杆洋枪"的名字，像高峰、谢峰、曹限东这些本土球员的表现更是让张呈栋从心里头艳羡不已。

小时候，张呈栋对北京国安队充满了渴望，他常常在去工体的路上，或是比赛结束的时候对父亲说，他长大了也要去北京国安队踢球。那个时候，张呈栋的父亲或许只是附和一下儿子而已，只当成儿子喜欢足球就说说罢了，根本没往心里去。没想到，16 年后，张呈栋儿时的话竟然成真了。他不仅成为了一名出色的职业足球运动员，还如愿在北京国安队踢球了。梦想成为现实。

走上踢球这条道路，张呈栋并没有直接来到北京国安。而是前往辽宁队开始自己的足球生涯，但他一样关注北京国安，尔后留洋葡萄牙期间，张呈栋就更关注国内的俱乐部了，尤其是北京国安队。刚好那个时候是中国足坛处在反赌扫黑的阶段，很多俱乐部都被查出有或多或少的问题，但北京国安俱乐部始终没有任何负面消息传出。那时候，已经有了正确"三观"的张呈栋给出了自己的判断：国安是一家正气、规范的俱乐部。

随着葡萄牙留洋时间的不断增加，现场观看的中超比赛也越来越多，张呈栋发现，国安俱乐部的主场的氛围和欧洲赛场气氛最为接近。在工体，国安球迷营造出的主场氛围，充斥着一种强烈的足球文化，很多北京国安的球迷都很忠诚，无论风雨、无论酷暑，他们心心念念的只有国安队。而且很多球迷都是自始至终的追随者，无论成败，胜也爱你，败也爱你。这一点与欧洲球迷的文化理念完全相同。更关键的是，北京球迷的包容性非常强，不管是不是北京的球员，只要来到了国安，只要穿上了国安的战袍，在工体都能够得到最热情的支持。很多转会到国安的球员都有相同的体会，那就是很快可以融入国安这支球队，在北京这座乍一看有些冷漠的城市，找到归属感。

来到国安，张呈栋很快就发现，自己的选择非常正确、非常明智，国安这个平台能够给自己提供继续追逐梦想的空间。在这里，张呈栋开始不断走向人生的新高峰。

1000 万转会费创下国安内援身价纪录

虽然当初张呈栋是以自由身的身份留洋葡萄牙，但随着张呈栋在第一年比赛里的声名鹊起，目光敏锐的马夫拉俱乐部立刻意识到自己捡到了一个"金元宝"，于是马夫拉俱乐部与张呈栋签下了一份长期合同，每一个赛季结束之后，马夫拉俱乐部都会延长与张呈栋的合同期限，这也意味着张呈栋如果想要转会，马夫拉一定要在张呈栋身上赚取不菲的转会费。

这也是张呈栋为何没有在 2012 年登陆西甲的一个关键因素，马夫拉俱乐部不同意张呈栋免费加盟其他俱乐部，而当时西甲俱乐部自然不愿为一名中国球员提供太多的租借费或者是转会费。而在当时，乌克兰联赛的俱乐部为张呈栋已经开出了 150 万欧元的转会费。如果按照欧洲转会市场的排名，张呈栋当时的身价在中国球员中已经位居前列。

于是，在 2013 年张呈栋决定返回中超时，无论是哪家俱乐部都必须向马夫拉俱乐部支付转会费。最终，经过艰苦的谈判，张呈栋本人在待遇方面做出了一定的牺牲后，北京国安俱乐部以将近 130 万欧元的价格引进了张呈栋，按照当时的汇率，张呈栋的身价已经达到了 1000 万元人民币。而这也是北京国安俱乐部历史上引进的最贵一名国内球员，就这样张呈栋在 2013 年夏天成为国安队史上最贵内援。

当时国内转会市场中，大连阿尔滨在一年前以 2500 万的价格从天津泰达引进了于大宝，那个时候的于大宝可以说是炙手可热，大连阿尔滨在与广州恒大经过几番拉锯般的竞争后才抢到了于大宝。如果说于大宝在中超联赛的表现已经有目共睹，而张呈栋在葡萄牙成名后还没有在中超赛场上得到检验，所以北京国安俱乐部能够支付 1000 万人民币来引进张呈栋，可见俱乐部的决心有多大。

事实上，当初国安俱乐部在花费 1000 万元人民币引进张呈栋的时候，内部曾经引发过不同看法，怀疑张呈栋是否值这个价钱，谁敢保证这个在队内史上最贵内援能发挥令人满意的水平。而且从当时国安队主力阵容的位置来看，张呈栋即使加盟国安，也很难获得一个主力位置，因为当时国安队每个位置上的人员都兵强马壮，时任主教练斯塔诺也不敢轻易使用这名新人。

所以，那个时候的张呈栋压力也很大。他知道相比于俱乐部，更多的球迷包括媒体实际上并不知道他过去在欧洲的经历，大家都没有看到过他以前的比赛，在这种情况下，想要立刻获得主力位置根本不现实，特别是球迷们很有可能不理解俱乐部为什么会买来一个替补，所以，他必须抓紧融入球队，来证明他的实力。

事实上，一个鲜为人知的细节是，虽然国安队花费 1000 万人民币这个不菲的价格引进了张呈栋，但其实张呈栋自己也做出了一些牺牲，他放弃了一些个人待遇。应该说从这一点上也能看出张呈栋想加盟国安的决心，否则的话，他可以选择其他的俱乐部，那样的话，他不仅不用放弃自己的某些待遇，而且还可以为自己多争取一些利益，至少可以提多一些的工资待遇。

张呈栋说他小时候去工体看球，看到看台上的球迷齐声高喊高峰的名字时，心里总是特别的激动，为高峰感到高兴。虽然高峰并不是北京籍本土球员，但是北京国安的球迷依然很爱高峰、支持高峰，因为他是国安队的一员，因为他是"快马"高峰。当然了，像高峰这样出色的球员，张呈栋从心底里喜欢、羡慕。不承想许多年后，张呈栋竟然以国内最贵内援的身份来到这支球队，他知道他一定会成为球迷的谈资，也能深切感受到外界带给他的压力，这些都是作为一名职业球员必须承受的一部分，所以他要努力做到最好，得到球迷们的认可。

同样的事情如果发生在不同的年代，效果也不尽相同。2013 年的时候国安引进张呈栋花费了1000万人民币，但很快这个纪录就被后来的于大宝所打破。于大宝成为国安身价最贵的内援。当于大宝转会来到国安后，当年曾经一起效力于马夫拉俱乐部的两个中国球员在北京国安又相遇了，两个人先后成为国安当年最贵内援。不同的是，于大宝之前在中超联赛证明了自己的价值，而张呈栋留给很多人的印象还是三年前面对里斯本竞技的一战成名。可以想象，在此后的日子里，张呈栋是通过怎样的努力才得到了俱乐部、球队以及球迷、媒体的认可。

国安当时引进张呈栋的时候，只想到他或许是一只潜力股，但谁也没有想到，几年后的张呈栋竟然成了中国球员转会市场上的第一牛人。中超联赛进入2016年后，中国球员的转会费突然像坐上火箭一样猛蹿，此时张呈栋的身价已经用亿元的单位计算，这位在国安效力三年半的河北籍球员成为国安俱乐部历史上不折不扣的身价最高球员。

终于回到中超联赛

2013 年 7 月 22 日，时隔 4 年零 5 个月，张呈栋终于重新回到了中超联赛。当年那个被辽足俱乐部准备以一个月 5000 元工资签约的小伙子在独闯欧洲 4 年后，被中国最老牌的职业俱乐部以近 1000 万人民币的转会费引进回国。

经历了欧洲足球的四年磨炼，此时已经 24 岁的张呈栋已不再是当年的毛头小伙，现在的他沉稳、冷静。但当他与国安俱乐部正式签下那份工作合同时，张呈栋还是感慨颇多：他觉得他的足球职业生涯不易，兜兜转转，国内国外，彷徨过，失意过，苦恼过也迷茫过，但就是没有放弃过，曾经的坎坷换作了眼下努力后的欢笑……虽然回国了，但接下来在中超联赛里要走的路也许依然不易，依然需要他去努力。张呈栋说，过去经历了什么不重要，能有今天，他很欣慰。

人生没有假设，也许留在中超，可能张呈栋会像杨旭、于汉超这对辽足"双子星"一样，为穷困的辽足效力贡献四年后，被俱乐部以高价转会费卖掉。不过，无论是留下还是离开，三人最终都入选了国家队，并且同时成为主力球员，可以证明他们的选择都没有错，大家最终还是殊途同归。所以，张呈栋从不后悔自己当初的选择，毕竟这四年让自己得到了不一样的磨砺。

与国安俱乐部签约前，在选择球衣号码时还有一个小插曲。当时，张呈栋最喜欢的号码就是之前曾经在马夫拉和贝拉马尔都穿过的 28 号球衣，在 2013 赛季归国来到国安队时，28 号球衣已经被年初早于自己转会到国安俱乐部的队友张健选择了。所以张呈栋只能重新选择，他挑选了一个比较大的号码：68 号。

张呈栋是个大数字控，他一直喜欢数字比较大的号码。当初在辽宁队的时候，他为自己选择职业生涯球里的第一件衣号码就是 34 号，后来到了马夫拉俱乐部时，他选择的是 28 号，从马夫拉到葡超的第一年，在莱利亚俱乐部选择的是 99 号，后来在贝拉马尔重新穿上了 28 号球衣。而在马夫拉、贝拉马尔的两个赛季，张呈栋的表现都非常不错，在马夫拉迎来了自己面对里斯本竞技队的帽子戏法，在贝拉马尔那个赛季的进球则是最多的。所以，回到北京国安队，张呈栋自然也希望能够穿上 28 号球衣来征战中超赛场。很快，这个愿望在半年后就实现了。2014 年，28 号的国安球衣主人正式变成了张呈栋。

在与国安队签完工作合同后，7 月 22 日北京国安俱乐部官方宣布了这则转会消息：今天国安足球俱乐部已完成与球员张呈栋的工作合同，正式加入北京国安队，身披 68 号球衣，今天下午也将前往香河训练基地，与全队进行合练。

初次亮相直言我为豪门而来

签约国安一周后,张呈栋与两名新队友一起在京城媒体、球迷面前亮相。因为,当时国安俱乐部在二次转会的市场中,不仅只是引进了张呈栋一名球员,还有外援乌塔卡、香港球员李志豪。

在 7 月 28 日的媒体与球迷见面会上,身穿国安绿色 POLO 衫的张呈栋第一次出现在北京媒体与球迷面前,由于这并不是只给张呈栋一个人召开的见面会,有一些人更加关注刚刚从大连阿尔滨转会过来的尼日利亚前锋乌塔卡,因为这名"黑旋风"在 2012 年还是中超联赛的银靴,而当时阿尔滨的主教练斯塔诺在 2013 赛季成为北京国安的新主帅。可以说是斯塔诺为国安在二次转会期挖来了自己的爱将。

在欧洲留洋的四年,尤其是在葡萄牙期间,张呈栋曾经多次接受过媒体采访,特别是在与里斯本竞技队的比赛上演帽子戏法之后,几乎所有当地的媒体都对这个中国球员非常感兴趣,那阵子,想约张呈栋采访的媒体甚至需要排队,张呈栋成为了马夫拉当地的一个"小名人",后来国内最大专业媒体《体坛周报》还专门派出了特派记者,前往葡萄牙采访几名留洋的中国球员,张呈栋就是重点报道对象之一。

但这次见面会是张呈栋第一次在公开场合下面对众多的中国媒体,同时也是

张呈栋第一次加盟大俱乐部。之前曾经在欧洲留洋时，张呈栋虽然有非常不错的表现，但不管是在葡超还是德乙，当时所效力的俱乐部规模并不大，这一点从俱乐部主场可容纳的观众人数就可以看得出，几家俱乐部的主场上座率最多也就是一万多人，而这一次张呈栋面对的将是平均每个主场都会接近四万人的北京工人体体场，面对的将是中国职业联赛历史上最老牌的俱乐部——北京国安。

见面会开始前，有这样一个细节，当张呈栋刚刚走进工体新闻发布厅时，还没有在主席台上落座，现场摄影记者手中的相机就已经立刻在张呈栋眼前"咔嚓、咔嚓"闪个不停，与此同时，几台摄像机也立刻挤过来，和摄影记者们一起挤在前面不停地拍。后来张呈栋开玩笑说："还真是第一次见过这么大的阵仗拍自己，有点不适应。"但说归说，当时这位海归球员在现场拿捏适度的从容与淡定还是很合适这样的大场面。

其实，但凡经历过留洋的中国球员都不太怯场，在国外的生存，不经意间就锻炼了他们独立性，因为需要独立，就注定需要经历不同大小的场合，张呈栋自然也不例外。因此，当现场媒体的目光都聚焦到他的身上时，这位国安历史上身价最高的内援表现沉稳、儒雅、不卑不亢。也因此，有现场媒体和球迷认为：张呈栋的心理素质与国安、工体的气场很搭，如同这个舞台早就已经为他搭建好一样。

见面会上，张呈栋第一次公开发表了自己加盟北京国安后的感言，他说：回国前，确实有很多俱乐部找过自己，但是最后选择国安，是因为自己更看重国安的历史与底蕴，毕竟北京国安是中国的豪门俱乐部。相信很多中国球员都希望能够到国安这样的大俱乐部效力。虽然在欧洲效力过的俱乐部并不是大球会，但他相信经历过欧洲四年的锻炼，会对自己有很大的帮助，也相信对国安也有帮助。

"我为豪门而来。"见面会上，张呈栋向外界清晰、准确地传递着自己加盟国安的原因。应该说张呈栋的加盟，不仅让球迷，也让媒体对他有着非常高的期待。而北京国安俱乐部同样能够在与其他俱乐部的"竞购"中成功引进张呈栋显得非常兴奋。时任国安俱乐部总经理高潮在 7 月 28 日的新援见面会上，说出了一句后来得到印证的豪言：我们这一次能够引进张呈栋非常不容易，因为还有其他俱乐部也在与我们竞争，虽然转会费涉及商业方面的内容现在不便透露，但我相信，如果有一天国安再把他（张呈栋）"卖"出去，那时大家就会知道，他绝对是物有所值。

"绝对是物有所值"，当这位国安总经理高潮说出这句话的时候，脸上洋溢着成功者的微笑。可以看出，国安俱乐部当时就知道，引进张呈栋注定是一笔稳赚不赔的买卖。事实证明，两年后，张呈栋以超过100万欧元的价格租借给西甲巴列卡诺，北京国安俱乐部就已经基本收回了当初引进张呈栋的成本，而在2016年赛季结束后，有国内俱乐部为张呈栋开出的报价已经超过了1亿人民币。

第一次教学比赛就进球了

有着一颗大心脏的张呈栋走到哪里都会很快适应新的环境，然后再去融入这个环境，只有这样才能有利于自己在不同团队中有更好的发挥和发展。

来到国安队训练仅三天的时间，张呈栋就迎来了队内的一次教学赛，参加联赛的一线队与国预备队进行了一场内部对抗赛。这既是斯塔诺为球队安排的一堂重要实战演练，同时在某种程度上就是希望考察一下刚刚加盟队里的张呈栋。

在这场内部教学赛中，斯塔诺有意没有让一线队的所有主力都同时出场，首发阵容中为替补与主力都有的混搭阵容，倒是预备队派出了最强阵容，并且在上半时比赛之中率先进球，下半时开一线队陆续换上了主力，先是外援卡努特助攻邵佳一扳平比分。第 65 分钟的时候，张呈栋得到了出场机会。考虑到刚刚来到球队三天，斯塔诺还是让张呈栋出现在了欧洲期间经常打的左前卫位置上。

虽然与队友进行的磨合并不多，位置上也不很熟悉，但张呈栋还是发挥出了自己的水平。用队友的话说就是，他是那种"给点阳光就能灿烂"的球员。上场后，张呈栋先是给朴成送上一次绝佳的传中，结果朴成错过了这个必进的得分机会。接下来，张呈栋利用对方的一次下底失误，自己完成破门得分，并帮助球队实现反超。当时是比赛进行到第 87 分钟的时候，张呈栋在禁区外一记低射，足球直窜死角，帮助本方实现逆转，2：1 完成绝杀。

第一场教学赛就进球，连斯塔诺都没有想到。比赛结束后，斯塔诺在接受采访时主动提到了刚加盟球队的张呈栋，因为欧洲联赛处在赛季结束后的休息期，张呈栋已经一两个月的时间没有参加系统训练了，在这种情况下还能在出场后有如此出色的表现，斯塔诺认为已经相当不容易。以至于张呈栋在这场内部教学赛上表现出朴素、硬朗的作风，甚至让斯塔诺戏言说，张呈栋不是俱乐部买回来的内援，而是一个相当不错"外援"。因为，张呈栋在场上表现出的能力与技战术素养，就是一名欧洲球员所具备的风格特点。

正是看到了张呈栋在对抗中的强悍，斯塔诺更加坚定了要把张呈栋从前场进攻球员的位置上放到队中最急需人手的后防线，因为当时队里面已经没有更多的边后卫可用。可以说，张呈栋第一次队内教学赛的表现，既是成功打动了斯塔诺的一个主要原因，却也因此让他在国安队放弃了自己一直喜欢的进攻位置，成了一名后场球员。直到后来曼萨诺的到来，张呈栋才重新回到进攻体系中。

角色变换再次迎接新挑战

　　2009 年初，张呈栋离开辽足前，曾经的亚洲第一中锋马林教练把他做球员时的压箱底绝活都传授给了张呈栋、杨旭包括于汉超这几个队里面的年轻球员，因为这几个刚刚二十出头的小伙子都是队中的攻击手，马林希望他们三个人能够成为辽足的新三叉戟。而后来在葡萄牙的球队中，张呈栋一直打前场进攻的位置，从来没有打过后卫的位置。

　　当然，张呈栋绝不是只能打一两个位置，后来到了葡超，同样为了能够在球队打比赛，张呈栋又成为了主力后腰。再后来回到国安，张呈栋又打起了右边前卫、右边后卫，最后成为佩兰国家队时期的主力右后卫。算来，张呈栋从出道到现在，在不同球队先后打过前锋、前腰、左前卫、后腰、右前卫、右后卫等位置。从这一点也不难看出，张呈栋的一个很大优势是适应能力强，贯彻教练意图好，所以不管在哪个位置都可以很快打上比赛。

　　国安俱乐部在 2013 年夏季决定引进张呈栋的时候，时任主教练斯塔诺并不了解这个新内援。张呈栋也不是斯塔诺相中的目标，毕竟在那几年的中超联赛赛场上并没有张呈栋的身影。当俱乐部确定完成这笔转会后，斯塔诺曾经与张呈栋有过一次接触，这位国安主教练第一次知道了张呈栋的经历，不过当时让斯塔诺最感兴趣的就是张呈栋可以适应多个位置。他对张呈栋说，他希望张呈栋能够出现在国安队里最缺人的位置上，他觉得张呈栋可以适一下边后卫的位置。

的确，那个时候国安队正在闹"边卫荒"，队中几乎没有边后卫可用，特别是右后卫的位置，只能靠老将周挺独自支撑。对于斯塔诺提出的这个建议或者说是决定，张呈栋也不知道自己能不能行，打不打得好，张呈栋只知道又有一个新的挑战在等待着自己。

因为来到国安的时候，张呈栋的体能情况并不在最佳状态，所以斯塔诺也不敢贸然起用这位新球员，一直通过训练与教学赛来观看张呈栋的状态。按照当时斯塔诺的计划，如果张呈栋身体状态恢复得快，足协杯的比赛也许可以安排这名新内援出场。

所以，对于张呈栋来说，虽然顶着"队史最贵身价内援"的头衔，但在国安这样的豪门俱乐部，要想打上比赛、要想证明自己，只能拿出真本事来。

国安首秀感受工体大场面

2013 年 8 月 7 日，张呈栋迎来了代表北京国安队的第一场比赛，国安队坐镇工体迎战青岛中能队，不过这并不是一场中超联赛，而是足协杯的八强淘汰战，比赛为单场定胜负。

10 天前，国安队主教练斯塔诺告诉张呈栋，很有可能会在这场足协杯淘汰赛中派他上场。事实上，这场比赛距离张呈栋与球队开始训练才不到三周的时间，张呈栋是否会在这场比赛中得到出场机会，就要看他比赛前的训练状态了。

赛前拿到国安队的首发名单时，68 号张呈栋的名字并不在 11 名主力球员的名单里，而是出现在替补名单里面。那场比赛对于双方球队来说都非常重要，青岛中能队并没有因为客场作战就有意放弃，相反派出了全部主力阵容。而在这场比赛前，青岛中能队刚刚换帅，原来的韩国主教练张外龙下课，因此新的教练组也希望能够在这场比赛中为球队找回一些士气。尽管只是一场足协杯，但中能队中像曾经在国安效力过的澳大利亚外援乔尔·格里斯斯、中前场另外三名外援梅尔坎、布鲁诺、卡巴雷罗都同时出场，再配上本土球员中当时还在阵中的刘健、邹正等人，足以可见青岛中能对这场比赛的重视程度。

反观国安队这一边，除了周挺、马季奇、卡努特没有首发之外，其他主力全部在足协杯主场登场。比赛开始前，当张呈栋第一次以国安球员身份走进工体，

乘风破浪：张呈栋传

在场边进行热身的时候，很多热情的球迷已经开始在看台上高喊张呈栋的名字。这种场景，张呈栋并不陌生，在葡萄牙的时候，也经常有主队的球迷这样为自己助威。只不过不同的是，工体的阵仗确实是太大了，放眼望去，现场几万人把工体营造成了绿色的海洋。特别是当北看台上的球迷们整齐地一边击着手掌，一边整齐划一地喊张呈栋的名字时，这样如此的场面甚至超过了葡萄牙的那些豪门球队的主场气氛。

此前，张呈栋曾经多次以观众的身份在工人体育场观看过比赛，但当这一次入场音乐响起，现场球迷制造出整齐的"围巾墙"时，坐在替补席的张呈栋再向看台望去，那种感觉与坐在看台上的感觉完全不一样，球迷场面阵仗之大，令人震撼。

张呈栋说，这样的现场让他的心情无比的激动。能够代表北京国安队出场比赛，是他从小的梦想，没想到长大后，他还真的成了北京国安队的一名球员，并代表国安队参加中超比赛。张呈栋在心里告诉自己：终于这一天到来了。虽然主教练没有安排他首发出场比赛，但他相信依靠自己的能力，他一定能够出场比赛，并且有能力让自己成为一名主力球员。

这场比赛的开局让国安球迷有一些担心，主场作战的国安队竟然在上半时一度以 0：2 落后，所幸稳住阵脚后，国安队很快在上半时就实现了逆转，以 3：2 领先对手。经过了跌宕起伏的上半时，国安队在下半时没有给对手太多机会，在下半时 15 分钟内继续把比分扩大到 5：2，这才让全场球迷一颗悬着的心落了地。

直到此时，主教练斯塔诺才决定将张呈栋换上场。第 62 分钟，在全场球迷欢呼中，身披国安队 68 号球衣的张呈栋替补出场，张呈栋终于迎来了加盟国安队后的首场比赛。

虽然之前在训练之中一直练的是边后卫位置，但本场比赛斯塔诺还是让中后卫出身的于洋去打了首发右后卫，看得出斯塔诺对刚刚到来的张呈栋似乎还是有一点不太放心。包括当张呈栋换下小将王皓上场时，斯塔诺还是没有让张呈栋出任训练中的右后卫，而是他熟悉的左前卫位置。

不料，最终的剧情发展还是将张呈栋推到了右后卫的位置，因为于洋并不擅长右后卫的位置而导致抽筋。毕竟边后卫与中后卫的防守区域不一样，中后卫更多的禁区前正面防守，大部分时间都是留在本方后场无须太多的跑动，而边后卫则既要进攻时插上，防守时又要收回，而且面对的都是对方速度很快的前锋。在于洋抽筋以后，张呈栋终于出现在了右后卫的位置上，有效地防守住了对方外援的轮番进攻。就这样，张呈栋完成了自己在国安队的首场比赛。

代表国安出战的这一天真的到来了，从小就渴望能够代表北京国安队比赛的张呈栋，当他真的如愿置身于工人体育场这座舞台上时，即使经历过欧洲留洋的他，心里还是有种难以抑制的小紧张，或者说是一种不太敢相信的幸福感。这样的场面让张呈栋有种难以言喻的兴奋，他说，他真的非常的幸运，能够代表北京国安队比赛，他会珍惜，更希望通过努力赢得更好的机会。

生活往往就是这样，当追寻了太久的幸福真的有一天如愿降临时，可能很多人都不太有真实感，不敢相信摆在眼前的一切。张呈栋也是，他总是不太敢相信自己所拥有的一切，但却是真真实实地存在着，不是梦，触手可及。当张呈栋如此真实地感到自己站在现实里时，他忽然有种推开一扇窗，眼前豁然开朗的那种美好感觉，看到的是一片光明。

中超首亮相竟逢老战友

在张呈栋的足球生涯中，有一些人、一些事注定会成为他一生中不变的记忆。其中就有一个年龄相仿的好哥们始终陪伴着他一路前行，从葡萄牙到中超，两人的关系一直在队友与对手、对手与队友之间交织变换，但从不改变的却是两人之间的那份莫逆之交，他就是于大宝，张呈栋工作中的战友、生活里的朋友。

于大宝比张呈栋早两年去葡萄牙，两人当年相识在贾秀全执教的国青队。但相熟却是在葡萄牙的马夫拉俱乐部，于大宝在留洋的最后一站刚好是张呈栋在欧洲效力的第一支球队：葡萄牙乙级联赛的马夫拉俱乐部。

在马夫拉，两人成为好朋友，于大宝在生活上给予张呈栋非常细致的照顾，不仅扮演起了张呈栋葡语老师的角色，还把自己在葡萄牙这两年结识的朋友都介绍给张呈栋。而就在张呈栋面对里斯本竞技队上演帽子戏法后，于大宝被天津泰达俱乐部相中，在 2010 年回到了中超联赛。

当张呈栋回到北京国安时，于大宝已经是中超叱咤风云的人物，广州恒大与大连阿尔滨一度竞相争抢于大宝，当时的阿尔滨俱乐部老板赵明阳甚至直接前往国家队基地去亲自劝说于大宝加盟，最终阿尔滨如愿抢到了于大宝。正是在这种背景下，张呈栋的第一次中超亮相就遇到了大红大紫的于大宝。

在足协杯与青岛中能队的比赛结束后，张呈栋并没有立刻得到在中超联赛中出场的机会。因为球队的主力阵容比较稳定，在当时主力阵容中，如果没有伤病或红黄牌停赛，主教练斯塔诺不会轻易换下任何一个首发球员，老将周挺在右后卫的位置上一直发挥出色，所以张呈栋更多的只是在替补席上为队友呐喊助威。

国安与大连阿尔滨队这场比赛前，张呈栋曾经与于大宝有过短暂的交流，毕竟曾经在葡萄牙一起战斗过，还曾经有过近半年在一间宿舍共同生活的经历，让两人一直保持着密切的联系。即使回到中超在联赛中成为对手，但私下里两人感情却一直没变，相交甚好。战前一天，于大宝还在打趣张呈栋：嘟嘟，这场比赛，斯塔诺是不是准备拿你当"秘密武器"啊！

这当然只是一句玩笑话，第二天的首发名单公布后，张呈栋依旧坐在板凳上。这对张呈栋来说倒是没有什么不适应，毕竟刚刚来到球队，首先保证在18人名单中站稳脚跟，是所有新球员在一支球队里要走的第一步。虽然张呈栋也很渴望能够尽快打上中超，但也要等待机会的来临。

但这一天到底会在什么时候来临，张呈栋也不知道。或许冥冥中，老天已经安排好了。8月25日，北京国安队主场迎战大连阿尔滨，张呈栋迎来了他回国后的中超首秀，同时这场比赛也是张呈栋和于大宝两人在中超赛场上的第一次对话。

其实，原本张呈栋的这次出场并不在斯塔诺的计划中。但外援卡努特在比赛进行到下半时的时候意外受伤，在无法继续坚持比赛的情况下，国安队不得不进行换人，而斯塔诺最先想到的自然就是张呈栋这个"万金油"。自从来到国安队，张呈栋几乎成为队内的全能战士，需要加强进攻时就担任边前卫，需要稳定防线时就撤到边后卫。

有意思的是，在张呈栋迎来自己中超首秀的这场比赛中，现场还发生了一个小插曲，当张呈栋准备上场的时候，场边的第四官员竟然把换人牌子举反了：68号变成了89号。不过，很快第四官员就意识到自己的错误把牌子正过来了。

如果按照张呈栋之前训练中经常打的右后卫位置，张呈栋本来是可以在这场与阿尔滨的比赛直接对位防守于大宝，那样的话就可以看一看这对好朋友如何面对面过过招了。但是由于替换卡努特上场是为了加强进攻，张呈栋当时司职左前卫，而于大宝在场上也是打左前卫，两人在球场两侧遥遥相望，没有太多直接对话。

本场比赛因为两支球队当时都要争夺亚冠资格，所以场上的火药味也颇浓，于大宝甚至还在比赛中领到一张黄牌，最终那场比赛，主场作战的国安队 4∶0 大胜阿尔滨队。比赛结束后，曾经的葡萄牙双星在中超赛场上紧紧相拥，两人从球场一路并肩走回休息室，仿佛如同队友一样交流着刚刚结束的比赛。从葡萄牙到中国，这场比赛对两个人来说却是意义非凡，为了纪念这特殊的时刻，这两个曾经一起战斗过的好伙伴交换球衣。

就这样，张呈栋把自己第一次代表北京国安队参加中超比赛出场时穿的 68 号绿色球衣留给了于大宝，而于大宝身着那件 22 号蓝色球衣则送给了他的好兄弟张呈栋。

比赛后谈到与于大宝同场交手的感觉，张呈栋说，那种感觉有点怪，因为之前从来没有想过和于大宝成为对手的样子，但这是身为职业球员的一部分，不管队友还是对手，只要上了场就要拼尽全力。至于上场后，根本没有时间想那么多。这就是职业足球。不过，张呈栋说他还更是喜欢跟大宝当队友的感觉。

六次替补后终于首发打满全场

生活就如同一面镜子，你如何面对它，它就如何馈赠你。自从联赛中北京国安队与于大宝所在的大连阿尔滨队的比赛后，张呈栋在此后国安队的比赛中，便开始不断得到上场机会，直到慢慢坐稳主力位置。

与大连阿尔滨的那场比赛，如果不是卡努特意外受伤，也许张呈栋还要在替补席上多看几场比赛，但自从那场比赛迎来中超首秀后，每一轮的联赛张呈栋都会得到替补上场的机会。

替补打得多了，主力的日子就不远了。10 月 18 日，北京国安队主场与杭州绿城队的比赛中，经历了 6 次替补出场的张呈栋终于迎来了第一次代表北京国安队首发的机会。的确，相比于足协杯、中超联赛中的替补上场，进入中超首发名单才是张呈栋真正期待的目标。好在这一天没有等太久，在张呈栋加盟北京国安57 天后到来了。

与绿城队的这场比赛，国安队后防老将周挺受伤，斯塔诺正式把右后卫的重任交给了张呈栋。虽然已经在替补出场的时候偶尔打过这个位置，但以主力右后卫身份打满 90 分钟，也是张呈栋职业生涯正式比赛的第一次。上一次在正式比赛中打满全场还是 2012 年 4 月份在葡萄牙效力贝拉马尔队的时候，两场比赛相隔了 16 个月。

周挺的受伤，让张呈栋在赛前有了一定的思想准备。在此之前张呈栋虽然在球队的训练中打过右后卫，但一直都是与替补阵容合练，并没有与主力阵容磨合过。比赛前一天，主教练斯塔诺找到张呈栋，告诉他这场比赛将出任主力右后卫。或许是担心产生不必要的压力，斯塔诺并没有给张呈栋太多的要求，只是希望张呈栋在场上能够多跑动、在做好防守的同时，能够前插参与进攻。

比赛前一天晚上，国安队进行战前录像分析的时候，教练组普遍认为绿城队在左路的进攻点应当是老将汪嵩或者是小将高迪，并且结合汪嵩、高迪的不同特点为张呈栋进行了讲解，这样可以在防守时做到心中有数。

不料，绿城队在赛前拿到双方首发名单后，发现张呈栋出现在国安主力阵容，并且预判到张呈栋将出任右后卫，于是临时把一些进攻球员的位置进行了调整，虽然高迪与汪嵩都在首发阵容中，但绿城队主教练冈田武史却让外援阿甘一直活动在左路，并且屡屡通过左路给国安队制造压力，于是从比赛一开始，张呈栋就跟阿甘对上了。

发现对位防守的对象换成了阿甘，张呈栋说自己没有什么可紧张的。虽然和赛前预想的有出入，也没有想到阿甘会打左路，但既然打了就打了，也没有什么可害怕的。而且对于张呈栋来说，与外援对抗并没有什么不适应，在欧洲那几年，他就是外援，天天要和外国球员对抗，所以在国内赛场上面对外援，张呈栋从心理上、身体上都不打怵。

绿城队在本场比赛打得相当顽强，尽管是客场作战，但丝毫没有束手就擒的意思，甚至在0：1落后的情况下反而加强了进攻力量，最终绿城队通过不懈的努力扳平了比分。这个进球刚好就是外援阿甘在前场左路打进的一记世界波，而当时站在阿甘面前防守的正是第一次为国安首发的张呈栋。

那个进球很意外。当时本来是国安队正在绿城队后场组织进攻，绿城队在断球之后，打得非常简练，先是一个直传塞到处在中圈位置的后腰球员，然后就是一脚长传寻找左路的阿甘。当绿城队在抢断成功准备发起反击时，已经插到中场准备助攻的张呈栋立刻开始高速回防。

阿甘在前场得球前，张呈栋位置实际上在阿甘身后，但等阿甘拿到足球时，

张呈栋已经回防到位，站到了阿甘身前。而此时，绿城队的其他参与反击的球员根本没有到位，在得不到队友支撑的情况下，阿甘在禁区外10米的地方没有助跑，原地拔脚远射，结果足球打出一道美丽的弧线后击中球门立柱反弹入网。就是这样一脚不可思议的射门，攻破了国安球队的球门。

在阿甘进球的那一刻，不少人注意到了距离阿甘最近的国安防守队员张呈栋。因此，有球迷认为是张呈栋没有贴身紧逼，给了阿甘射门的机会。但其实懂球的人都知道，张呈栋当时的防守位置绝对是一个非常合理的距离，如果再往后退一步，阿甘会继续带球突破，而且留下助跑射门的空间；如果再往前一步，距离太近，很有可能就被阿甘假动作晃过去。可以说，面对防守选位非常得当的张呈栋，阿甘只能在非常无奈地情况下选择了原地发力、起脚射门。慢镜头显示，这个球确实是打得太漂亮了，同时运气相当不错，击中门柱弹入网窝。

对于这个失球，无论是教练组还是队友，没有任何人责怪张呈栋。那场比赛结束后，张呈栋坐在电脑前，看了超过十遍那个失球的慢镜头回放。张呈栋说不管怎么说，那个球是在他防守的那一侧打进去了，而且当时他就在阿甘身前防守，所以他是有一些责任的。作为一名球员、特别是防守球员，不应当害怕承担责任。

张呈栋也看到有网友说那个球应当逼得再凶一点、再近一点，这样阿甘就不会起脚射门。不过，结合着那个失球的回放，张呈栋说，因为当时国安正在进攻，而他已经拉到边路，准备和队友一起投入球队的进攻中。结果对手一个反击过来，那个球被传到了左路，虽然是左路但实际上比较靠中间。张呈栋只好立刻往中路奔跑回防，但相当于从后面往回追，大家看到阿甘起脚射门的时候，张呈栋刚刚回到那个位置，而不是他一直在正面防守。后来张呈栋也跟队友总结了那个失球，如果当时他在场上多喊一下，如果他能让一下，让队友先过去正面防守，可能会好一些。但无论如何，都说明了一个团队协同作战的必要性，特别是防守中的补位、呼应非常重要。

当然，从球场下来之后，队友都安慰张呈栋，那个球确实没办法，阿甘那一脚确实打得漂亮，当时谁防守可能都是一个结果，因为那个位置按照常理是很难射门的，更何况没有助跑还是原地发力。遇到这样的世界波，也只能认了。

不管怎么说，这个失球让张呈栋代表国安首发出场的第一场比赛还是留下了些许遗憾，毕竟没有战胜对手全取三分。张呈栋说出一句大实话：如果说遗憾肯定是有，但我觉得这场比赛我们打得还不错，对我们来说既希望赢得比赛，也希望打得漂亮，这场比赛的过程我们做得还可以，至于结果只能说是满意一半了。

　　在国外每场比赛结束后，球迷和媒体都习惯给当场球员打分进行点评，当然主要是给那些首发以及打满全场或打了大部分比赛时间的球员。张呈栋说他给自己的第一个 90 分钟比赛打 65 分，还算及格的一个表现。

　　回忆那场比赛，张呈栋坦言，其实比赛中自己的进攻特点没有打出来，因为毕竟打的防守位置，还是想先做好防守工作，不要出现失误，总的来说是一个不错的开始，毕竟已经一年多没有打满 90 分钟的比赛了，正是缺少高强度比赛，张呈栋打到最后还有一点要抽筋的感觉，这就是人们常说的没有适应节奏。在葡萄牙踢葡超的时候，张呈栋几乎每周都要打 90 分钟的比赛，节奏又快，对抗又激烈，所以重新回到中超也应当从找回比赛的感觉开始。

连续五场首发，可惜国安换帅了

经历了 6 场替补后，张呈栋在 2013 赛季即将结束的时候，开始慢慢在国安队站稳脚跟。与绿城队的比赛结束后，张呈栋又在中超联赛客场与山东鲁能、主场与青岛中能，足协杯半决赛与恒大的两回合比赛，全部打满 90 分钟。作为刚刚来到球队的一个新人，能够连续 5 场比赛打满 90 分钟，可以看得出，张呈栋已经迅速地取得了主教练斯塔诺的信任，而这位塞尔维亚少帅已经打算在明年的联赛重用张呈栋。

正所谓世事难料，2013 年全部比赛结束后，国安队还处在休假的状态时，斯塔诺突然下课了。是的，这个国安历史上最年轻的主教练在仅仅执教一个赛季就下课了。让所有人都没有想到的是，斯塔诺是在与俱乐部已经完成续约，利用休假期间在意大利学习考察的时候，突然接到了俱乐部的下课通知。

如果看成绩，斯塔诺交出的答卷是比较令人满意的。第一年执教国安便率队取得了联赛第三名的成绩，并且带领国安队从 2013 年的亚冠小组赛出线，创造了亚冠参赛最好成绩。而且国安又获得了 2014 年亚冠联赛资格，可正当斯塔诺踌躇满志地准备 2014 赛季的时候，却被俱乐部解约了，这对张呈栋来说，也算一个不小的影响。

斯塔诺是一个比较喜欢和队员交流的外籍教练，经常在训练之余和球员们聊天，了解队员的想法和心态。斯塔诺就常常找来张呈栋，在训练国安的小二楼里坐下来，一起喝喝咖啡、喝喝茶，因为张呈栋的英语口语足以让两人可以不用通过翻译就能沟通，这是斯塔诺比较喜欢的一点，还有这个在欧洲留洋4年的中国小伙子的足球理念也很欧洲，这一点，斯塔诺也很喜欢。

在张呈栋的印象中，斯塔诺虽然年纪不大，但训练内容与方法却非常细致，而且能够发现每个人身上的潜能，通过不同的战术打法让每个球员去适应新的位置。比如，卡努特来到国安后，斯塔诺根据卡努特的技术特点、身体状态让他后撤到前腰的位置上，实际上对国安就起到了非常大的帮助。

与张呈栋的交流中，斯塔诺曾经明确告诉过张呈栋，原本引进香港球员李志豪是打算他去打边后卫的，可训练中发现李志豪的能力达不到自己的要求，但自己却发现张呈栋的身体素质、防守意识是可以胜任这个位置的。可以说，是斯塔诺首先从心理上消除了张呈栋的顾虑，毕竟之前张呈栋从来没有打过边后卫，正是斯塔诺的鼓励下，张呈栋才去敢于迎接这个挑战。

为了能够让张呈栋适应新的位置，斯塔诺专门给张呈栋剪辑了很多边后卫防守的视频，让张呈栋根据视频来体会新角色的不同之处。然后在训练中，给张呈栋提出很多具体的建议和要求。张呈栋非常清楚地记得，国安队在香河训练的时候，斯塔诺曾经专门找他谈过一次话，那个时候周挺还是队中的绝对主力，虽然斯塔诺让张呈栋在训练中改打边后卫，但一时间显然还很难顶替周挺的位置。细心的斯塔诺也能够看出张呈栋的想法，于是在那次谈话后，斯塔诺告诉张呈栋：一定不要着急，下个赛季我会根据国安队的打法为你找个固定的位置，那个时候你的比赛时间就会慢慢增多。

张呈栋当时给斯塔诺的回复是：我并不着急，既然来到国安这样的大俱乐部，就有做好打替补的准备，而且自己刚刚从国外回来，能做的就是好好训练。不管教练需要我踢哪个位置，我都会尽量去适应好。

正是斯塔诺对张呈栋非常严格、细致的改造，让张呈栋仅仅经过了两个月的时间，就已经成为一个在中超联赛中算得上非常出色的边后卫。当周挺受伤后，张呈栋才能够非常顺利地顶了上去。在2013年的比赛结束后，斯塔诺告诉张呈栋：

通过最后几场比赛的观察，他相信张呈栋的能力可以胜任 352 体系中的边前卫，以及五后卫体系的一个边后卫。在现代足球打法中，边后卫需要更多参与到进攻当中，边后卫在进攻中第一要速度快、打好，要善于一脚出球，所以边后卫的位置其实能给张呈栋更大的活动空间。国际上的先进打法对于边后卫的要求特别高，世界上好的边后卫很少、非常难买，所以斯塔诺要张呈栋对自己有信心，未来一定能够成为一个出色的边后卫。

事实证明，斯塔诺给张呈栋做出的判断并没有错，正是在边后卫这个位置上，张呈栋后来成中国国家队的绝对主力，并且也正是因为中超缺少出色的边后卫，张呈栋的身价远远超过了其他位置的国脚级球员。

当时在国安队进入联赛休整期的时候，斯塔诺回国前还向张呈栋透露，他会利用国安队休假这段时间去意大利的尤文图斯俱乐部学习，因为尤文图斯就一直踢三后卫的打法，他一定会把学习到的东西毫不保留地带回给国安。可惜的是，斯塔诺在意大利的时候，国安决定换帅，这位少帅没有办法再回到国安施展他学习到的"尤文三后卫打法"。

斯塔诺是张呈栋回到中超后经历的第一个主教练，张呈栋觉得，他是一个非常有激情的教练，可能他会在场边比较急，也可能会对球员要求比较严，但这种训练方法还是对球队有不小的帮助。如果说有什么不足之处，那就是这位年轻的教练欠缺临场指挥的经验。

只是让张呈栋没有想到的是，斯塔诺的突然下课，让自己需要面对新教练的考察。

对比四年留洋的中超初体验

　　人忙碌的时候总觉得时间过得快，不够用。一旦闲下来，就胡思乱想，有的没的都想起来了。这点张呈栋深深地体会过，尤其在德国比赛少的日子，心里急，情绪、心态也变得不好起来，真有种度日如年的感觉。

　　但有比赛的日子就不同了，感觉时间一眨眼就过去了。回到中超，日子过得又快了起来。从 7 月份加盟球队，再到 11 月底足协杯被淘汰全年比赛结束，时间一晃就过去了 4 个月。这 4 个月让国内的中超联赛熟知了从欧洲留洋归来的张呈栋，也让张呈栋零距离了解了中超。

　　与很多中超成名再留洋的球员不同，张呈栋是海外成名再转"内销"，所以这几年的中超联赛对于张呈栋来说，反而有一些陌生。特别是当很多大牌球星、知名教练来到中国之后，在张呈栋看来，中超的水平确实比自己出去的时候提高了很多。

　　2009 年，张呈栋刚到欧洲的时候，觉得中超的节奏和葡萄牙是没法比的，不要说葡超，就是葡乙的对抗都非常激烈，至于德乙就更不用说了，身体真可谓个个杠杠滴，所以后来在不伦瑞克队时虽然没有打上主力，但训练质量一点不差，这也是回到中超防守外援心里不打怵的原因。不过，回到中超打了两年，张呈栋再次回到西班牙后，就明显感觉自己的对抗硬度不如当初刚回国的时候，这说明中超的对抗还是要差一些。

除了身体对抗外，中超联赛与欧洲联赛还有一点存在着明显的区别，准确地说这应当是中超俱乐部与欧洲俱乐部之间的差距。相比欧洲，中超球队踢得更加功利，成绩是所有俱乐部摆在第一位的，于是就有了比赛中经常会拖延时间，特别是领先一方更是到了比赛后半段都希望让比赛早点变成垃圾时间。跟着国安队比赛，张呈栋发现很多俱乐部都会这么做。反倒是国安显得有点特立独行，不管赢还是输，主教练斯塔诺甚至在发界外球的时候都要求国安球员不要拖延时间，不要有意懈怠。不仅仅是斯塔诺这样，其实往前推推看帕切科在的时候也这样要求国安，这一点每年回国来看国安比赛的时候，张呈栋就已经注意到了。

张呈栋觉得中超联赛同样应当在追求好结果的同时，也要求一个有质量的比赛过程，这样才能给球迷奉献精彩的比赛。经历了四年欧洲历练的张呈栋特别希望中超联赛也能做到这一点，因为欧洲教练都这样要求。

回到中超的张呈栋觉得国内联赛的变化很大，正慢慢朝先进足球理念靠拢，与国际足球接轨。四年前，张呈栋还在辽足的时候，是集训封闭制，即使是一线队的球员在晚上也要归队就寝。四年后回国在看中超进步飞快，基本上所有的中超球队都已经实行走训制了。这倒是让张呈栋非常适应，因为在欧洲那四年一直都是这种"上班训练、下班回家"的节奏。回到北京、来到这个大都市，张呈栋也可以在训练后有更多的时间安排自己的业余生活。

外形高大健硕的张呈栋却有随和的性格，不急不躁，如同邻家大男孩一样懂事，也容易接近，也因此队友们都很喜欢他，也愿意和他接触。就连老外队友也很愿意接近张呈栋，队友们觉得和他在一起的时候，无论喝茶聊天，还是谈论足球，总之场上场下都不觉得累，很舒服的感觉。

队里的外籍球员愿意接触张呈栋还有一点是因为他的语言天赋，留洋了四年的张呈栋可以同时跟队中的几名外援进行交流。比如：跟卡努特说西班牙语、跟格隆说葡萄牙语，马季奇会一些德语，在德国待了一年的张呈栋可以用德语跟马季奇交流。因此，队友们打趣张呈栋，说他这四年欧洲留洋生活即使不踢球也赚了学习语言的机会，还不止一种语言。

国安队从来都不是一个排外的集体，在国安张呈栋很快与队友们成为好朋友。还是因为张呈栋的好性格的关系，回到国内的他，新朋友一下子就增多了不少，有国安的队友、也有国安队友的朋友，当然，还有一些因为足球而结识的朋友。张呈栋说，世间最值得珍惜的是友情，而他是一个注重友情的人，在国安这三年时间里攒下的朋友是他永远的财富。

最忙碌的 2014 赛季

机会总是留给有准备的人，或者说机会总是留给勤奋努力的人。张呈栋从走上职业足球生涯的第一天起，就时刻用最勤奋、最努力的表现去把握住每一个机会，在欧洲的四年，每一步都是这样走过来的，回到国内同样也是如此。张呈栋虽然是在 2013 赛季中途回到中超，从最开始的"坐冷板凳"，再到后来的替补出场，直到最后 5 场比赛打满全场，张呈栋终于用实力证明了国安俱乐部引进了自己绝对是物超所值。

在斯塔诺还没有离开国安前，这位塞尔维亚少帅就已经明确表示：下个赛季自己一定要重用张呈栋，因为张呈栋在场上表现出的侵略性绝对是中超球员少有的。

可惜的是，斯塔诺没能得到继续留任的机会，2013 年底的时候，斯塔诺下课了。由于突然换帅，新教练还没有到位。在这段过渡期，国安队的季前训练由中方教练组暂时负责。中方教练组对于张呈栋在准备期的表现给出的评论只有两个字：完美。

这是张呈栋在 2009 年后，又一次跟随中超球队进行赛前季的准备。他知道，年初的准备期有多重要，将决定着一年的竞技状态。

先是昆明集训积累体能，然后在 1 月 14 日全队前往阿联酋迪拜进行海外拉练，在迪拜期间，国安队进行了5场教学赛，张呈栋全部都是主力身份登场。中方教练组也在这个准备期的训练中，把张呈栋定位在了右前卫的位置。从迪拜回到国内，张呈栋能够感觉到自己的状态、体能都非常好。可以说，2014年初的训练是他那几年经历过的最好一个季前准备期。

张呈栋的上佳状态，所有人都看在眼里。2014年，张呈栋迎来了他职业生涯最忙碌的一年。从第一场亚冠资格赛开始，张呈栋先后经历了亚冠、中超、足协杯、国家队四线作战，没有任何休息，比赛一场接一场，几乎成了无缝对接。俱乐部的一年比赛结束后，又立刻投入国家队的亚洲杯备战中，而在国家队的亚洲杯4场比赛结束后，张呈栋发现，2015年的亚冠资格赛也已经到了面前。

可以说，从2014年从2月15日亚冠资格赛4：0大胜泰国春武里，到2015年1月22亚洲杯0：3负于澳大利亚，张呈栋基本没有休息过，完全在训练和比赛的循环中度过，这期间他整整打了42场正式比赛。

这还不算完，更加要命的是，亚洲杯的比赛结束后，不到20天张呈栋就开始了新一年的亚冠比赛，如此连续比赛的状态一直持续到6月份，这让一直没有休息的张呈栋在接连打了近60场比赛后有点吃不消，有种被累趴的感觉。尽管是这样，张呈栋依然咬牙坚持，因为他知道这都是努力过后的结果，不能放弃，想想有多少人还坐在替补席上打不上比赛，那感觉更痛苦，而现在不管比赛再多再累也是一种幸福的烦恼。2014年，张呈栋的表现绝对可以称得上北京国安队全年最佳球员，能够有如此令人满意的发挥，张呈栋应当感谢一个人：国安队新任主教练曼萨诺。

一个有人格魅力的教练曼萨诺

2013 年底，当国安俱乐部决定换掉斯塔诺这位教练时，实际上根本没有任何候选人。所以连准备期训练都只能由中方教练组带队进行。与此同时，俱乐部在满世界寻找接替者。直到国安队新赛季的第一场比赛开始前，国安才终于敲定了西班牙人曼萨诺成为球队新任主教练。

曼萨诺来到国安的第一天，刚好就是亚冠资格赛与泰国春武里的比赛。曼萨诺出了机场放下行李就直奔工体，那场比赛张呈栋代表国安首发，出任右前卫。此时的张呈栋已经穿上了自己喜欢的 28 号球衣。

在工体的包厢内，这位西班牙心理学教授很快记住了几个国安球员的号码，其中 28 号被曼萨诺重点画了标注。那场 4∶0 的比赛中，张呈栋在右路的突破、强壮的身体给曼萨诺留下了非常深刻的印象。

非常有意思的是，在所有国安球员中，张呈栋是第一个被曼萨诺叫出名字的球员，当然这也和"嘟嘟"两个字的发音有关系，好记也好念，比较适合外国人。也因此，无论在训练场还是更衣室，包括在新闻发布会这种公开场合，每每提及张呈栋的名字，曼萨诺都直接叫"DUDU"，就这样"嘟嘟"的乳名先在北京国安队被叫开了。尔后，还是因为嘟嘟这名字比较适合老外的发音，于是，国家队主教练佩兰也很喜欢叫张呈栋为嘟嘟。慢慢地，大家也都习惯了嘟嘟这个名字，无论是外籍教练、球员，还是中国队友、教练，甚至朋友们也这样亲切地称张呈栋为嘟嘟了。这一年，嘟嘟也名副其实地成了曼萨诺和佩兰教练的一员爱将。

曼萨诺来到国安不久，与张呈栋的一次聊天中，曼萨诺告诉张呈栋，他是一个非常好的边前卫，也可以踢边后卫，未来会在这两个位置上主要使用他。

当时曼萨诺还特意询问了张呈栋喜欢踢什么位置，张呈栋切实告诉曼萨诺他最喜欢踢左前卫。不过，当时左前卫的主力位置一直安排张稀哲来打。而右前卫没有合适的人选，所以曼萨诺还是决定让张呈栋主要打右前卫。不过在比赛中，张呈栋与张稀哲的位置经常互换，这套打法后来在第二年于大宝转会过来国安后，张呈栋展现出多面手的能力，又撤回到了右后卫的位置上。

打边前卫对于张呈栋来说并不陌生，无论过去踢葡超，还是回到国内踢中超，都曾经踢过边前卫的位置。不过，很多教练更多的还是提出防守要求，比如要及时回防到位、帮助边后卫进行防守。至于进攻，大多都是简单地一句"到了前场自由发挥，进攻见机行事"。但曼萨诺在观察了张呈栋的特点后，给张呈栋在进攻中提出了非常明确的具体要求：要尽可能多传中。

原本张呈栋在边前卫的位置更习惯突破，这或许是从小打前锋养成的习惯，因此张呈栋在葡萄牙打左前卫的时候才屡屡有进球。不过，曼萨诺告诉张呈栋，他的战术打法是希望边前卫多向中路传球，不需要太多的突破，到了前场两侧特别是禁区肋部的时候，闪开空当就传中。

随着2014年下半年国安更换了前场两名外援，德扬与埃尔顿同时来到阵中。曼萨诺要求的打法更加明确，两个边路一定要多向禁区内传中，去寻找德扬、埃尔顿的点。所以，张呈栋在这一年的助攻以及创造点球的次数加一起最后达到了11个。张呈栋俨然已经成为队中进攻的主要力量。

从开始职业生涯后，张呈栋接触过很多教练，但曼萨诺给张呈栋留下的印象最深。这个儒雅的西班牙老者性格温和，愿意倾听球员们的想法，然后再把自己的想法与球员们进行交流。作为一个常年在西甲联赛一线俱乐部执教的教练，能够与中超球员进行深入的交流，并不多见。曼萨诺虽然说话的声音不大，但每一句话的语气都非常坚定，毋庸置疑。提起这个与自己一同共事了一年半的教练，张呈栋直言不讳地说：曼萨诺是一个很有人格魅力的教练。

从某种程度上讲，曼萨诺对张呈栋的帮助更多的是足球理论的灌输。曼萨诺告诉张呈栋，自己是一个喜欢攻守平衡的教练，这句话说得简单，但真要做得到却并不容易。在平时的训练中，在每场比赛结束后，曼萨诺为球队复盘的时候都会不厌其烦地告诉张呈栋：一定要多拉边、多传中。能为球队进球是好事，但一支球队是一个团队，能够帮助队友进攻、能够帮助球队不失球，为球队做出的贡献就是一样的。

待赛季结束后，曼萨诺又将张呈栋叫到身边，他对张呈栋说，在所有比赛中张呈栋有 11 个助攻，别人的进攻也有他的功劳。他帮助了队友进球，胜利是属于每一个人的，一个团队需要的就是这种奉献精神。只有在场上不停地奔跑，去维持球队的攻守平衡时，这样的人才是球队里最需要的人。

2015 年下半年，当张呈栋以租借身份离开国安前往西班牙，成为中国球员登陆西甲第一人，而曼萨诺的那些足球理念更是对张呈栋在西甲的训练、比赛起到了很好的作用。可以说曼萨诺的到来让张呈栋的足球生涯又迈上一个新的高度，让张呈栋成为"曼萨诺时期"国安队中表现最出色的球员之一。

一次意外受伤吓坏所有人

2014 赛季从一开始，张呈栋就表现出了格外出色的状态，几场比赛过后，球迷和媒体都能够意识到，张呈栋对国安的作用实在太大了。从 2 月 15 日亚冠资格赛第一场开始，张呈栋就场场首发，由此也不难看出曼萨诺对张呈栋的信任。

在连续 9 场首发后，国内最为专业的《体坛周报》这样形容张呈栋的表现：本赛季的张呈栋，越来越成为御林军的一个现象级的球员。绰号"嘟嘟"的张呈栋将国安队的右路打造成本赛季全中超最有威胁的进攻走廊。对于重视边路进攻的曼萨诺来说，张呈栋成为手中的重要棋子。

"现象级球员""打造全中超最有威胁的进攻走廊"，从这两处点评足以可见张呈栋在 2014 赛季的表现是何等出色，可以说直到这个时候，张呈栋已经不仅仅是北京国安球迷眼中的明星，国内球迷都非常肯定这个之前还并不熟悉的海归球员。因此，更多的全国性媒体开始不断报道张呈栋。还有一点，在那个时候，刚刚成为新一届国家队主教练的法国人佩兰经常来到工体看球，在佩兰的点将簿里面，张呈栋是最早一批被这位国家队主教练相中的球员，果然随后张呈栋入选了佩兰的第一期国家队，此后更是再也没有缺席过国家队的每一次集训。

正所谓"天将降大任于是人，必先苦其心志，劳其筋骨，饿其体肤，空乏其身，行拂乱其所为"。正当这个"现象级球员"迎来职业生涯的一个新高峰时，谁都

呈风破浪：张呈栋传

无法躲避的伤病在这个时候突然降临到张呈栋身上。

那是 4 月 7 日，北京国安队主场与广州富力队的比赛中，一次意外的伤病让张呈栋不得不停下了自己奔跑的脚步，那次受伤也吓坏了国安球迷、国安队甚至是国家队，不过，还好是一场虚惊，这次受伤让张呈栋只休息了不到一个月的时间。

与富力队的比赛中，张呈栋在那一战的状态非常好。下半时张呈栋的一次头球攻门极具威胁，当张呈栋顶到外援巴塔拉开出的任意球时，攻门角度非常好，所有人都认为"球进了"，结果立柱无情地将张呈栋的这次头球攻门挡了出去。这次进攻也让张呈栋与对方门将程月磊相撞在一起，而这次拼杀让张呈栋遭遇了伤病。

与富力的比赛结束后，张呈栋的膝盖就呈现肿胀的迹象，队医发现后立刻感觉情况不妙，赶紧带着张呈栋去了北医三院进行核磁共振检查，结果显示张呈栋膝关节胫骨骨挫伤水肿，虽然伤情并不是特别严重，但至少要休息两周以上的时间。后来张呈栋也确实休养了三周的时间。

这场虚惊让主教练曼萨诺悬着的一颗石头落了地，曼萨诺后来告诉张呈栋，他很担心韧带出问题，那样可能就要休息至少两个多月的时间了。而那个时候，张呈栋刚刚完全领悟曼萨诺的战术理念，需要在实战中检验他对"曼氏战术"的执行。

加盟国安后的唯一进球

短暂的休养，让张呈栋得到了缓冲的机会。这次伤病在张呈栋 2014 年的比赛中算是一个小插曲，如果没有这次伤病，可能张呈栋真的会打满中超、亚冠、足协杯、国家队的所有比赛。因为这之后，张呈栋几乎就没有缺阵过。而在张呈栋伤愈后的第一场首发比赛中，他就进球了。

虽然曼萨诺的战术理念让张呈栋似乎已经"忘记"了进球，但却不能阻止张呈栋越来越强的进攻欲望。2014 年，张呈栋在代表国安队所有比赛中总共助攻 11 次，这样的高光表现甚至让人忘记了在这一年，张呈栋还有一个进球。

2014 年 5 月 17 日中超第 12 轮的比赛，北京国安客场对阵上海申鑫。那时候，上海有三支中超球队，只不过比起申花和东亚，申鑫绝对是中超弱旅，每一年都为保级而战。结果没人想到，在这场比赛中，申鑫主场 2∶1 击败了国安队。这种情况下，为国安队打进的那一个进球就显得不是那么太重要，而这粒进球恰恰是张呈栋打进的。这既是张呈栋加盟国安队后打入的第一个进球，也是自从 2013 年夏季转会至国安，在国安队效力期间的唯一进球。

那是一次头球得分，接到队友张晓彬一记助攻，当时国安队在场上 0∶1 落后，张呈栋的这个进球帮助球队扳平了比分。可惜，申鑫队最后再次将比分超出，使得国安队在比赛中负于对手。

说起自己在国安队效力期间的唯一一粒进球，张呈栋多少还是有一些遗憾，毕竟自己的进球没有帮助球队带来胜利，哪怕是一场平局。这粒进球对于张呈栋来说比较难忘，毕竟是代表国安队期间打入的唯一进球，而上一粒进球还是在两年前效力于葡超时，代表贝尔马尔俱乐部与费伦斯的比赛，那场比赛贝拉马尔队也是客场比赛，只不过最终以 3 ∶ 1 战胜了对手，那是张呈栋在欧洲期间的最后一粒进球。后来张呈栋从葡超转会到德乙，因为在不伦瑞克没有得到主力位置，在有限的上场时间内，张呈栋没有收获进球。

　　那场比赛，张呈栋的位置从右前卫换到了左前卫，这也是张呈栋曾经非常熟悉的位置。因此，除了在进攻中按照曼萨诺的要求多在边路进行传中外，回到自己熟悉的进攻通道，张呈栋突破后射门绝活在本场比赛也多次上演。其实在攻入这粒头球前，张呈栋就曾经有过一次左路漂亮的内切、突入禁区后的右脚射门，只不过足球稍稍偏出。而就在 2016 年 11 月 15 日，中国队在昆明迎战卡塔尔队的比赛中，张呈栋虽然因为小腿拉伤无缘这一场比赛，但在看台上一直为队友助威。当看到曹赟定在上场后的射门没有打进时，他也跟着着急，猛拍自己大腿。张呈栋说，前年打申鑫的时候，跟他有一次射门完全一样，从位置到突破再到射门，简直就像复制一样，差了一点点，真是太可惜了。

　　在昆明的那场比赛，中国队错过了很多机会，只能递交一张白卷。可是在国安与申鑫的那场比赛中，张呈栋把握了机会，弥补没有进球的遗憾。国安队在一次前场进攻中，后腰张晓彬禁区右路得球后传中，张呈栋从左路高速插上，后点包抄后头球冲顶，足球直挂网窝。进球后的张呈栋兴奋异常，距离张呈栋身边最近的队友巴塔拉下意识准备拥抱张呈栋时，不料竟然没有抱住兴奋的张呈栋，他用百米冲刺般的速度向中场狂奔，一路错过好几个赶来拥抱的队友。张呈栋说他当时就是太兴奋了，在赛场里的跑动都是下意识的，根本不知道过来与他拥抱的队友。那一刻，他脑子里只有久违了的进球后的疯狂宣泄，因为进球的感觉实在太美妙了。

　　因为位置的关系，张呈栋在北京国安队很少有进球的机会，比赛中多以助攻角色为主，而在葡超多半是进攻的角色。所以当张呈栋踢进这粒球，心情有多兴奋、多快乐的感觉是难以言喻的，而这粒进球也是他时隔两年重新收获的进球，是代表国安队的首粒进球，也是代表国安队的唯一一粒进球。

2014 年的两场记忆深刻的比赛

2014 赛季对于张呈栋来说是一个不平凡的赛季,这一年四线作战的张呈栋,除了在 4 月份短暂受伤外,其他的所有能够参赛的比赛都参加了,张呈栋不俗的表现也成为那一年表现最为出色的国安球员。

那一年,是北京国安队队史最佳战绩的一年,中超联赛全年积分达到了 67 分,也是国安征战职业联赛以来积分最高的一年,即使是在 2009 年夺冠时也仅积 51 分。2014 赛季国安的获胜场次达到了 21 场,同样也是队史最高的胜率。

在国安队的所有胜利中,有两场比赛的胜利让张呈栋至今难忘,一场是 2014 年初第一场中超联赛,张呈栋以主力右前卫身份登场,那场比赛国安队以 1 ∶ 0 战胜了长春亚泰。打入全场唯一入球的是外援巴塔拉,而为巴塔拉送上助攻的正是张呈栋。

当时张呈栋在右路得到队友的长传转移后,迅速下底。面对亚泰队两名球员的防守,张呈栋强行突入禁区,然后冷静地为巴塔拉送出一记倒三角的直传球,巴塔拉顺势完成射门,足球直入死角。这个配合一气呵成,巴塔拉射得巧妙,张呈栋前面的突破更是霸气十足。那场比赛,让曼萨诺坚定了使用张呈栋打主力的想法。

还有一场胜利让张呈栋和他的队友留下了深刻印象,那就是 2014 年 10 月 26

日，北京国安队客场挑战中超卫冕冠军广州恒大队，结果凭借邵佳一的任意球绝杀，北京国安队客场1：0战胜广州恒大队，使恒大队在主场提前夺冠的梦想破灭。

与恒大的比赛中，邵佳一无疑是取得比赛胜利的决定性人物，但张呈栋的表现也同样可圈可点、抢眼，他在右路漂亮的进攻给恒大队造成了不小的压力。比赛临近结束前，张呈栋又一次在右路传中，给恒大造成威胁。随后，德扬抢点攻门，恒大门将曾诚为保城门不失，在奋力扑出足球时撞到球门立柱险些受伤，上演了一场虚惊。

虽然最终国安队还是非常遗憾地未能夺到2014年的中超联赛冠军，但那一年国安的表现绝对是近十年来最出色的一次。张呈栋说，2014年国安给了恒大很大的压力，联赛里，国安一直赢球，信心也越打越强，虽然最终没有拿到冠军，但当时大家都有冠军球队的心态与信心。无论俱乐部投入大，还是俱乐部投入小，都应当有追求冠军的心态。其实2014年的国安队，联赛初期的情况并不好，主教练是在亚冠开始后才来到球队，外援巴塔拉得到球队的时间也比较晚，连亚冠比赛都没踢上。赛季中途又引进了德扬、埃尔顿。应该说，那个赛季的国安队每个环节都做得非常好。虽然国安和恒大在赛季末的积分榜上有3分之差，但整体表现并不逊于恒大，因为大家有着强烈的求胜欲望，也都信心十足，所以国安才一直与恒大拼咬到最后。

对于国安球迷来讲，绝杀恒大的那一刻，现场的近百名国安远征军已泣不成声。比赛之前，这些远赴广州的球迷在天河体育场外提前四个小时就悄然集结，按照球迷协会事先的规定，所有人都将国安 T 恤穿在里面，外面套上了普通的便服。然后，直到在工作人员的带领下进入客队看台之后才脱下外套，露出了远征军的绿色战袍。那个下午，广州天河体育场的远征军无比幸福，当比赛哨音响起，北京国安战胜广州恒大，国安的队员们走到远征军看台谢场时，天河体育中心客场的看台上回想起一声声"国安是冠军"喊声，让人为之动容，而那一幕更让张呈栋铭记难忘。

同样让张呈栋不能忘记的是 7 个小时后的北京首都机场，凌晨 1 点，国安队连夜从广州返回北京，走出机场时，外面竟然等候了上千名国安球迷。他们是连夜从京城各地汇聚到了首都机场，很多球迷甚至在国安还没有登机的时候就来到机场，足足等候了 5 个多小时。当国安队员出现时，山呼海啸般的"国安、战斗"声此起彼伏、震耳欲聋，国安球员受到如同英雄般的欢迎。张呈栋说：那一刻，真的为国安球迷所感动，感觉眼泪就在眼窝里打转，这就是底蕴。不是哪个球队都能够受到球迷如此发自心底的爱。为这样的球迷而战，值了。

国安和恒大到底差哪儿了

从 2004 年中超元年开始，北京国安的成绩就从来没有跌出过前六名，这期间仅有 2004 年、2005 年位居第六，2010 年和 2016 年位居第五，其他赛季的名次均在前四名。虽然只拿过一次冠军，但国安在中超时代取得的名次足以令京城球迷自豪。而在过往所有赛季中，2014 年的表现无疑是历史最佳，只可惜最好的国安还是遇到了"巨无霸"广州恒大。因此，即使创下了队史最佳战绩的这一年，还是在最后一轮让恒大夺到了中超冠军。

2014 赛季对于张呈栋来说，是超越自我的一年，这一年让张呈栋正式进入了中国顶级球员的行列中，同时也成为中国国家队的绝对主力。可以说，在国安的这一年对于张呈栋的职业生涯起到了非常大的作用，张呈栋自己也承认，只有来到这里才能感受到真正的国安，才能知道与在外面所了解到的国安有什么不同。

张呈栋说来到国安才能够真正感受到那种强大的底蕴，国安绝对算是中国最老牌的劲旅，无论在辽足，还是在欧洲留洋，都一直很关注北京国安。在那时候，国安几乎每一个赛季都能名列积分榜前几名，非常不容易。应该说，没有哪个俱乐部能够做到这一点。而广州恒大 2011 年才进入中超，尽管成绩很好，表现出色，投入也大，但恒大的足球底蕴和历史还不够殷实。在中超联赛的俱乐部中，要说稳定，有底蕴的俱乐部当属北京国安。作为首都球队，国安确实有首都的气质：

包容、大气、敢拼、奉献。这是国安的足球文化，更是国安的企业文化。

很多球员都向往来到国安俱乐部，张呈栋也不例外。而且在国安丝毫没有被排斥的感觉，国安这些年有太多转会过来的内援，所有人都很快就融入球队中。国安是一支团结、充满正能量和积极向上的球队，与金钱投入多少无关。国安身上有一股不怕难、舍我其谁的劲头，就算再强大的球队遇上与国安队的比赛，也会头疼，因为国安队向来是中超联赛里一块难啃的硬骨头，无论任何时候都敢拼敢打，这就是国安的队魂，抑或是北京球迷常说的"死磕"。

或许国安足球的底蕴决定了一股子国安力量，也因为国安足球的这股力量，决定了国安球迷的一股子力量。而这股力量，只有来到北京，来到国安主场工体的看台上，才能真真切切地感受到这些中国最好的球迷，他们是国安的球迷。张呈栋说，这么多年来，国安球迷一直是球队最强大的支柱，他来到国安队的第一天就能够感受到，感受到他们的执着。他觉得很多球迷已经把国安当成一种精神信仰，这一点跟欧洲球迷比较接近，也体现了国安无形的价值所在。

最近几年，国内不断出现大投入的豪门俱乐部，中超联赛进入了"金元时代"。很多人认为国安的投入已跟不上那些豪门俱乐部，尤其像恒大这样俱乐部的脚步。身为一名职业球员，张呈栋认为，国安俱乐部作为国企这么多年的投入并不低，国安每花一笔钱都非常慎重。

那么，如果拿国安与恒大相比，国安到底差哪儿了呢？即使是在 2014 年表现最好的时候，为何国安还是在成绩上不如恒大。在张呈栋看来，虽然外界都认为国安好像是差在投入方面，但其实还是在整体实力上有一定的差距，毕竟恒大俱乐部用最短的时间内汇集了中国的一批顶尖球员，大家都说恒大外援强，其实恒大的国内球员基本上也是全国最好的，国内球员多数能够达到国家队的水平，事实上恒大俱乐部一直按照国家队标准去引援，所以目前来看，恒大成为中国最好的俱乐部、连续拿到冠军不是偶然的。

正是因为实力上的差距，让国安不得不从战术打法方面来弥补。说起这一点，张呈栋认为：和恒大相比，其实国安队付出的努力更多，因为国安主要是靠整体，特别是防守做得非常好，至少这几年国安的防守在中超各队都是一流的，这些都是靠国安球员一步一步、一米一米跑出来的防守。但在进攻中，有时候国安可能无法把自己的全部训练水平发挥出来，这就是与恒大的差距。在张呈栋看来，恒大队在这几年连续夺得中超冠军，特别是夺得亚冠联赛冠军后，自信心变得特别强，加上本身就有实力，所以就知道在什么样的情况下怎么踢比赛，能够把真实水平发挥出80%，这就很可怕了。

如果拿2014年举例，张呈栋则认为那一年国安队表现很不错，特别是下半赛季一直连胜咬到了最后一轮。很多人都说，如果那一年哪怕能够再多赢一场，可能最后的冠军就未必是恒大。但其实跟恒大有时候差的就是这一两场，比如，那一年对申鑫、对河南，这两个客场比赛国安都输了，哪怕有一场赢了，可能结果就不一样。所以从这个角度来看，国安在2014年的表现虽然确实不错，但只能说恒大的表现更好。

前所未有的厌战情绪

作为一名职业运动员，最害怕的是什么，有人说是伤病，因为伤病会影响训练、无法比赛。归根结底，比赛对于职业运动员来说是最重要的。但正所谓"物极必反"，但比赛太多了、多到让运动员几乎快要变成比赛机器人的时候，可能就真的会厌倦比赛了。比如说张呈栋就在 2015 年初有了这种感觉。

这还要从 2014 年开始算起。由于赛季前的冬训储备得好，新赛季开始后，张呈栋便不断释放积攒了一个冬天的能量。除了在 4 月份短暂受伤三周的时间，此外便没有缺席当年任何一场比赛，无论是俱乐部还是国家队的比赛，这种情形一直持续到 2015 年初的澳大利亚亚洲杯。

亚洲杯结束了，国家队也取得了不错的成绩，突破了过去三届未能小组出线的纪录。正常情况下，一年打了 40 多场比赛的张呈栋应该可以像其他的队友一样好好休息一下了。

记得斯科拉里曾经说过的话：征战了一个赛季的球员们，无论发生任何事情，他们都必须要休息至少 30 天的时间，否则他们不会在新一年中有好的状态。

可是，张呈栋却没有时间休息，因为接下来还有俱乐部在西班牙的冬训和亚冠比赛等着他。

从张呈栋走下澳大利亚飞往北京的航班，再到踏上北京飞往西班牙的航班，其间只隔了 7 天的时间。是的，只有 7 天。张呈栋刚刚把澳洲时差调整过来，又要去适应欧洲时差了。

本来在这 7 天内张呈栋还要处理一件事，就是在亚洲杯期间，传出了西甲巴列卡诺俱乐部相中某名中国国脚的消息，而这名绯闻中国国脚正是张呈栋，因为有了中国企业南京钱宝的赞助，三年前就差点租借张呈栋的巴列卡诺终于再次把橄榄枝抛向张呈栋。

面对巴列卡诺发出的邀请，张呈栋既兴奋又忐忑。兴奋的原因自不必多说，加盟西甲球队这个多年的愿望终于要实现了。至于忐忑，张呈栋知道，国安俱乐部不可能立刻放自己走，因为队里的另一名主力球员张稀哲刚刚在一个月前离开国安前往德甲，俱乐部不可能再次放走一名球员去留洋。果然，俱乐部的态度很明朗，不是不支持留洋，只是球队一下少了两个主力，肯定影响很大，所以如果张呈栋选择留洋最好在半年后。

结束西班牙拉练后，距离新赛季的第一场比赛亚冠资格赛只有 10 天左右的时间。大年二十九（2 月 17 日）国安战胜了新赛季第一个对手泰国曼谷玻璃队，闯过了这一关，亚冠小组赛第一场正赛在一周后，对手是澳大利亚布里斯班嘶吼队。

又是澳大利亚，又是布里斯班。这个刚刚跟随国家队停留了近一个月时间的国度，这个刚刚去过不久、打了 3 场比赛的城市，没想到亚冠小组赛又要回去，不仅飞行时间长，没有直航，还需要转机。张呈栋有点烦了，想想要在飞机上度过的十几个小时的时间，本就比赛繁多的他，没有了一点兴奋的感觉。

大年初二（2 月 20 号），迎着京城的一场大雪，国安队兵发澳大利亚的布里斯班。而一直没有好好休整、恢复体能的张呈栋已是一身疲惫，处在了体能崩溃的边缘。他第一次有了厌战情绪。连续不停歇地比赛，张呈栋终于累了，累到不想比赛。他很想歇歇，让紧绷的身体得到放松。可他没有时间休息，只能如陀螺般旋转。

国安在亚冠前两场比赛表现不错，客场依靠邵佳一的标志性任意球完成绝杀，主场也战胜了由郑大世领衔的韩国水原三星队。那场比赛张呈栋对位防守郑大世，身体强壮的两人在比赛中经常被撞得人仰马翻。最终，水原三星在工体输了球，郑大世在比赛中把张呈栋铲伤了。

伤势不重。所以，接下来，张呈栋在咬牙坚持又打了两场中超联赛的比赛，但由于比赛繁多造成身体过度疲劳，那段时间张呈栋的状态有点差，心情也低落，对比赛没有兴奋感。而且那段时间也有一些批评张呈栋状态不好的声音，这也让张呈栋产生了一些抵触情绪。

终于，张呈栋顶不住了。他主动找到了主教练曼萨诺，诚恳地说出了自己的想法。张呈栋告诉曼萨诺，他的身体已经到了极限，比赛状态，以及在场上的思维感觉比队友慢半拍，想停下来调整下状态。曼萨诺很体谅这个弟子，但偏偏接下来有一场非常重要的亚冠赛事，国安在主场对阵日本浦和红钻队。曼萨诺告诉张呈栋，打完这场亚冠比赛就进行轮换，让他好好休息一下。

事实上，曼萨诺的轮换还是迟了一步。就在主场与浦和红钻的比赛中，张呈栋的右腿出现了拉伤，当时整条腿甚至都已经麻木了。张呈栋终于不得不因为伤病而停下了连续 14 个月没有间歇的比赛。因为伤病的原因张呈栋终于休息了，接下来的日子他边治疗边休息，直到一个半月后的中超联赛中与鲁能队的比赛相遇。

在养伤的那段时间里，张呈栋时常静静地思考自己走过的路和即将要走的路，因为这个时候，巴列卡诺以及他们的中国赞助商都已等得迫不急待。他们需要知道，张呈栋到底能不能在新赛季开始前登陆西甲。而已经有过一次留洋经历的张呈栋虽然在国内的中超俱乐部已名气不小，但他依然想试试，不放弃对梦想的追逐。也许他需要一种激情唤醒心底的潜意识，这种激情也许就是第二次踏上留洋路。

Football

第二次
留洋

中国企业送来"曲线留洋"橄榄枝

古希腊哲学家赫拉克利特说过"人不能两次踏进同一条河流",既然事物是在不断地变化,而追求的梦想又在那里,为什么不再试一试?哪怕结果并非如愿,至少为此努力过了,或许遗憾,但不后悔。

对于张呈栋来说,能够去更高的足球舞台去闯荡,尤其是西甲联赛,一直是他内心深处没有改变过的目标。所以,2015 年的那个夏天,26 岁的张呈栋踏上了第二次留洋路。职业生涯中能够两次留洋,这对于中国球员来讲很难。张呈栋是幸运的,不仅有了再次留洋欧洲的机会,成为中国球员留洋西甲第一人,也成为西甲赛场亮相的中国球员第一人。

其实,在第一次留洋的经历中,张呈栋就一直在渴望着能够有一天登陆西甲赛场。2012 的时候有几家西甲、西乙俱乐部向张呈栋伸出橄榄枝,其中包括巴列卡诺。但当时因为张呈栋所在马夫拉俱乐部并不愿意免费租借,所以张呈栋最后被租借到了德乙的布伦瑞克。没想到,3 年后,张呈栋以一种"曲线留洋"的方式终于实现了自己的西甲梦。

张呈栋做梦也没有想到,当年一心想踢西甲却被挡在门外,本以为很难再有机会圆梦。不料,回国两年后反而又有了机会。不知道是不是曾经的执着追逐感动了命运,兜兜转转给了张呈栋这样的机会。事实上,当时相中张呈栋的巴列卡

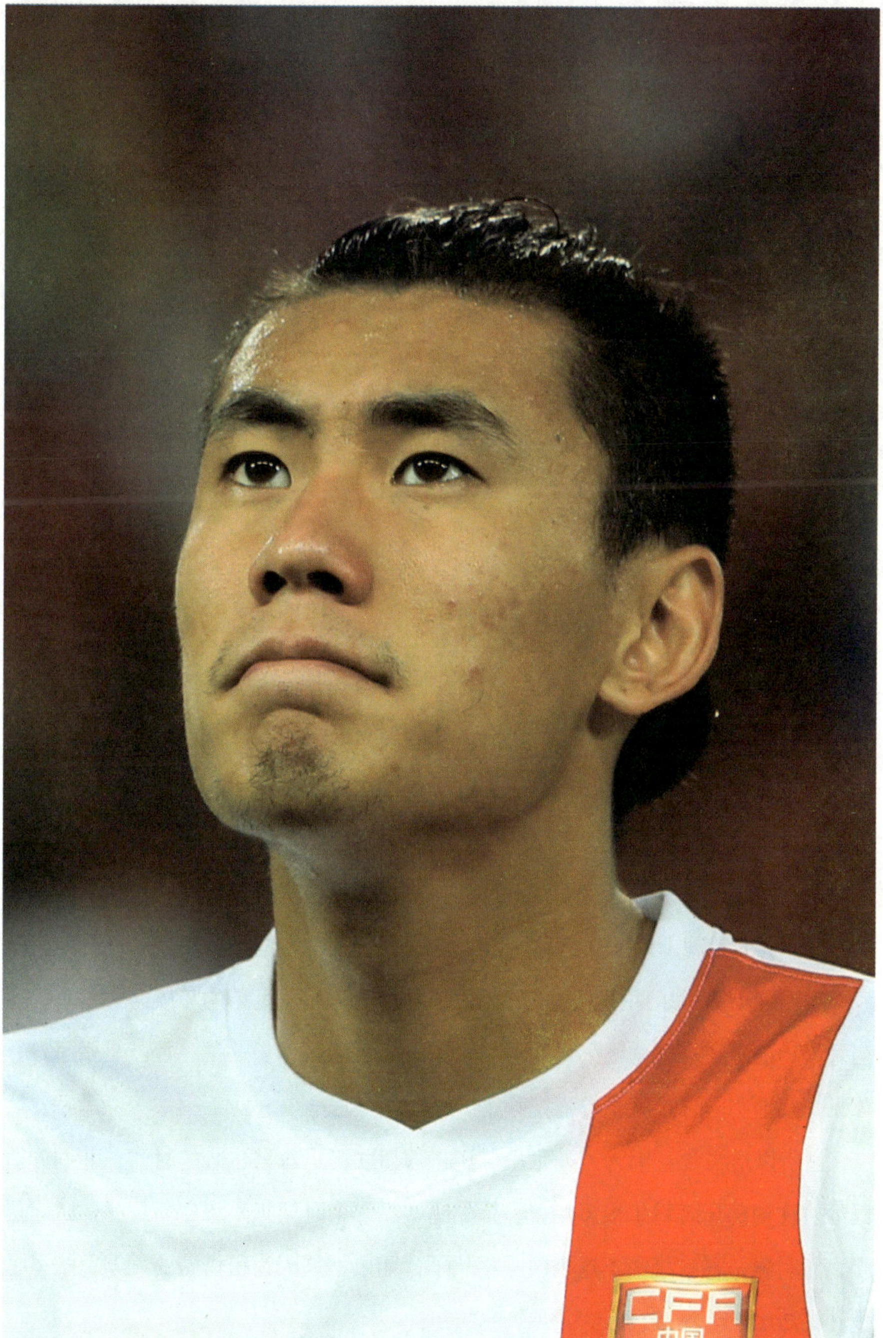
CFA
中国

诺也没有彻底忘记这个中国小伙子。所以，当有中国企业愿意出钱赞助一名中国球员前往西甲的时候，巴列卡诺毫不犹豫地选择了张呈栋。

2014 年的年底，一家名为钱宝集团的中国企业准备进军西班牙足球市场，并由一叫胡里奥的外国人从中牵线，开始与几支西甲球队进行谈判，准备以赞助的形式推荐一名中国球员加盟西甲的球队，前提是一名可以有能力在西甲打上比赛的球员。

胡里奥这个名字，可能很多人都不记得了，但说到 2001 年的十强赛，米卢时期的老国脚们都会记得他，当年米卢执教中国队的时候，胡里奥就是米卢身边的唯一外籍助手，不过当时胡里奥在中国国家队里面并没有任何官方身份，很多老国脚甚至开玩笑地称是老米的"小跟班"。

"小跟班"一直没有中断与中国足球的联系，2014 年的时候，胡里奥甚至成为了中甲联赛广东日之泉队的主教练，上任时米卢还特意来到中国给当年的"小跟班"站台助威。可惜，因为成绩不佳，胡里奥仅仅执教 6 轮就黯然下课了。

下课后，胡里奥仍然与一些中国企业保持着密切的合作。2014 年下半年，钱宝集团成为西甲联赛两家俱乐部巴列卡诺、皇家社会的赞助商，随后胡里奥便开始帮助这两家西甲俱乐部寻找有能力进军西甲赛场上的中国球员。

一份当时中国国家队的球员名单交到了两家俱乐部的体育总监手中。对于中国球员并不了解的皇家社会俱乐部提出，需要通过选拔或试训才能确定引进哪名中国球员，而巴列卡诺则在这份名单上找到了一个他们非常熟悉的名字：张呈栋。

当巴列卡诺俱乐部技术总监菲利佩拿到这份中国队名单的时候，非常直截了当地告诉胡里奥：如果巴列卡诺可能会引进一名中国球员的话，那就是张呈栋，如果是其他中国球员就不要再推荐了。

之所以这样说，因为当初张呈栋还在葡超联赛贝拉马尔队的时候，菲利佩就已经前往葡萄牙观看了很多场张呈栋的比赛，那个时候张呈栋在贝拉马尔队踢后腰，菲利佩一眼就相中了这个中国小伙子，如果不是因为租借费的问题，张呈栋也许在 2012 年就已经登陆西甲。

很多事情，不得不说要讲究缘分。当 2012 年张呈栋错过巴列卡诺的时候，怎么也不会想到，三年后，自己终究还是成为这家俱乐部的一员。缘分，有时候真的妙不可言。

2014年下半年，胡里奥找到张呈栋，讲述了钱宝与巴列卡诺因为合作的原因推荐一名中国球员前往西甲时，胡里奥特别向张呈栋强调说明：这一次并不是中国企业选的你，是巴列卡诺选的你。

此外，在巴列卡诺和皇家社会这两家俱乐部做出的中国球员分析报告中，中国球员只有张呈栋、张琳芃具备了前往西甲赛场竞争的能力。这种竞争绝不仅仅是去踢5分钟或者10分钟的比赛，而是去竞争一个踢满90分钟的主力位置。

他开始活动心思了，胡里奥的一番话，也重新燃起了张呈栋内心深处的那一簇留洋火种。张呈栋说，如果仅仅是中国企业因为掏了赞助费选择他，他不会同意这笔"交易"。但高兴的是巴列卡诺俱乐部选中了他，所以张呈栋决定去试一试。

不过，当时因为2014年年底的时候，张呈栋正在跟随中国国家队备战亚洲杯，所以张呈栋希望能够把全部注意力集中在国家队的比赛中，加之当时国安队刚刚在欧洲冬季转会时放走了张稀哲，所以张呈栋并没有选择在那个时候向国安提出转会的想法。

尽管如此，巴列卡诺准备引进一名中国国脚的消息还是在2015年亚洲杯比赛期间传了出来。在最初媒体的报道中，还没有提及张呈栋的名字。只是提到这是一名曾经有过欧洲留洋经历的现役国家队球员，而在当时国家队的球员中，只有郑智、蒿俊闵、于海、张呈栋四名球员符合这个标准。于是，经过逐一排除后，目标很快就锁定在了张呈栋身上。

那时候，张呈栋在被媒体问到关于留洋西甲的问题时，都只能用一句"八字还没有一撇"来回答。的确，张呈栋很清楚，刚刚放走张稀哲的国安俱乐部很难再把他放走。

坚定想法走出去

由于随同国家队参加亚洲杯比赛，加上没有向国安队俱乐部提出再次留洋的要求，所以即使是媒体已经提前曝光了张呈栋被西甲巴列卡诺俱乐部相中的消息，张呈栋还是一直对外守口如瓶。

参加完亚洲杯的比赛后，张呈栋在国内短暂休息后，飞往了西班牙与正在那里进行冬训的北京国安队会合。在西班牙，国安队的助理教练何塞见到张呈栋立刻开玩笑，问张呈栋是来找国安的，还是来找巴列卡诺的。

何塞告诉张呈栋，西班牙当地的报纸都已经报道了巴列卡诺准备引进一名中国国脚的消息，还说这名中国国脚曾经有过在葡萄牙留洋的经历。这也是巴列卡诺技术总监菲利佩向俱乐部强力推荐张呈栋的主要原因，因为2012年张呈栋在葡超贝拉马尔队效力时，就已经引起了菲利佩的注意。

一直以来，张呈栋都在为2012年错过巴列卡诺的那次机会感到遗憾。的确，如果按照当时张呈栋在葡超联赛踢球的状态与节奏，如果能够从贝拉马尔队直接前往巴列卡诺，可能就是无缝对接，那样的话张呈栋在西甲赛场上可能就是另外一种经历了。可惜，阴差阳错。不仅让张呈栋前往巴列卡诺的时间推迟了三年，也让巴列卡诺那个挑剔的主教练对张呈栋有了很难改变的偏见。这或许就是在对的时间，遇到了错的人。

西甲联赛一直是张呈栋的梦想，当时在葡超就梦想去西班牙踢球。张呈栋认为，如果当年有中国企业能够出这笔赞助费的话，那个时候他在西甲获得的上场时间肯定会比 2015 年的时候要多得多。毕竟 2012 年那会他有年龄优势，而且也适应欧洲足球的节奏，毕竟之前一直在踢葡超，节奏、打法上都很相似。而回到国内，中超联赛的节奏毕竟还是有点慢，想保持欧洲足球的那种感觉实在是太难了，虽然张呈栋一直喜欢高强度、快节奏的比赛。可终归是中超联赛的环境和欧洲足球比赛的环境是完全不同的。

其实在决定二次留洋前，张呈栋曾经有过这样的顾虑，担心自己重新回到欧洲、特别是前往西甲可能无法适应那里的比赛节奏。于是，张呈栋特意与当时国安队主教练曼萨诺有过一次深入的长谈，张呈栋希望曾经在西甲执教多年的曼萨诺能够给自己一些建议，是选择前往西班牙踢西甲，还是继续留在中超联赛里。

就在他犹豫不决、左右不定、不知如何选择的时候，曼萨诺给张呈栋做出了客观的分析及判断。张呈栋觉得自己很幸运，曼萨诺的建议对于他来说很重要。其间，何塞也同样给了张呈栋积极的建议。何塞在离开国安队后，回到西班牙担任了西甲格拉纳达俱乐部主教练。这两位堪称资深的西班牙教头都告诉张呈栋，他可以在西甲中下游的俱乐部竞争一个上场名额。这大大坚定了张呈栋再次留洋的信心。

曼萨诺还告诉张呈栋，目前在中国球员里面，如果想去欧洲联赛拼一下，只有两个球员的身体素质能够适应西甲联赛那种高对抗强度，可以去欧洲拼一下。一个是他，张呈栋，另一个是恒大队 5 号张琳芃。

特别让张呈栋感动的是，曼萨诺特别将他与张琳芃进行了一番比较。虽然在国安队中因为最初缺少右后卫，张呈栋也曾经多次出现在这个位置上，但曼萨诺依然很确定地告诉张呈栋，他的能力更应当是向前，边前卫、边锋的位置比较适合他，右后卫并不是最佳位置。曼萨诺还特别指明了他的擅长，告诉张呈栋如果走出去，不要继续留在后卫的位置。

正所谓世事难料，到了巴列卡诺后，主教练赫梅斯最终还是将张呈栋定格在边后卫的位置上，而且第一次出场还是以左后卫的身份亮相，而这不是张呈栋擅长的位置。

感谢国安放行去留洋

在力所能及的情况下，尽可能让自己活得精彩一些。哪怕比别人付出的多一些，也值得。虽然不知道远方的路是平坦还是坎坷，张呈栋毅然选择了奔向远方。在有了中国企业的支持、巴列卡诺俱乐部邀请和同意加盟，张呈栋还有一关，是北京国安俱乐部的放行。

身为一名球员，都有想去欧洲联赛闯荡一番的梦想，但是能有这样机会的人少之又少。首先，能够拥有去欧洲联赛竞争的机会本身就是一个非常高的门槛，在中国足球最好的年代，即使是打入 2002 年世界杯的时候，中国球员能够前往英超也是需要靠中国企业的赞助。

其次，过去中国球员走出国门，前往欧洲留洋，除了实现自己的梦想之外，还有一个比较关键的因素就是：欧洲联赛的收入与待遇在那个年代要好于国内，至少在 2010 年以前是这个样子。

但是，情况在最近几年发生了变化。首先是中国球员很难再进入欧洲俱乐部的法眼，如果说过去还有杨晨、孙继海、李铁、郑智、邵佳一这些算得上成功的留洋例子。但是随着这些老国脚们的陆续回国，中国便再难有球员被国外俱乐部相中。

当然，不被国外俱乐部相中是一方面，被相中了，中国俱乐部能不能放行是

另一方面。张琳芃、武磊、张稀哲、张呈栋这些国脚还是被一些欧洲俱乐部所相中，但国内这些球员所效力的俱乐部因为考虑到成绩、转会条件等诸多因素，不是所有的俱乐部能在第一时间能够放行自己的球员到国外俱乐部踢球，尤其是以租借的形式，而这无疑是中国球员出国踢球一道很难逾越的障碍。因为，国内球员的身价已经被土豪们炒成了天文数字，几家志在夺冠的俱乐部都争相垄断国脚，甚至许下比出国留洋还要高出几倍的工资。这种情况下，一些球员也只能断了留洋的念头。

幸运的是，张呈栋当初在回国的时候选择了北京国安，是一家相对很开明的俱乐部。从 2014 年年底，到 2015 年夏天，北京国安俱乐部先后放走了队中的两大王牌——张稀哲与张呈栋。国安俱乐部名誉董事长罗宁说：我们不能阻止孩子们去追逐自己的梦想，为了中国足球的未来，国安愿意支持他们去留洋闯一闯。

2013 年张呈栋刚刚返回中超，加盟北京国安的时候，就向国安俱乐部表达了自己的一个想法，如果将来有机会，他还是希望在 27 岁前再出去看一看。当时就得到了名誉董事长罗宁的支持。罗宁对张呈栋说，如果将来有留洋的机会，而他还是想出去，俱乐部一定不会阻拦。

天遂人愿，张呈栋果然在 27 岁前再次得到了这样的机会，得到一个去更高平台历练的机会。正如张呈栋所言，这是他从小的梦想，因为这个梦想他才一步步踏上踢足球的路，一步步走向成功，一步步迈向他人生的巅峰。

再一次选择留洋，很多人都不约而同地问了同一个问题，他们不理解张呈栋为什么放着一个国安不待非要出去，不理解为什么不留在国内捧着这个聚宝盆不放。张呈栋知道大家都是关心他才这么问，但他还是想出去闯一闯，为自己的梦想闯一闯，这样才对得起自己的青春。所谓不枉费青春大概就是张呈栋这样吧，放弃稳定的俱乐部、放弃高额的收入，去追求自己人生的价值。高收入固然好，但能站在梦想的舞台上起舞更好。无论过去，无论现在，张呈栋都不后悔自己的选择。哪怕去国外踢球挣得比国内少，也要搏一搏，也要出去看一看。如果西甲联赛是一座从未登过的山，更要爬上去看看那里的景色到底有多好。

所以，张呈栋在二次留洋前从未想过自己待遇多少的问题。相反，他最担心的是自己中途离开，会不会给国安队的战绩造成影响。2015年的中超联赛上半程，国安在双线作战的情况下一直占据着中超积分榜首位，这一年对于国安来说，一度有着非常好的夺冠形势。

正常情况下，俱乐部正在用人之际，国安会选择挽留张呈栋踢完下半个赛季再走，但最终国安还是决定让张呈栋在夏季转会的时候前往巴列卡诺。因为国安俱乐部也很清楚，夏季转会前往欧洲，可以让张呈栋跟巴列卡诺有一个完整的赛季前备战，这样也会有利于张呈栋在巴列卡诺可以竞争更多的出场机会。否则的话，像张稀哲在2014年冬季转会的时候加盟狼堡，缺少磨合的张稀哲自然很难搏得出场机会。

国安在最需要人手的时候，还能够以球员的立场出发，为张呈栋留洋之路大开绿灯，张呈栋自是心存感激。于是，原本还剩一年合同的张呈栋选择了与国安俱乐部续约两年，这样即使在租借期满后，张呈栋还是属于国安俱乐部的一员，对于国安来说这也是一个不错的选择，如果张呈栋的二次留洋能够有一个美好的未来，可以让巴列卡诺租借更长的时间或者干脆转会。如果一旦打得不好，一年后结束租借，张呈栋还可以再次回到国安。

就这样，张呈栋非常顺利地办理了转会手续。2015年的这个夏天，张呈栋迎来了人生的第二次留洋。但在即将前往西班牙巴列卡诺队前，张呈栋还是推迟了自己的原定行程，因为刚好国安队在主场与夺冠对手上海上港队有一场比赛，而赛前国安受到伤病和停赛的严重影响，在国安缺兵少将的情况下，跟腱有伤且没有完全恢复的张呈栋决定帮助国安队打完这场比赛再走。

当时国安的情况很不乐观，与上港比赛前，后防线上两名大将周挺和赵和靖都因为停赛无法出战，国安队后防线几乎已经无人可用。而张呈栋因为在国家队比赛时跟腱受伤，已经一个月没有系统训练。紧要关头下，张呈栋在身体刚刚恢复不久，就主动请缨，希望能够帮助国安打完这场比赛再走。

其实那个时候，国安已经同意放行张呈栋去巴列卡诺，如果因为这场比赛意外受伤，张呈栋的留洋之路就可能提前终止。张呈栋当然清楚一旦受伤对自己意味着什么，但由于本场比赛着实重要，国安又急需用人，张呈栋毅然决定：必须要帮国安打完这场比赛。如果真的受伤了，那就认了，说明老天爷不让自己走。

幸运的是，张呈栋在这场比赛中打满全场，虽然比赛的拼抢非常激烈，但张呈栋并没有受伤。遗憾的是，在张呈栋的这场告别战中，国安没能取得胜利，最终与对手战成了０∶０的平局。比赛结束后，张呈栋在接受记者采访的时候说，他就是希望能够为国安站好最后一班岗，有多大能量发挥多大能量。当时也是感动了很多现场的记者和电视机前的球迷们。

相信很多北京球迷都记得，那场比赛中，工体现场近５万名球迷最后集体起立为张呈栋欢呼，大家都知道，张呈栋要暂时离开北京国安了。

离开北京国安的前几天，张呈栋参加了全队的最后一次训练。训练结束后，所有球员们在场地中央围成了一个圈，主教练曼萨诺带领大家一起为张呈栋送上离别的祝福。张呈栋的眼里顿时盈满了泪水，队友们一声声至真至爱的祝福，自己内心的不舍，还有这两年间大家如同兄弟般的感情，无不让张呈栋心潮起伏，一时间，一种难以抑制的暖流在张呈栋的身体流动……大家手手相连，传递的是彼此间的真诚，是心与心的相通。

虽然来到国安只有两年的时间，但这里却给了张呈栋家一样的感觉，这里和其他的地方不一样。辽宁队是他迈进职业足球大门的第一步，载满了他少年时的记忆，但当他已准备好和战友们一起战斗的时候，却被一纸无奈的合同逼离了那个他曾热爱的团队；后来，留洋欧洲，四年四个赛季四个俱乐部，张呈栋更像是大海里的一叶小舟漂浮不定，尽管很努力地划桨，却终没有一种归属感；直至回到北京国安，张呈栋终于有了一种回家的感觉，如同找到了避风的港湾，再也不用四处飘摇了。这里球员间相互没有排挤，有的是相互的包容和鼓励。更有那些国内最真、最好、最执着的、胜也爱你败也爱你的京城球迷们。所以，张呈栋是真的很舍不得北京国安，但为了梦想他也只能暂作别离，他会再回来的。

第一次穿上西甲球衣

告别了国安，离开了生活了两年的北京城。张呈栋去了南京，因为他即将加盟的新东家在那等着他。其实，南京也是当时江苏舜天队的主场城市。之所以张呈栋会来到南京这座城市，是因为巴列卡诺与皇家社会这两支西甲球队要在南京进行一场西甲季前赛。而这两家俱乐部的赞助商正是钱宝集团，钱宝选择了南京作为本场比赛的举办城市。

2015 年 7 月 28 日，巴列卡诺俱乐部在南京召开新闻发布会，张呈栋身披新球队战袍 16 号球衣，首次以巴列卡诺球员的身份亮相。虽然发布会在南京召开，却有全国的数百家新闻媒体悉数来到现场，其中包括中央电视台、新华社、人民日报以及中国所有门户网站和主流媒体，这场原本是两支球队的战前发布会，却被张呈栋抢尽风头，成为现场焦点。这也让巴列卡诺俱乐部第一次感受到了这个中国小伙子在中国媒体中的受重视程度。

16 号球衣，这是张呈栋为自己在巴列卡诺选择的新号码。但是张呈栋并没有参加这场在南京的比赛，虽然按照中国媒体的设想，如果张呈栋能够在这场西甲季前赛中出场，也许更具有值得炒作的噱头，不过，巴列卡诺俱乐部有着非常严谨的想法。因为按照俱乐部引进球员的规定，张呈栋必须前往西班牙接受严格的身体检查，也只有体检后才能正式签订工作合同。所以为了避免张呈栋在这场比赛中意外受伤，巴列卡诺俱乐部出于保护这名新外援的目的，没有让张呈栋参加第二天与皇家社会的比赛。

发布会上，穿上了巴列卡诺球衣的张呈栋说，希望他能成为西甲赛场上的一道"中国闪电"，这让巴列卡诺俱乐部主席劳尔·马丁倍加赞赏。其实，巴列卡诺队的全名是拉约·巴列卡诺，而拉约在西班牙语里是闪电的意思，这也是巴列卡诺队的队服胸口有一道闪电标志的原因。张呈栋希望不久的将来，也能在西甲赛场上争得一席之地，为能够成为西甲赛场上的一道"中国闪电"拼搏、努力。

对于张呈栋的加盟，俱乐部主席劳尔·马丁也非常地认可，甚至在发布会上反复强调张呈栋的能力，他说，张呈栋是巴列卡诺俱乐部很早就关注的球员，这次引援巴列卡诺看重的是张呈栋的能力，三年前他在葡萄牙超级联赛踢球时，俱乐部的技术总监就一直关注他。而且最重要的是，他的语言不存在问题，可以与球队进行交流，这能让他更好地去适应新环境。

或许是由于张呈栋的乳名"嘟嘟"读起来朗朗上口，也或许因为"嘟嘟"这个名字比较适合老外的发音、叫起来不那么拗口，总之在张呈栋第一次与球队会合见面后，大家就都能喊出他的名字，还说嘟嘟这名字很 nice、很 fashion。队长特拉索拉斯非常热情地拥抱了张呈栋，又给张呈栋简单介绍了球队近期的一些情况，说欢迎他这名中国球员的到来。主帅帕克·赫梅斯并不热情，在与张呈栋打过招呼后，给了张呈栋一个还算积极的忠告，他说，来西甲踢球，即使是训练也要付出 100% 的努力。张呈栋明白，凭借他两年前踢葡超的经验他知道欧洲足球的竞争有多激烈。训练也要付出 100% 的努力，这也正是张呈栋要做的，即使一开始没有得到出场的机会，对自己也是有益的。做好足够的准备，等待时机。张呈栋相信：虽说付出了十分的努力不一定就能得到十分的回报，但总是对自己有帮助的。

有这样热情的队友们张呈栋也自是欣慰，而他能够与队友们很好的沟通、交流，也缘于在葡萄牙的三年的足球生活，因为葡语与西语在很多地方相似，所以这次再留洋派上了用场。

初识巴列卡诺主教练赫梅斯

张呈栋刚刚加盟巴列卡诺队时，主教练帕克·赫梅斯已经在西甲联赛中颇有名气。巴列卡诺这支弱旅在西甲被称为"小巴萨"。能够有这样的绰号，足可见赫梅斯对这支球队的调教颇有一番心得，赫梅斯同时也是一位非常有个性的教练。

其实在张呈栋还没有来到巴列卡诺之前，从没见过张呈栋踢球的赫梅斯从心里就一直抵触俱乐部的这个安排，这位个性主帅在后来更是毫无顾忌地对俱乐部表达了自己的不满，甚至对外直言：张呈栋是俱乐部强加给自己的球员。

在张呈栋见到这名"挑剔"主帅前，就已经知道了赫梅斯在西甲的经历。他是一个被很多人称为"疯子"的主教练。因为，在执教巴列卡诺的时候，作为技术足球和攻势足球的忠实拥趸，赫梅斯执意要求自己的球队坚持控制球的打法。

在执教巴列卡诺时，赫梅斯也彻底把这种打法贯彻到球队里，他的理念是：凭什么巴列卡诺就不能像一家大俱乐部一样踢球呢？在大家的思维里，好像小球队一要踢防守反击，但巴列卡诺偏偏不这样！这也是赫梅斯在执教巴列卡诺时展现给外界的战术理念。

事实上，赫梅斯的战术打法也的确通过比赛得到印证，于是，"小巴萨"或者说"山寨巴萨"终于在一次与正版巴萨的较量中放了一个卫星。2013——2014赛季，巴列卡诺主场 0 ∶ 4 被巴萨血洗，以两支球队的实力对比，这是一个非常正常的结果，而且从赫梅斯 2012 年起执教巴列卡诺，4 个赛季跟巴萨打了 8 场，战绩是 8 连败。可是，就在那场 0：4 的惨败中，遇到山寨巴萨的正牌巴萨打得过于轻松，让巴列卡诺在比赛多次抢断成功、并获得了控球权，结果赛后技术统计出来后，震惊了所有人：巴列卡诺的控球率，居然比巴萨还高。这可还了得，于是人们查了历史数据，竟然是宇宙球队巴萨在 5 年内第一次在比赛中"输"掉控球率。

要知道，巴萨这支球队在与巴列卡诺 4：0 的那场比赛前，不管面对哪个对手，即使无法赢得比赛，或是负于对手，控球率占优也都占优，但没想到，这一次竟然在控球率的数据上让西甲保级球队巴列卡诺给压倒了。于是，赫梅斯一战成名。

2014 年巴西世界杯后，西班牙国家队换帅之前，著名的《阿斯报》做了一项民意调查，希望了解在西班牙球迷心目中理想的国家队主帅是谁。结果，帕克·赫梅斯支持率高达 52%，足以可见赫梅斯的传控打法深得西班牙球迷喜爱。

在张呈栋前往巴列卡诺前，作为赫梅斯曾经的同行，当时的国安主帅曼萨诺特意告诉张呈栋不要有太大的压力。还说，赫梅斯是一个非常严格、非常公正的教练，只要张呈栋在训练中表现好，展现出水平和竞技状态，就一定能得到上场机会。并说他会写一封信给赫梅斯，向赫梅斯介绍张呈栋的特点。

没有人知道曼萨诺是不是给赫梅斯写了这封推荐信，或者说在推荐信里如何介绍的张呈栋。但是在南京，当张呈栋第一次见到赫梅斯的时候，就能够感觉到赫梅斯在得知自己场上的位置后，立刻在情绪上出现的明显变化。

因为，巴列卡诺在决定引进张呈栋前，俱乐部技术总监菲利佩告诉赫梅斯：张呈栋是一个非常不错的后腰。

没错，菲利佩确实说的是后腰。因为当初菲利佩在葡超观看张呈栋比赛时，张呈栋在葡超贝拉马尔俱乐部打的就是后腰，而且表现相当出色。不过，菲利佩并不知道，张呈栋回到中超联赛后，在北京国安队的两个赛季打的并不是后腰。因此，当赫梅斯在南京见到张呈栋，问到张呈栋最近一段比赛打的什么位置时，张呈栋如实地告诉了赫梅斯，上一场比赛在国安打的是右边后卫，平时在国安队主要打边前卫、边后卫。

怎么是边前卫和边后卫，并不是俱乐部技术总监所说的后腰。赫梅斯的火气腾地一下就点燃了一般，那个时候菲利佩并没有随队前往南京，如果在的话，也许两人当时就可能因为张呈栋的位置问题吵起来。无处发火的赫梅斯也索性直截了当告诉张呈栋：球队里面边后卫、边前卫目前都已经有球员在打，现在不需要这两个位置的球员。

赫梅斯之所以见了张呈栋第一面就发邪火，其实还有另外一番原因。因为在带队来到南京前，赫梅斯就已经憋了一肚子的气。按照他的计划，是不准备飞到遥远的中国来参加这场季前赛。在这位个性主教练看来，这场比赛如果要打，完全可以在西班牙打。7 月底的南京非常热，为了打这场比赛，要花费球队前后将近一周的时间，显然这对球队并没有什么好处。

更关键的是，结束了这场在中国的比赛后，又有一件事惹火了赫梅斯。同样都是返回西班牙，皇家社会俱乐部的所有球员乘坐的飞机都是商务舱，巴列卡诺俱乐部有一半的球员要坐经济舱。回程途中，赫梅斯甚至把自己的商务舱让给球员。在飞机到达马德里之后，赫梅斯立刻宣布：这次中国行太累了，全队放假三天！

从一开始就被逼到墙角

从中国回到西班牙，见到了熟悉的西班牙媒体，个性十足的赫梅斯终于把胸中压抑了许久的怒火都释放出来。赫梅斯首先对这次中国行的比赛安排非常不满意，认为浪费了球队将近一周的备战时间。其次，是针对张呈栋发表了一番极不负责的言辞。

"我听到这名中国球员（张呈栋）加盟的消息后，犹如背后挨了一枪，这完全是由赞助商强塞给我的，他们根本不尊重我，这也许是我执教巴列卡诺后，他们最糟糕的决定。"就是样一番话，让张呈栋甚至在还没有与球队开始合练时，就已经被逼到了墙角处。

现代网络的发达，让张呈栋在第一时间就知道赫梅斯发飙这件事情。此时的张呈栋刚刚接受完俱乐部安排的体检，见到了决定引进他的俱乐部技术总监菲利佩。提到主教练的言论，菲利佩告诉张呈栋：赫梅斯不是针对他，而是针对俱乐部，要张呈栋不要受到任何影响。与此同时，远在北京的国安俱乐部的助理教练何塞也在网络上告诉张呈栋：不要理会这个疯子，这样的教练如果是在其他俱乐部，早就被老板炒掉了。

于是，接下来便是俱乐部与赫梅斯的一番口水仗。对于赫梅斯的言论，菲利佩最先给予回击："我知道赫梅斯是个怎样的人，但我不喜欢他对张呈栋的评价。

他是个伟大的教练，他一直很信任俱乐部，他很少介入转会中。但我们近年来签下了几十名球员，其中有那么很少的几个人让他感到不满意，这也很正常。我和赫梅斯的关系很好，我不喜欢他的某些做法，但这就是他的风格。不过，如果他说谎的话，他和我都会心知肚明。因为我两年前就曾经告诉过他，我们要引进一个中国球员，就是今天来到我们球队中的这名球员。当时我是在私下场合告诉他的，并没有公开，如果他说这是赞助商强塞过来的球员，我不知道是他，还是记者说的谎。"

菲利佩一直对外界强调，他很了解这名球员（张呈栋），他观察了这名球员在葡萄牙的三个赛季比赛，是他对赞助商说他想要这名球员。随后赞助商竭尽全力把他争取到球队中来。

不过，菲利佩最后还是表达了一丝担忧，虽然他（张呈栋）现在已经是巴列卡诺的一分子，但是，至于有没有上场机会，决定权不在他的手上，是在赫梅斯手上，教练组的决定是不容其他人干预的。

一番唇枪舌剑后，赫梅斯不得不在口头上进行了解释。这位球队主帅在接受采访时改变了从前的说法："我想他们之前一定是理解错我的意思。我并没说不知道要签下这个中国球员，这件事情是世人皆知的，我作为主帅怎么可能不知道。我想表达的是，赞助商居然直接插手俱乐部的竞技事务。"

至于已经来到巴列卡诺的张呈栋，赫梅斯也再次解释："自己之所以发表那样的言论，绝非针对张呈栋个人，自己只是就事论事而已。张呈栋是个不错的球员，我已经与他有过沟通，他告诉我他主要擅长在右边路活动。"

所有的误会看上去烟消云散了。8月5日，在与俱乐部签约后不到一周的时间内，张呈栋就完成了他在巴列卡诺的首秀。在一场与雷加利斯体育会的热身赛中，张呈栋下半时替补出场。虽然是第一次代表球队出场，张呈栋场上的表现却赢得了队友的喝彩，张呈栋证明了自己绝不是赞助商塞来的"饮水机管理员"。随后赫梅斯在接受采访时说，他对张呈栋的积极态度表示满意。他是一个很好的球员，训练十分刻苦。只要他努力，就可以得到出场的机会。

经历了初来西甲球队的一番风波，张呈栋认为，一切的困难，或者说人家对中国球员的不重视，主要还是对中国足球的一种偏见，或者说是对中国职业联赛水平的不认可。因为在很多人欧洲的第一感觉里，认为中国人不会踢球。张呈栋说，当初如果不是因为自己在葡超踢球的话，巴列卡诺的技术总监也不会挑选到他，因为人家不会大老远跑到中国观看中超比赛，而在欧洲，从西班牙到葡萄牙就非常方便。所以，张呈栋知道在西甲的开头会很困难，不过，他已经做好足够的思想准备。

遇上一个记仇的主教练

但是,张呈栋没有想到,那一次热身赛之后,再次等到正式比赛却是四个月后。

对于中国足球、中国球员可能会遇到的一些偏见,张呈栋有着相应的准备。但张呈栋却没有想到,因为赫梅斯与俱乐部的"口水仗",虽然自己一直玩了命地训练,但却还是没有迎来出场机会,直到慢慢发现了一些细节,还有队友讲述的事情。张呈栋下意识地感觉到:自己可能遇上了一个记仇的主教练。

过去的赫梅斯或许是一个公正的教练,曼萨诺在去中国前对这位巴列卡诺教头曾经用"严格与公正"来评价。但实际上,在张呈栋转会巴列卡诺之前,赫梅斯本人也经历了一次"沉重打击"。

2015赛季开始之前,赫梅斯一度认为自己可以去更大的俱乐部出任主教练,因为前面三个赛季在巴列卡诺的执教,让西班牙球迷非常认可这位崇尚进攻、讲究控制球打法的个性教练。有消息称,赫梅斯可能会去塞维利亚任教,不过种种原因让赫梅斯失去了这个去大俱乐部证明自己的机会。

遭遇打击的赫梅斯开始变得情绪暴躁。张呈栋来到球队后发现,赫梅斯与队中的球员会经常闹一些矛盾,在更衣室、在训练场,这位主教练动不动就会因为一些小事大发脾气。

应该说,相比于欧美非,亚洲球员更多的是选择服从主教练的安排,但那些来自非洲或南美的球员通常不会隐藏或掩饰自己的情绪，比赛中如果教练的做法令他们感到不满就会表现出来，球队里的一名非洲籍球员就和赫梅斯比赛中的一些细节问题发生了不同意见，两人比赛没结束就在场边大吵了起来，作为一名主帅赫梅斯更应该做的是克制情绪，理智对待球员的发挥，但赫梅斯没有。相反他和球员一样急躁，没有包容也不考虑大局。他是一名来自几内亚的外援，在比赛中不断地被赫梅斯呼来叫去地呵斥，最后被换下场。忍耐多时的非洲前锋终于忍无可忍地爆发了，在场边与赫梅斯大吵起来了。从此以后，这名前锋就再也上不了场。

性格随合的张呈栋无论在哪支球队踢球，都会很快融入球队的更衣室中，和队友们打成一片。如同过去在葡萄牙踢球时一样，巴列卡诺的球员们很快就接受了这位来自中国的新队友。

米库，当时在巴列卡诺队身披 7 号球衣的外援，一名来自委内瑞拉的国脚。在很多人眼中，米库是一名非常出色的前锋、个人能力很强。在张呈栋刚刚来球队，被赫梅斯发表一番不负责言论时，米库向张呈栋讲述了自己的经历：不用太在意主教练说的那些话。我比你早来半个赛季，也是被菲利佩找来的。可是我来了之后，赫梅斯说他想要中后卫，结果俱乐部给找了个前锋来。所以，我第一天来到球队的时候，赫梅斯几乎贴上我的鼻子直接对我说，他不想要我，要么我离开、要么我自己练，当然就算俱乐部让我跟着训，他也不会用我。

来巴列卡诺前，米库在西甲的瓦伦西亚、赫塔菲都踢过球，也打过欧联杯，个人能力非常强。但赫梅斯之所以如此对待米库，竟然是缘自一次欧冠联赛后的隔空对话。2012 赛季，米库效力于苏格兰凯尔特人队，欧冠小组赛上，凯尔特人凭借严防战术 2：1 爆冷战胜巴萨，米库在那场比赛中进了球。

让人没有想到的是，在那场比赛后，赫梅斯在接受采访点评这场比赛时说：我宁可与巴萨对攻 0：3 输了，也要打出攻势足球，不能像女人一样踢球。如果是以这种手段赢得了巴萨，脸都丢尽了。

对于赫梅斯的这番观，攻破巴萨球门的米库自然不屑：我不想理会赫梅斯的观点，我见过巴萨进他的球队 5 个球，我只知道我们赢了巴萨。

山不转水转，米库没有想到，自己在 2015 年初的时候来到了巴列卡诺。结果刚一到球队就遇到了赫梅斯的"下马威"。随后的三个月时间里，米库根本无法进入比赛大名单，只能在看台上充当看客。直到 3 个多月后，巴列卡诺陷入保级泥潭中，赫梅斯在急需用人时不得不起用米库，这名委内瑞拉前锋才算得到机会。在联赛最后四轮的比赛中，米库连续进球，帮助球队摆脱降级区。

　　赫梅斯的情绪化也同样引得巴列卡诺俱乐部非常不满。由于赫梅斯指责俱乐部找来的张呈栋根本不是打的后腰位置，俱乐部后来专门找来一名马里国脚，结果这名找来的后腰，赫梅斯同样一直不用，原因是这名队员不是他挑来的，他觉得这名马里国脚不符合他的战术要求，无奈之下，这名马里国脚不久后选择了离开。

　　当然，相比那些被打入冷宫的球员，张呈栋的处境也好不到哪去，在前三个月的时间里，即使是球队的两个右边后卫都受伤了，赫梅斯也还是不用张呈栋上场。张呈栋和其他球员开始的境遇一样，因为张呈栋不是他挑选的球员，赫梅斯不到万不得已的情况下是不会使用的。所以，张呈栋几乎很少进入比赛大名单，即使有两次入选比赛名单，但始终没有获得上场的机会。

等待是一种怎样的煎熬

对未来满怀憧憬的张呈栋虽然做好了积极面对困难的准备，但怎么也没想到，这一等就是四个月。四个月时间不长，但对于一个职业球员来讲这四个月的等待真是太过漫长了，长的几乎让张呈栋看不到前方的路，长的几乎让人们忘记了他的存在。

的确，刚到巴列卡诺的时候，张呈栋可以说是踌躇满志。他知道在一个新的环境里，需要一些时间来等待，需要一些时间来熟悉，他有过这样的经历。四年前，张呈栋经历过留洋最初阶段的寂寞，张呈栋不害怕寂寞，他怕看不到希望。寂寞可以扛过去，但看不到希望却能让一个人变得颓废。他不敢想象，他担心他的竞技状态因为的时间的流逝会变得糟糕。

曾经他相信只要自己能够保持好状态，主教练一定会给自己机会。更何况，来之前曼萨诺也曾经这样告诉过自己。但当身在其中时，一切并非如此。

从8月初来到巴列卡诺正式成为球队的一员后，张呈栋曾经盘算过自己出场的时间，当时张呈栋觉得自己也许经历一个月的磨合就会得到机会，至少可以成为球队的替补球员，但没想到，接下来的等待是如此漫长，在没有任何伤病的情况下，张呈栋一场又一场扮演看客的角色。这让张呈栋感受到了一种难耐的煎熬，一个月、两个月……连身边的朋友都没有了耐心，更别说球迷了。

巴列卡诺是一家位于西班牙首都马德里的足球俱乐部，当时在马德里的其他西甲球队还有皇马、马竞、赫塔菲，相比这些俱乐部，巴列卡诺只是一家小球会，虽然不像皇马、马竞那些豪门俱乐部财力雄厚，但这家小球会同样有着自己的社区球迷，球队的主场也能容纳1.5万千名球迷，这在欧洲已经算是不少的主场座位。初到巴列卡诺，张呈栋就能够感到这里球迷的热情和友好。尤其对球队新引进的这名中国球员，有着极其浓厚的兴趣与好奇心。

如同国内的球迷经常观看自己主队训练一样，巴列卡诺的球迷也不例外。很多球迷甚至在张呈栋到来的第一天就迫不及待地想看看中国人的球技到底怎么样。在张呈栋来到巴列卡诺的第一场教学比赛中，不少围观的球迷在下半时便开始在场边高喊："让中国人出场、让中国人出场！"

于是，张呈栋得到了替补出场的机会，张呈栋非常卖力气，球迷们也看在了眼中，这名中国球员的每一次铲球甚至都可以博来掌声。可惜，这只是教学比赛而已，随后张呈栋就陷入了漫长的等待中。时间长了，虽然张呈栋没有参加过正式比赛，但和当地的球迷已经混了个脸熟。每一次主场比赛时，张呈栋和另外一些不会被报名的队友总是雷打不动地坐在看台上，被球迷们叫作"看台小分队"。

"看台小分队"每一次在主场看球的时候，都会路过球迷区。走过球迷区的时候，热情的西班牙球迷们总会问张呈栋什么时候能上场。

什么时候能上场，张呈栋也很想知道这个问题的答案。可是，面对球迷们的一脸真诚，张呈栋也只能苦笑着摇摇头，说不知道。

一切仿佛回到了三年前在德乙联赛布伦瑞克的日子，甚至比在德国的那段时间还要煎熬。在德国还有等待的机会，而在这里，连等待的机会似乎也看不到。张呈栋很无奈，很寂寞，即使在人群繁华的街市上也依然少不了这种空虚、寂寞感。有那么一段时间，即使训练结束了，也不愿意回家，他不想一个人对着电脑跨过时空与国内的朋友在网上聊天，说训练的事、说比赛的事、说开心或不开心、说梦想或现实的落差。现在他什么都不想说，也不想听国内朋友们在网络那端的安慰，他只想一个人待着，哪怕心里的难受、寂寞如噬骨之痛。总之，他不想让朋友们陪着自己煎熬。那段时间，张呈栋总是在训练后一个人独自来到家附近的小公园里闲逛，看看花、看看草、看看树、看着被牵着的狗经过，他都一阵感慨不已。那段时间，张呈栋想了很多，关于自己，关于中国足球。他知道很多事情是没有办法的，作为一名中国球员，本身就容易被国外教练戴着有色眼镜打量，更何况在主教练赫梅斯看来，他就是因为赞助商的要求才来到巴列卡诺这个球队。所以，赫梅斯才不让他上场踢球。这种情况下他也只能继续忍耐下去，即使自己再努力，也无济于事。

苦等四个月终于得来机会

等待是一种怎样的情境，有多煎熬，只有经历过了，才知道。4个月的等待，一个足以让球员等没了竞技状态的时间，张呈栋终于迎来了他在西班牙巴列卡诺的第一场正式比赛。

2015年12月3日，西班牙国王杯赛，巴列卡诺主场对阵赫塔菲。机会就这样在张呈栋没有料到的情况下降临了。

比赛前一天的训练课，一切的训练内容看上去与平时没有什么不同，张呈栋也很熟悉每一个训练的流程。但在分组对抗的环节中，张呈栋被赫梅斯安排在了主力阵容一方，只不过位置是张呈栋并不熟悉的左后卫，原来主力左后卫被安排到了替补一方。虽然以前很少在训练中打左后卫，但在赛前能跟随主力阵容一起演练技战术，张呈栋敏感地意识到，这可能是一种信号，双线作战的原因，球队可能要轮换阵容。张呈栋内心忽然有点小欣喜，这一天等待太久，终于要来了。尽管四个月没有比赛，但张呈栋的每一堂训练课依然很努力、认真，因为他知道，只有这样才不会放过每一个机会，他时刻准备着比赛的来临。

果然，在比赛开始前，张呈栋得到了首发出场的通知，赫梅斯为张呈栋安排的是从未打过的左后卫位置。他身着16号球衣与队友们一同出现在主场观众面前，张呈栋迎来一个新的历史时刻。看台上有眼尖的球迷看到张呈栋出场时，间或有"中国人加油！""张呈栋你行！"的声音响起，好奇的西班牙球迷终于盼来了这个铁定"看台小分队"中的中国人出场了。

张呈栋成为第一位在西班牙国王杯赛中登场的中国球员，成为第一位在西甲一线队的正式比赛中出场的中国球员。这场比赛中，看台上竟然有中国籍球迷举起了国旗，让张呈栋顿感温暖，一股油然而生的民族自豪感流过全身。而当现场播报首发球员名单当念到张呈栋的名字时，看台上立刻涌起了一阵热烈的掌声和欢呼声……这场比赛让张呈栋等得太久，也让巴列卡诺的球迷们等得太久。

尽管是第一次比赛，而且打的并不是张呈栋熟悉的左后卫，但张呈栋还是成功盯防了赫塔菲队长佩德罗·莱昂，要知道这位赫塔菲的右边锋之前曾以1000万欧元的转会费加盟皇马。比赛的第66分钟，张呈栋被替换下场，现场的观众再一次为张呈栋响起了掌声和欢呼声。就这样，张呈栋完成了他在巴列卡诺俱乐部正式比赛的首秀。

最终巴列卡诺以2∶0在主场取得胜利，比赛结束后，赫梅斯非常坦率地承认了张呈栋的表现令人满意，这位巴列卡诺主帅用了一句"他让我很吃惊，他踢了一场出色的比赛"来肯定张呈栋的表现。而西班牙当地媒体更是以"中国球员的第一次亮相"报道了张呈栋的首场比赛。

迎来了自己在巴列卡诺的第一场比赛，张呈栋的心情非常兴奋，在自己的微博上，张呈栋也写下了首秀的感受：脚踝受伤，66分钟被换下来，没能踢满全场，非常遗憾！还好，第一场比赛以2∶0这个比分结束，还是能振奋人心的！不管踢什么位置，能够比赛是最重要的！享受比赛，希望能够与你们分享胜利的喜悦。

"不管踢什么位置，能够比赛是最重要的！"从这句话中能够看得出张呈栋对于比赛的渴望程度，而在这条微博最后，张呈栋连续用了三个"给力"的表情，也是对苦等了4个月后迎来第一场比赛激动心情的一种体现。

相比于自己在少年时第一次打中超、留洋葡萄牙时第一次打比赛、甚至是与里斯本竞技队上演帽子戏法的比赛相比，还是在巴列卡诺的第一次出场更让张呈栋的心情激动不已。或许不仅仅是代表巴列卡诺队出场比赛的原因，更多的是等待4个月后迎来比赛的一种激动心情。这场国王杯巴列卡诺与赫塔菲的比赛后，张呈栋从技战术方面对自己进行了总结。他说，这场比赛感觉自己发挥得并不算很出色，毕竟很长时间没有打正式比赛。不过，比赛节奏的适应和技战术的执行都没有问题，因为通过几个月的训练，他已经能够和球队形成一个整体。但缺少正式比赛的对抗，体能对他来说还是欠缺一点，所以状态只能说一般。

西甲联赛中国第一人

　　因为有了第一次国王杯的亮相，赫梅斯看到了张呈栋在实战中的表现后，在内心深处改变了对张呈栋的看法。在随后的训练中，张呈栋虽然再次回到了替补阵容一方，但在训练中可以经常听到赫梅斯喊张呈栋的名字，提醒他应当注意的事项。这都是以往训练中不曾经有过的，张呈栋知道，自己的下一场比赛也许不会太远了。

　　果然，两周后，还是在国王杯与赫塔菲的第二回合比赛中，张呈栋再次得到了首发出场的机会，位置依旧是左后卫。能够在这个并不擅长的位置上连续首发，可以看得出张呈栋付出的努力，而这份努力也让张呈栋收获了回报。

　　在张呈栋的第二场正式比赛中，他在第83分钟被替换下场，这已经是接近全场的时间。赛后，张呈栋专门总结了自己的第二场比赛，没有回避自己在比赛中的失误，张呈栋反思道：只有在这种高水平的比赛中，才可以看到自己的不足，才能去更好地提高和适应比赛的节奏和强度。当然，很重要的一点是，在很久没有参加正式比赛后，张呈栋在这场比赛中体能明显比上一场要好多了。

　　连续两场国王杯比赛的首发，让张呈栋终于在不久后迎来了西甲联赛的第一场比赛。北京时间2015年的最后一天，12月31日凌晨，西甲联赛第17轮巴列卡诺在主场迎战领头羊马德里竞技。虽说这只是一场普通的西甲联赛，但对于中国球员张呈栋来说却是具有历史意义的一场比赛。在比赛进行到第81分钟时，张呈栋替补出场，这是首位中国球员在西甲联赛中登场亮相。

就这样，张呈栋再次创造了历史。这是中国球员时隔1713天后，再次出现在欧洲五大联赛的舞台上。同时，这也是张呈栋登陆西甲154天后首次在西甲联赛中亮相。

曾经的中国球员像孙继海、李铁、郑智、邵佳一等人，也都在英超、德甲的赛场上厮杀过、拼搏过，他们也都取得了不错的表现，但在西甲的赛场上始终没有中国球员的身影，直至中国球员张呈栋加盟巴列卡诺队。中国球迷渴望张呈栋的出场，盼望张呈栋能够在西甲的赛场上有骄人的表现。终于，这历史性的一天到来了；终于，在西甲的赛场上迎来了中国球员的身影。尽管这一天来得有点迟，自张呈栋转会到巴列卡诺队开始，到张呈栋登上西甲赛场足足用了5个月的时间，也让中国球迷等了5个月的时间。张呈栋终于登陆西甲赛场，也迎来了中国足球又一里程碑，标志着欧洲顶级联赛中再次出现了中国元素。

张呈栋终于获得了替补登场的机会，是在比赛进行到第81分钟的时候，是在球队出现多名伤病的情况下，张呈栋竟然出任球队的左中后卫。刚上场张呈栋就完成了一次精彩回追，马竞大范围斜传找到禁区内的哥伦比亚前锋马丁内斯，张呈栋高速回追马丁内斯，后者在张呈栋干扰下，停球失误错失打门绝佳机会。第91分钟张呈栋在禁区内飞身堵抢眼，再次封堵了这名马竞前锋近在咫尺的射门。

马丁内斯或许怎么也没有想到，自己的进攻竟然两次被这个中国后卫化解。当然，马丁内斯更没有想到的是，几个月后自己竟然离开了西甲赛场，来到了中超联赛。在那里，再次与张呈栋相遇。

比赛结束之后，英文版本的《马卡报》则特意提到了张呈栋，文章提到中国球员张呈栋上演了自己的西甲首秀，成为第一名在西甲亮相的中国球员。

西班牙通讯社埃菲社在比赛战报的最后一段，是这样描写张呈栋的西甲首秀的：比赛最后阶段，巴列卡诺主帅帕科·赫梅斯让防守球员张呈栋上演了西甲首秀，这是中国球员第一次亮相西甲赛场。当张呈栋踏入球场时，他受到了球迷的热烈鼓掌。

虽然上场时间不长，但张呈栋却在有限的时间里用他的实力证明了自己，这次亮相也同样迎来了主队球迷的欢呼与鼓掌。张呈栋说人生有很多第一次，但让他记得住的第一次都和足球有关，比如第一次进入职业队、第一次进球、第一次踢葡超、第一次踢德甲、第一次踢中超、第一次踢西甲……或许在未来还会有许许多多的第一次，但第一次踢西甲足以让张呈栋记得住。

张呈栋说能够踢上西甲，感觉很幸福。尽管之前经历了5个月的等待，但被换上场的那一刻真的热血沸腾，有种站在足球巅峰的感觉，一个多少人梦寐以求的平台，终于站上来了。尤其比赛对手还是马德里竞技这样的顶级球队，即使付出的再多也值得了。这是对张呈栋努力的认可，证明他之前的付出没有白费。

那场比赛，面对实力远远强于巴列卡诺的马德里竞技，处于保级军团的巴列卡诺自然负于对手。比赛结束后，张呈栋在自己的微博中写了第一次踢西甲的感受：在踢三后卫的阵形中，替补踢了十分钟的左中卫！输了比赛，非常遗憾！两场杯赛，加上短短的十分钟，算是对自己这半年努力的最大回报！只有在逆境中修行，才能成为真正的强者！

天道酬勤，这或许是对张呈栋最好的总结。身为足球第三世界的中国球员，张呈栋从被主帅赫梅斯对他的冷眼不屑，到一点点被接受，张呈栋经受了太多的煎熬、苦闷，唯有一点：始终努力、不放弃。这也让张呈栋朝着成功一步步迈进。

而巴列卡诺一位踢了10年西甲联赛的队友这样鼓励张呈栋：如果你能够得到主教练的信任，完全可以在巴列卡诺打上主力，包括在西甲的中下游球队打上比赛都没问题，对于中国球员来说，要有足够的自信与勇气，只要能够走出来，就有机会获得成功。

表现最好的一场比赛

紧张源于对未知的恐惧。与马德里竞技比赛后，很多人都好奇他被替换上场后为什么没有紧张。张呈栋说那么快的比赛节奏根本没有时间去紧张，上了场立刻就要投入一种高强度的对抗中，脑子一直跟着比赛的节奏在动。如果说还能有时间紧张的话，那肯定不是全身心的投入，想东想西才造成了紧张。

虽然，此前的几个月张呈栋没有比赛，但训练中张呈栋的态度赫梅斯一直看在了眼里，所以才慢慢在比赛中起用了张呈栋，给了他机会，这也让张呈栋在逆境中学会了成长。当然这也与赫梅斯平时的训练有关，在此前的几个月训练中，中后卫出身的赫梅斯一直给球队灌输自己的防守理念，就是一定要有侵略性。而这正是张呈栋的踢球风格，后来在张呈栋离开巴列卡诺时，赫梅斯曾说，张呈栋的这种侵略性风格与特点是他喜欢的。还说自己手下的这名中国球员战术执行力特别强、训练态度特别认真。

当固执的赫梅斯开始改变以往的成见，张呈栋自然也迎来了更多的出场机会。2016 年 1 月 7 日，在西班牙国王杯 1/8 决赛首回合比赛中，巴列卡诺又一次迎战马德里竞技。张呈栋再次首发出场，这是继 2015 年 12 月 3 日首秀后，张呈栋在一个月的时间内第四次代表巴卡诺出场，而且在三场国王杯的比赛中全部以主力的身份首发出场。而在一周前，张呈栋刚刚完成了自己的西甲首秀，当时对手也正是联赛"领头羊"马德里竞技队。所以，当两队在国王杯上再次相遇的时候，赫梅斯也再次让张呈栋在淘汰赛中首发，足以说明对张呈栋的信任。

值得一提的是，在前面三场比赛中，赫梅斯安排张呈栋打并不擅长的左后卫或者是左中卫，而在国王杯淘汰赛比赛中，张呈栋第一次回到了自己熟悉的右后卫位置。这场比赛也成为张呈栋四场比赛中表现最好的比赛。在这场比赛中，还有一个昔日的老熟人作为张呈栋的队友联袂首发，他就是2009年在葡乙联赛交过手的葡萄牙新星贝贝。当时，两人还都各为其主，后来贝贝因为在葡乙的出色表现连跳两级入选葡超，随后再次被曼联直接买走。没想到，6年后，两人竟然成为巴列卡诺的队友，并且在与马竞这场比赛中同时作为主力首发。

当比赛进行到第35分钟时，巴列卡诺在中场组织进攻，队友把足球交给张呈栋后，张呈栋快速插上到前场，得球后为队友送出一记穿透力极强的直塞球，随后张呈栋与另外一名队友同时压到对方的左路防守区域内，张呈栋与自己的队友在马竞后场形成合围之势，造成了马竞的防守一阵慌乱。

已经插到马竞禁区前沿的张呈栋在拼抢中再次得球，随后张呈栋在对方抢断前，身体失去重心的情况下将足球送向了禁区中路。正是因为之前的连续抢断，张呈栋的这次传球让马竞队员在解围中慌忙送到了巴列卡诺球员纳乔脚下，纳乔稍作调整，在禁区前沿迎球怒射，皮球应声入网，为巴列卡诺首开纪录，场上比分改写为1：0。当巴列卡诺打破僵局的时候，电视画面迅速给到了马竞主帅西蒙尼在场边非常无奈的表情，也许西蒙尼也没有想到，对手阵中这名中国球员不仅是这次进攻的发起者，也是这次进球的助攻者。

一个是保级弱旅，一个是联赛"领头羊"，巴列卡诺竟然在自己的主场领先了。而且，这粒进球就是依靠张呈栋从右路发起，并且在队友进球前，张呈栋的传球造成马竞解围失误，因此这也可以算得上张呈栋的一次间接助攻。赛后，西班牙媒体认为，张呈栋在这次进攻中起到了非常重要的作用，体现了他在右路助攻的坚决性。

在65分钟的时候，张呈栋被替换下场。可惜的是，就在张呈栋下场两分钟后，马竞就攻破了巴列卡诺的球门，最终双方以1：1握手言和。虽然没有获胜，但

张呈栋在这场比赛中的表现非常出色。在赛后的媒体评分中，张呈栋的表现也受到了好评，他的分数仅次于进球的纳乔与门将卡洛斯，而处于其他队友之前。

可以说，在一个月内的四场比赛中，张呈栋一场比一场表现好，特别是与马竞的这场国王杯比赛，是张呈栋发挥得最好的一场比赛。但是，命运似乎有意与张呈栋开个玩笑，让张呈栋比赛状态正值回升的时候因为伤病的原因，让这场与马竞的国王杯的比赛竟然成了张呈栋在巴列卡诺的最后一场比赛。

该死的伤病在最不该来的时候出现了

虽说人生不如意十之八九，但张呈栋的足球之路似乎走得并不平坦，他似乎不该走踢足球这条路，但懵懂的他却义无反顾地喜欢上了足球，哪怕家人反对也执着不悔。勇敢的追求，再次留洋，张呈栋并不顺利，西甲之旅从加盟巴列卡诺开始因受到主教练赫梅斯的成见而连续 4 个月没有正式比赛可打，当张呈栋用自己的努力表现与积极态度刚刚征服主帅赫梅斯的时候，该死的伤病在最不该来的时候出现了。

就是在国王杯与马竞队的比赛后，张呈栋意外地受伤了。经过队医检查后，从治疗到恢复，张呈栋如果想要重新回到赛场，要一个半月到两个月的时间。

这个消息对于张呈栋的打击无疑是巨大的，张呈栋盘算下，等到自己的脚伤彻底恢复，联赛就已经要接近尾声了，而那个时候自己想要再次获得出场机会肯定又要经历一段煎熬，或者更难。于是，张呈栋产生了回国的念头。

因为张呈栋与巴列卡诺签订的是租借合同，租借期为一年，如果等到 5 月份赛季结束后，巴列卡诺不与张呈栋续约的话，与其那个时候回国，反而会错过中超联赛的季前准备期。而北京国安队那个时候刚好换了新任主教练，国安俱乐部也希望张呈栋能够提前回国与球队一起磨合，去熟悉扎切罗尼的战术。

当然，还有一个原因，就是张呈栋担心自己一直打不上比赛，影响在国家队的状态。因为在前面 4 个月没有正式比赛的时候，自己无论是体能，还是竞技状态都不是最佳。10 月份国家队打卡塔尔的时候，主帅佩兰调回了张呈栋，可因为他在巴列卡诺一直没有比赛，下半场就抽筋了，不得不被换下。当时，本来佩兰想用杨旭换下于大宝，结果只能换下体能不支的张呈栋。那场比赛过后，佩兰就很少再使用张呈栋。

张呈栋也知道，对于运动员来讲只有训练是不够的，再努力认真的训练也抵不过一场比赛带来的状态更直接，一直没有比赛的张呈栋，无论是比赛状态还是体能肯定会受到很大影响。对于张呈栋来说，出国留洋是职业生涯的梦想，但代表国家队比赛也是同样是张呈栋的梦想。如果在巴列卡诺的出场机会不是很多，而影响了他的竞技状态、影响了国家队比赛的发挥，不能长足的进步，那就不如回到国内。

经过一番心里、思想的斗争后，张呈栋在 1 月下旬正式作出了回国的决定。随后，北京国安俱乐部宣布，张呈栋从巴列卡诺正式结束留洋回归，新赛季将重披国安绿色战袍征战中超联赛。

就这样，张呈栋的第二次留洋画上了句号。从 2015 年 7 月 29 日到 2016 年 1 月 29 日，刚好 6 个月的时间。

这并不是一次失败的经历

　　在一些人看来，张呈栋的第二次留洋无疑是失败的。6 个月的时间，仅打了 4 场正式比赛，而且西甲比赛只有一次亮相，还是替补出场，打了仅仅 10 分钟。比起第一次留洋欧洲 4 年，既有面对里斯本竞技的帽子戏法，又有在葡超联赛的风生水起，26 岁的张呈栋反而不如初出茅庐时表现神勇。

　　不过，张呈栋并不认为这是一次失败的经历，他反倒觉得这半年的时间里学会了很多东西。能够打比赛固然对自己的提升有莫大的帮助和促进作用，也可让自己有更好的发展空间，但即使比赛打得少也同样是对自己有帮助的。如果说 24 岁在德乙打不上比赛，那个时候更多的是想不通，不理解为什么教练不让自己踢球，消极，甚至有些钻牛角尖。但这一次不同，即使一开始教练就对自己是个中国球员有成见，甚至 4 个月一直没有打比赛的情况下，张呈栋仍然能保持一种平和的心态。他说既然来到这里，看到了、也学到了西班牙足球先进的理念，这对于一名职业球员来说，也同样是一种财富、一种积累，是非常有益的，也是很多人可遇不可求的。

　　在国内的时候，曼萨诺在训练中经常给国安队讲的一些打法要求，张呈栋说，好多地方当时并没有真正理解，因为所处的环境不一样，曼萨诺讲的东西在中国的比赛中体现不出来。比如说曼萨诺强调的传控，在国内可能看上去比较慢，但是到了西甲的比赛中便非常快。像巴列卡诺，在西甲被叫作"小巴萨"，因为巴列卡诺就是一支讲究传控的球队，他在整个西甲的控制率能够排到第三，仅在巴萨、皇马后。在巴列卡诺的训练中，赫梅斯要求必须做到传球频繁、节奏快，同时要进行高压紧逼。其中最明显的一点是要求控制球一方必须在三四秒内出球，这样坚持下来形成习惯了，如果还保证不失误的情况下，就必须提高传球准确性，同时很自然地就提高了比赛节奏。

张呈栋还特别举了个例子，在西班牙比赛的时候，从对方门将拿球开始，另一方就开始每个人对位盯防，然后进行高压紧逼，逼得对手打长传出现失误。反过来，当另一队的门将拿球的时候，在训练中就会专门演练怎么样破高压紧逼。比如两个中卫怎么拉开，把空档充分利用，两个后腰如何与边后卫互相接应。而在国内的比赛中，有时候根本做不到逼抢与反逼抢。比如说很多球队遇到稍微强一点的对手根本不逼抢，整个比赛收着踢，比赛节奏想快也快不起来。

遗憾谁都有，张呈栋说他最大的遗憾就是去西甲去得太晚了，如果在2012年的时候，就能去巴列卡诺的话，可能一切都不一样了。那个时候，自己打的是后腰，正是赫梅斯想要的位置，还有那时候相对年轻，身体也更适合欧洲联赛的对抗。应该说身体对抗一直是张呈栋的强项，但在国内打两年中超联赛后再回去欧洲，就有点不那么适应了，习惯了国内中超联赛的打法，再回到欧洲踢球反而在对抗中有一点吃亏了。

中国球员相比于欧洲足球可能更注重脚下的技术，但欧洲球员更注重身体的对抗，这让很多中国球员留洋欧洲受挫，也因此在很多球迷眼中认为中国足球和欧洲足球存在不可逾越的差距。不过，在张呈栋看来其实差距并不大。如果论个人能力，西班牙球员并不比中国球员高出很多，但他们从小就生活在那种先进的足球氛围与文化中，而且在欧洲足球文化很普遍，到处可见的足球场，有人工的、也有天然的足球场地，足球是他们生活中的一部分。而中国则不同，一座城市除却几个大型的体育场外，很少能在街面上看到有足球场地，更别说到处可以看到踢球的孩子们了。这或许就是中国足球和欧洲足球的差别，首先是普及上的差别。再者，中国球员到了欧洲首先要过语言关，否则的话在场上没有办法沟通。还有一点，中国足球过去成绩不好，让欧洲教练对中国球员存在一些偏见，包括与日本、韩国球员相比，中国球员的印象都明显排在后面。比如同样都是在欧洲联赛踢球，日本、韩国球员在训练中的表现能够达到 6 分，教练就可以安排比赛机会，但中国球员即使在训练中的表现达到 6.5 分教练都不安排比赛的机会，必须要 7.5 分，甚至 8 分才能有出场比赛的机会。张呈栋看来，还是有一些中国球员具备踢西甲比赛的能力，比如张琳芃。还有之前郑智、孙继海他们的出色表现，有目共睹，他们踢了英超联赛，说明中国球员能力并比不比欧洲球员差很多。

虽然张呈栋第二次留洋留下了遗憾，但他还是认为：中国球员如果有机会，还是应当出去闯一闯，哪怕是先去一些欧洲的小俱乐部，只要能够打上比赛就可以，千万不要一味地瞄着大俱乐部。

中国球员需要走出去，需要去欧洲这样的领域去锻炼。不是几个球员走出去，而是需要更多的中国球员走出去。眼光不要放得太高，不要非五大联赛不可，适合自己的才是最好的，一步步来，欧洲的二级联赛也同样锻炼人，只有站在欧洲的舞台上，才有机会往更高更好的平台上努力，只有站在显眼的地方才能被看见被发现，才能有机会去五大联赛踢球。比如中国能有 10 个人踢葡甲，3 个人踢葡超，再有几个人踢土超，还有像比利时、俄罗斯、乌克兰等俱乐部都能有中国球员身影，中国足球的水平肯定比现在高。张呈栋说，出国踢球要忍得住寂寞，也要有耐心，像日本的本田圭佑最早踢的就是荷兰联赛，后来去了俄罗斯联赛，中国足球和日本足球相比，中国球员缺少的是耐心，还有不能一口吃成个胖子，要踏实走好每一步。对于日本和韩国球员来说，到了五大联赛才只是个开始。但对中国球员来说，似乎到了五大联赛就算成功了。其实这也是一种差距，所以，中国球员需要走出去，只有走出去了，才能看到外面的广阔天空，才能有更高的追求和梦想。记住，足球留洋要趁早，这样才有更大的提升空间。

刻一段时光给自己

　　或许因为爱屋及乌，张呈栋对于西班牙这个国度有着特殊的情结。因为对西甲联赛的热爱和追逐，也想更多地了解西班牙的风土人情、美食、美景。也因此在西班牙的那段日子里显得格外的珍惜、在意。每每遇到不忙或是休整的时候，张呈栋都会去博物馆，或是马德里周边的小镇上走走逛逛，感受那种慢生活、感受真正西班牙的人文、风情。间或随手拍下这些画面，保存在手机里，也会把看到的点点滴滴发在微博上，想让更多的球迷分享自己的喜乐，让这些生活中的美好片段能够记录下来，刻下一段时光留给自己。

　　每一段时光都有每一段时光的故事。当然，到了西甲让张呈栋感受最深刻的还是职业足球的管理。在西班牙，不仅要适应快速的比赛节奏，连赛后放松都与国内完全不一样，有时候凌晨三点还要进行按摩治疗。这样的安排让张呈栋觉得真是有点"跟不上节奏"。在那场与马竞的国王杯比赛，晚上 10:05 的比赛，凌晨 1 点全队一起去聚餐，凌晨 3 点回到酒店，然后教练通知主力球员必须按摩治疗后才可以休息。如果在国内，肯定不会在那么晚的时间还强制按摩治疗，就算一定要按摩治疗，也不可能把主力球员的训练放在第二天的上午，至少让主力球员睡饱觉，下午放松训练。但是在西班牙，训练是不分主力球员和替补球员的，无论主力还是替补都要按时训练，没有特殊化。于是，西班牙时间的凌晨 4 点钟，

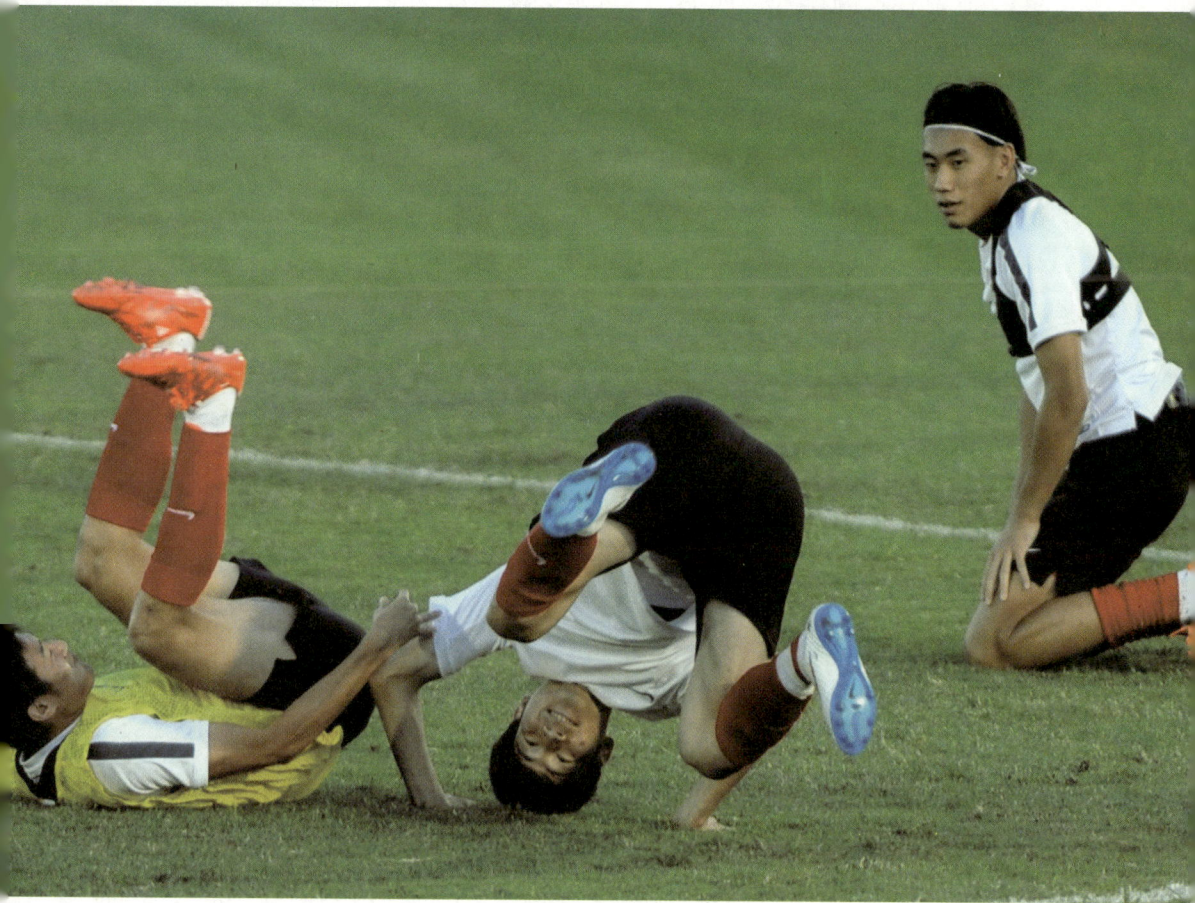

张呈栋还在排队等待按摩中……

　　没来西班牙前，听说这里的人们生活比较懒散、随性，没有很强的时间观念。来到西班牙后，发现根本没有的事。工作时间大家都认真努力，懒散是在休闲的时候。其实西班牙人同样生活严谨、纪律严明，这一点张呈栋深有体会。比如，拿一场比赛来说，从球队集结开始，一切都必须按照规定来做，训练是训练时间，用餐是用餐时间，不要以为只遵守训练时间，用餐时间是自己的，可以随意点，那就错了。如果集体用餐时间迟到同样会受到处罚，张呈栋就有过这样的一次。他是掐着时间从房间去用餐，结果因为所乘电梯要层层停下载人耽误了一点时间，距离规定到达餐厅的时间晚了一分钟，被扣罚了 500 欧元。这件小事给张呈栋的触动比较大，不是被罚款的问题，是从小事情出发看到西班牙人们一种对待工作、生活的态度。

　　欧洲足球俱乐部基本是走训制，在球队用餐的时间是少数。刚来到马德里的时候，俱乐部为张呈栋租了一个月的酒店，这一个月的时间里，张呈栋一边找租屋一边享受西班牙餐厅里各色的菜肴。一个月后，张呈栋选择了距离俱乐部走路只需 20 分钟的一套两室一厅的公寓。每天可以步行到俱乐部训练，解决了没有车的不方便。训练回来的路上有一家大型超市，张呈栋有时候会去超市买一些牛排、大虾、面包、酸奶、水果和一些可以拌沙拉的蔬菜等。张呈栋说，入乡随俗，每顿饭基本吃西餐，有时候也自己动手煎牛排、煮大虾、拌沙拉什么的。大概是西班牙靠海的原因，大虾便宜又好吃，一公斤只要 10 块钱。也是张呈栋最常做的一道菜。他说他对吃的东西要求不高，只要能吃饱，能保证足够的体能就好，而且西餐也很吃得惯，因为从他执拗地选择踢球开始，母亲便开始注意他的营养配餐，像牛肉、奶酪这些身体需要的食物，是每餐必不可少的。没想到这些良好的习惯也给日后出国留洋的张呈栋打下了一个好的饮食基础。

　　可是，刚来到巴列卡诺的时候，球队康复师甚至觉得张呈栋的体重有点低。为了符合 85 公斤的要求，他每天都吃牛排、奶酪，再配合积极有效的运动，很快体重就达标了。那个时候，张呈栋常开玩笑说，体重达标了好，就可以名副其实地"穿衣显瘦，脱衣有肉"了。

没有训练的时候，偶有闲逛于马德里的街头，张呈栋经常遇见从国内过去旅游的北京国安球迷，他们常常喊住张呈栋，索要签名、合影，有时候还间带着问路，让张呈栋介绍马德里值得观光的地方，好吃的、好喝的、好玩的，无论什么，只要张呈栋介绍的，球迷们都要去看看。因为他们喜欢张呈栋，既然来到张呈栋所在的城市，就要走一走他走过的路。而张呈栋也经常因为国内的一些友人的到来，客串临时导游陪逛。张呈栋说，也因此，自己快成半个"马德里通"了。

西班牙的那段时光虽然不长，只有 6 个月的时间，但对于张呈栋来说却印象深刻，4 个月没有比赛的煎熬，终于等来的第一场国王杯比赛，还有唯一的那场西甲联赛，以及终于熬过了等待的苦闷，可以有望出战比赛后袭来的伤病，沉淀后的回国决定……一切都那么记忆清晰，美好也罢，苦闷也罢，既然到了该放下这段时光的时候，就不再回头，努力掀开下一段时光的美好，也许是该回国安的时候了。

Zhang Chengdong's
boyhood

F⚽⚽tball

在国安 的
最后一年

回国前曼萨诺曾为申花"挖角"

"一个篱笆三个桩，一个好汉三个帮。"在张呈栋的足球生涯中，一直是幸运的，他很感谢能够遇到那些对自己有知遇之恩的教练。2014年至2015年期间，张呈栋在北京国安队踢球，曼萨诺是北京国安队的主教练。他们的合作可谓珠联璧合，抑或相得益彰。曼萨诺知道如何使用张呈栋，使得张呈栋一时间名声彰显。而这个儒雅的西班牙老头也给张呈栋留下了深刻的印象。

曼萨诺是一个性格沉稳、经验丰富的教练，给人的感觉温和、不急躁，即使在比赛场、训练场也一样不急不躁、安安稳稳的样子。张呈栋说，如果在训练或是比赛中队员出现急躁的现象，曼萨诺总是耐心地提醒队员保持平稳的心态、不要着急。不过，曼萨诺的这种稳重，在很多球迷看来就是不紧不慢，还说如同曼萨诺的名字一样，慢。正所谓人如其名，也因此曼萨诺在执教国安时候，球迷们都喊他："老慢""慢先生"。

的确，曼萨诺和一些在北京国安执教过的欧洲教练不同，比如斯塔诺、帕切科。张呈栋说，他在北京国安队经历过斯塔诺的执教，虽然帕切科执教国安的时候他正好在葡萄牙踢葡超，但也在现场和视频里看过帕切科指挥比赛，无论斯塔诺、帕切科，他们都属于那种性格外向、非常有激情、脾气火暴、急躁的教练，而曼萨诺的温和则正好相反。这样的反差也难怪球迷们会觉得曼萨诺

"慢"了。

曼萨诺执教国安的时候，不少球迷和媒体都认为国安队打得相比于过去节奏慢了一些，作为球员的张呈栋却有着与外界不同的理解：国安看上去打得不是很快，但是成功率却很高，曼萨诺强调控制球的成功率，在不可能像西甲那样快节奏的情况下保持成功率，那就先保证不失误。虽然这种打法，看上去不如过去的速度快，但国安总会出其不意地突然给对手一击，往往最后射门前的两三脚的传球速度非常快，这也是国安队在2014年能表现非常好的原因。

在曼萨诺执教国安期间，张呈栋得到了这位西班牙教练的很大帮助，曼萨诺也是张呈栋在国安队期间执教时间最长的主教练。在国安队成绩最好的2014年，曼萨诺用活了张呈栋，张呈栋也有了如鱼得水般的发挥，正所谓是两人的合作恰到好处，彼此相得益彰。张呈栋对曼萨诺也是非常尊重。

2015年夏天，张呈栋去西班牙留洋前，曼萨诺特意叮嘱张呈栋，告诉他西班牙联赛是世界上最好的联赛，和中超联赛是完全不同的比赛节奏，但要对自己有信心。曼萨诺说他认为张呈栋的能力没有问题，他和一些中国球员已经具备了踢西甲中下游球队的能力，但即便如此，刚到西班牙还是一定会很困难，要有足够的思想准备，当然也要看教练能否给比赛机会。

除了曼萨诺，当时的国安队助理教练何塞也同样在张呈栋前往巴列卡诺前猛敲警钟。何塞说，在西甲一定要付出120%的努力，必须记住，自己只有不停地努力，才会越来越强。即使短时间内不能踢上比赛，也一定要保持状态，不能泄气。

有些事情，只有经历了才知道它的真正意义所在。比如，"艰难"这两个字。没有去西甲前，知道西甲联赛不好打，尤其是争夺一个主力位置更难。去了西甲联赛，才知道，一个球员不仅要有超强的个人能力，还要有超强的心理接受能力，才能在强者如云的队伍里争得一席之地。张呈栋说，在巴列卡诺坐冷板凳的那段日子里，总能想起曼萨诺、何塞对他的叮咛、鼓励和提醒。

2016年11月，北京国安宣布聘请曼萨诺当年的助手何塞出任北京国安队新任主帅，而何塞也是一直非常看好张呈栋的外教之一，他很希望张呈栋能够继续留在国安队，可惜北京国安俱乐部已经与河北华夏幸福俱乐部签订了张呈栋的转会合同。

其实，曼萨诺与何塞在 2015 年结束国安队的执教回到西班牙后，都一直与张呈栋保持着联系。虽然已经不是张呈栋的主教练，但张呈栋在西甲球队巴列卡诺踢球时，曼萨诺还是非常关心张呈栋在西班牙的生活和训练情况。曼萨诺在回到马德里的时候，还专门看望了张呈栋，并相约共进晚餐。

当然，曼萨诺与张呈栋进行的一次深入长谈，还是在张呈栋准备重新返回中超，结束在西甲球队巴列卡诺的日子。那个时候，曼萨诺已经是上海申花俱乐部的新任主教练。得知张呈栋准备回国时，曼萨诺非常正式地向张呈栋询问："愿不愿意跟我去申花？"

对张呈栋的"使用说明"，可以说曼萨诺是非常有心得的。正是在曼萨诺的调教下，才有了张呈栋 2014 年的出色表现，在某种程度上，张呈栋在巴列卡诺之所以没有站稳脚跟，并不是张呈栋的能力比其他队友差，而是巴列卡诺主教练赫梅斯一开始就戴着有色眼镜对待张呈栋。假如巴列卡诺的主帅是曼萨诺，可能张呈栋在西甲的发展就是另外一番景象。

在与张呈栋的交流中，曼萨诺毫不掩饰对这位昔日弟子的欣赏，直言自己非常希望张呈栋能够加盟上海申花，也一定能够让张呈栋在申花队有更好的发挥。当时不知道曼萨诺是否向西班牙媒体透露了打算引进张呈栋去申花的想法，总之西班牙媒体在报道张呈栋回归中超的时候，一直在强调张呈栋将加盟上海申花。

面对曼萨诺的真心邀请，张呈栋在表达了感谢后，还是婉言谢绝了曼萨诺的好意。张呈栋明确告诉曼萨诺，他前往巴列卡诺前，已经与国安续约了，他与国安还有合同在身。就算是没有合同，他也要首选北京国安，因为国安对他留洋给予了非常大的支持。张呈栋说，当时他离开的时候，北京国安正处在争冠的时期，但俱乐部还是毅然决定让他去西班牙留洋，就冲这一点，他也不可能在回国的时候选择其他俱乐部。

事实上，如果当初张呈栋下定决心去上海申花队，是可以不用受国安合同"限制"的。因为当时巴列卡诺与张呈栋签订的一年工作合同并没有到期，巴列卡诺完全可以把张呈栋转租给上海申花俱乐部，这样张呈栋如果回国后去了申花队，至少可以先代表申花打半个赛季比赛。待半个赛季后，申花再与国安商谈转会或租借的问题，因为国安与张呈栋的合同只到 2017 年 6 月 30 日。但是，已经答应北京国安俱乐部的张呈栋兑现了自己当初的承诺：如果回国就一定要回国安。

重回国安初见扎切罗尼

带着一颗感恩的心，张呈栋回到了中超、回到了北京国安。而国安队的那件 28 号球衣也依然留给张呈栋，大家都敞开怀抱迎接张呈栋的归来。2016 年 1 月 29 日，北京国安足球俱乐部通过官方微博正式宣布：租借到西甲球队巴列卡诺的张呈栋正式回归，他将重披国安绿色战袍征战新赛季。

国安官宣的当天下午，张呈栋就已经从北京飞到昆明。这是张呈栋时隔半年后，重新回到了北京国安队。半年前，国安在中超联赛排名第一；半年后，国安不仅没有拿到中超冠军，甚至失去了亚冠资格。半年前，张呈栋踌躇满志准备在西甲大显身手；半年后，带着些许的失意与遗憾，张呈栋重新回到了北京国安。过去的这半年，无论对于国安还是对于张呈栋来说，都过得不太如意。

有不少球迷说：如果张呈栋在年中的时候不离开，国安就算不能夺得冠军，至少不会连亚冠都进不去。如果张呈栋不走，也不致在西甲坐那么长时间的冷板凳。张呈栋离开的这半年，对国安、对张呈栋的影响都很大。

其实这只是球迷无奈的感慨而已，生活从来没有假设，生活也没有如果。即使真的有假设、有如果的话，中间又会滑向哪里也未必可知。所以，很多时候，很多事情的结果也只能用宿命来解释。对于国安、对于张呈栋来说，这就是一种宿命的安排。既是如此，如不把握当下，张呈栋回"家"了。

对于张呈栋来说，北京国安就是他的家。张呈栋重新回到国安后，球队已经换了主教练，没有与曼萨诺续约的国安俱乐部选择了意大利教头扎切罗尼。这也是张呈栋在接触过葡萄牙、德国、塞尔维亚、西班牙的教练后，第一次接触来自亚平宁半岛的名帅。

在向扎切罗尼报到前，这位意大利老师就已经知道国安俱乐部有一名租借到西班牙巴列卡诺俱乐部的主力球员将重新回归。在昆明，张呈栋第一次见到扎切罗尼，见到这个和蔼也认可他的老头。张呈栋的印象里，扎切罗尼是个低调认真、执着有责任心的教练，他很热情，也很善谈，骨子里有一种倔强。扎切罗尼也很直率，第一次见面就态度明晰，他告诉张呈栋：我对你以前的比赛，对你也有所了解，希望你可以把努力工作的态度、对足球那种热情一直保持下去。

拥抱是友好的表示，男人与男人间的拥抱更是一种相互认可与欣赏，第一次见面，扎切罗尼给了张呈栋一个拥抱。可以说，在张呈栋的眼里，这位名帅教练让他仰慕和尊敬。而扎切罗尼也对球队里能有这样一位出色的球员感到骄傲，尤其在看过张呈栋的录像比赛后，对张呈栋更是欣赏有加。当时回到国内的张呈栋身上还有伤，扎切罗尼得知后告诉张呈栋：先不要急，一定要把伤势治疗好，保持正常训练水平。

能够拥有扎切罗尼这样的主教练，张呈栋的心里很踏实，而能够得到这位意大利名帅对自己的认可，更让张呈栋非常欣慰。因为，在回来北京国安前，张呈栋也不知道新任主教练会对自己有怎样的感觉，毕竟自己在上赛季中途离开了国安，而回国后又有伤病在身，能否得到主教练的欣赏也确实存在问题。所以，张呈栋也不敢有太多的奢望，他只能在恢复伤病的过程中，尽可能让自己做到最好，毕竟机会是靠自己争取来的。因为在西甲联赛的那段时间，他有过这样的经历，也深知那种等待有比赛可打的煎熬，在中超虽和西甲没有可比性，但每个位置的竞争也一样激烈。应该说，张呈栋很感谢扎切罗尼能够对自己有不错的印象，事实上，张呈栋也用自己的行动证明了这一点。他没有让扎切罗尼失望。从联赛第一轮开始，张呈栋就重新坐稳了球队主力位置，直到 6 月 25 日与申花队那场比赛受伤，张呈栋从来没有缺席过前面的任何一场比赛，其间还重新回到了国家队，参加了一场国家队的比赛。

扎切罗尼像教授给中学生上课

又是一年冬训时，这是张呈栋在北京国安队的第三次赛季前准备期训练。2016 年的冬训对于张呈栋来说，虽然没有 2014 年练得那样好，但也比 2015 年连续比赛导致几乎没有准备期训练要好很多。所以，2016 年张呈栋的表现也介于 2014 年与 2015 年间，全年总共出战 22 场中超联赛，这还是曾经受伤休息两个半月情况下的数据。

最近十年中，国安很少在赛季中途炒掉新洋帅，此前无论是李章洙、帕切科、斯塔诺、曼萨诺都至少能够完整地带完一个赛季，唯独 2016 年是一个例外。扎切罗尼，这个算是国安历任教练中名气最大的教练，却仅仅执教了 9 场联赛就黯然下课。

张呈栋回忆扎切罗尼的执教，认为这位意大利老帅的训练有点像德国教练，跟自己在德乙时接触的教练很接近，冬训的时候整体内容很丰富，训练时间比较长，但训练强度差一些，相比之下，自己在西班牙、葡萄牙的时候，都是训练时间适中，但训练强度很大，能够接近实战。

事实上，扎切罗尼最终的下课，还是应当归咎于准备期缺少有质量的训练。张呈栋在 1 月底来到球队后，当时球队正在储备体能，并没有进行太多战术演练。按照扎切罗尼的计划，球队将在迪拜拉练期间进行几场教学赛，同时确定球队的战术打法和主力阵容。

不巧的是，在迪拜的拉练中，先是几名外援迟迟没有到位，特别是外援伊尔马兹到队时间非常晚，而且刚一到队在热身赛中就受伤了，这样一来，球队的主力阵容首先缺少这个箭头人物。而伊尔马兹是扎切罗尼非常看重的箭头人物，结果国安赛季开始就变成了无锋阵容，以至于张池明不得不在首战中扮演了前锋的角色。

除此之外，在迪拜拉练期间缺少高质量的热身赛，对手实力普遍不强，这让扎切罗尼当时很是恼火。扎切罗尼认为：在迪拜的拉练既不能凑齐全部主力，又没有能够起到练兵作用的教学赛，可以想象国安的准备期质量如何。

屋漏偏逢连夜雨。国安的前两轮联赛因为比赛场地、安保方面的原因被推迟。无形中，其他对手都打了两轮联赛，已经进入比赛状态，可国安还没有打一场正式比赛。可谓是，国安的2016年开局极其不顺，先是客场战平泰达，然后又被延边、恒大两记闷棍打翻在地，虽然客场战胜了杭州绿城，但此后又连续不胜。最终，四面楚歌的扎切罗尼在主场负于河北华夏幸福队后，北京国安俱乐部无奈做出解聘扎切罗尼的决定，至此，扎切罗尼被迫下课。

命运弄人，张呈栋说2016年联赛刚开始的那几场比赛，几乎各种不顺都遇一起了，怎么弄都不顺。从伤病到赛程，好像都故意跟国安过不去似的。其实扎切罗尼肯定是一个好教练，毕竟他在意大利取得过成功，在亚洲也执教了很多年，带领日本队还拿过亚洲冠军，凭他的过往经历带中超球队是没有问题的。但事情往往背道而驰，并不按照人的意愿发展，扎切罗尼或许就是遇到这样的瓶颈，他越想快一点地让球队有所改变，越是得不到效果。张呈栋认为扎切罗尼战术理念并没有什么错误，扎切罗尼希望在场上传出有威胁的直传球，不是横向，是向前，且传球速度要快、有攻击性，不要拖延、不要所谓的控球时间，让比赛节奏快起来。但这毕竟是中超联赛，扎切罗尼这样的战术理念没有在短期内得到实现，他便黯然离开了。

所以扎切罗尼的这套战术理念第一需要时间，如果说扎切罗尼能够有两个月的完整准备期来演练新的战术打法，相信国安的开局一定会更好。第二，扎切罗

乘风破浪：张呈栋传

尼要求的快速进攻、向前直传、失误反抢，需要强大的体能做保障。可惜的是，国安准备期没有高质量的教学赛，球员们在这种高节奏的对抗中缺少连续拼抢的能力。结果，原来曼萨诺的慢条斯理控制球打法没有了，扎切罗尼新要求的打法又无法立刻得到很好的执行，国安势必经历成绩上的阵痛。于是，扎切罗尼的下课也就成了必然。

对于扎切罗尼在国安的失败，张呈栋举了个例子：扎切罗尼更像一个大学教授，之前没有接触过中学生，大学教授可能讲授不好一些中学的内容，不是不会，而是没有找到好的可以传授的方法，另外学生们的能力还没有到立刻去消化教授那些课题的地步，或者说学生们在理解上有了一些错误，结果导致考试没有好成绩。究其症结关键还是磨合问题，如果有时间磨合的话，就不会出现这样的问题了。

"如果提前发现问题，能够有时间去解决，可能扎切罗尼未必不能取得好成绩。但当时的情况是，很多人都失去了耐心，因为压力是很难承受的。"这是扎切罗尼下课时，国安内部进行的总结。

扎切罗尼下课后，坊间有一种声音说是国安球员"做掉"了这位意大利老帅。因为到了后来的比赛，特别是与华夏幸福那一战中，有一些球员根本不拼了。对此，张呈栋却不这样看，坚决否认了这种传言。他说，传言终究是传言，不是事实。作为队员，大家都还是全身心支持扎切罗尼的，他并没有失控。北京有句俗话"事赶事"，当一件事做不好时，其他事也跟着做不好，跟连锁反应似的，国安那个时候大概就是这种状况，因为冬训的季前准备没有做充足，自然就衍生了连锁反应，这是必然的，和扎切罗尼的执教水平没有什么直接的关系。扎切罗尼并不是那种固执的教练，由于是第一次来中超执教，在联赛开始后他也一直征求中国教练的意见。张呈栋说，没有人想过"做掉"教练，大家在比赛中都很努力，100%投入去比赛。这一点国安球员的职业素养是值得信任的，球员们都一直在向好的方向努力。比赛谁都想赢，输球肯定心情不好，尤其是连续不赢球，肯定心情和士气都受影响，情绪也会变得低落，进入足球低谷，哪支球队都有过这样的经历，走出低谷难，难就难在谁也不知道什么时候能走出去。但同时也容易，只需要一场比赛的胜利就能振作、从低谷里走出来。说白了，就是自信心的问题，而自信对于一支球队来说就是赢球，只有不断地赢球才有更强的自信。所以，不管是多么大牌的教练，都必须靠胜利才能够给球队带来信心，几场比赛不赢球肯定自信心会不足。

就这样，扎切罗尼带着遗憾离开了国安，2016 年大投入的国安队也不得不为保级而战。而这个时候，国安队或许更需要的是给球员们的心理"按摩"，而不是国际大牌教练的降临。本土教练谢峰临危受命接过教鞭，上任后要做的第一件事，也是最重要的事就是重新凝聚球队士气。

国安最困难时张呈栋重新打前锋

正如张呈栋所言，国安球员并非要"搞掉"扎切罗尼，所有人的目标都是一样的，希望能够让球队尽快走出低谷。不过，越是在成绩不好的时候，往往越是困难最多的时候。扎切罗尼的下课，在某种程度上不能让国安的实力与状态立刻变得好起来，人还是那些人，如何走出困境，成为摆在"救火"教练谢峰面前的最大难题。

其实，谢峰接手球队时的困难甚至比扎切罗尼在队时还要大。外援伊尔马兹、奥古斯托因为各自要参加欧洲杯、美洲杯的比赛，要缺席联赛相当长的一段时间。谢峰上任的第一场比赛，伊尔马兹不在，只能让奥古斯托打前锋，虽说奥古斯托在前锋的位置上不负重任进了球，帮助国安客场战平了石家庄永昌队。怎奈奥古斯托打完这场比赛就得返回巴西参加美洲杯赛，而且一走就是一个月。

没有前锋，谢峰面临着和扎切罗尼一样的棘手问题。只不过，谢峰做出了不一样的选择，扎切罗尼在队的时候，一直在训练中安排李翰博、张池明打前锋。而谢峰在仔细分析了球队现有人员的特点后，选择了一个在随后的实战中起到非常明显作用的人选：张呈栋。

其实张呈栋刚从辽足出道时打的就是前锋，主教练马林当时特别对张呈栋进行了言传身教的指点，如果张呈栋不离开辽足，就将与杨旭、于汉超组成辽足的进攻三叉戟。离开辽足刚到葡萄牙后，马夫拉俱乐部虽然没有把主力前锋的位置交给张呈栋，但张呈栋很快在左前卫的位置上站稳脚跟，并且不断进球，可以说在葡萄牙的三年里，张呈栋一直保持着很强的进攻力。只不过回到国安后，因为国安在边后卫的位置缺少人选，才把张呈栋安到了右后卫的位置上，没想到张呈栋同样在这个不擅长的位置打出了名堂，而且还打进了国家队，成为国家队的主力右后卫。

谢峰并没有忘记张呈栋曾经打过前锋的经历，他决定让张呈栋重新在老本行的位置上顶一顶、找找感觉，为此谢峰专门和张呈栋进行了一次深入交流，告诉张呈栋不用有压力。在前锋的位置上，更多的是发挥冲击力，起到一个支点的作用，这样可以掩护身后的于大宝和其他队友。对张呈栋来说，这不是第一次临危授命改变位置，张呈栋二话没说欣然接受，非常肯定地告诉谢峰他一定会尽全力执行好战术。

只经过了短短几天的训练，张呈栋就在客场与山东鲁能队的比赛中出任在了前锋的位置上，当猜测已有了结论，当谜底就放在眼前，京城球迷也开始为张呈栋捏一把汗，虽然球迷知道张呈栋此前也打过这个位置，但那都是多年前的事情了。几年没有打过前锋位置的张呈栋，球迷们还是有些担心他的发挥。

那这场比赛中，国安队进攻组合中虽然没有外援，但张呈栋与队友却给鲁能制造了相当大的麻烦，特别是张呈栋在锋线上左冲右突，在身体对抗方面毫不吃亏，开场仅仅13分钟，张呈栋就为于大宝送上助攻，这对曾经留洋葡萄牙的双子星联手攻破了鲁能球门，并且为国安队迎来了换帅后的第一场胜利。

那一战结束后，谢峰特别感谢了队中所有球员的努力，毕竟当时队中只有克里梅茨、拉尔夫两名外援，前场的进攻只能依靠国内球员。谢峰特别提到，在前锋人选的考虑上，自己想过张呈栋、于大宝、杨运甚至郎征，最终还是选择了张呈栋，还是觉得他打前锋更适合一点。

事实证明，谢峰的选择没有错。在随后一个月的比赛里，虽然依旧没有伊尔马兹、没有奥古斯托这两名强力外援，但凭借全队众志成城的努力，国安的成绩迅速反弹。在扎切罗尼下课后连续6场不败，取得了4胜2平的骄人战绩。只是让人无奈的，反倒是在伊尔马兹、奥古斯托归来后，国安队遭遇了换帅后的首败，并且又陷入了连续不胜的怪圈。

不过，有细心的球迷留意到这样一件事情：国安换帅后，一直保持不败的比赛，有一个人始终是球队主力，而当这名主力意外受伤后，国安成绩又陷入低谷，直到这名球员复出才重新反弹。可能这只是一种巧合，也可能说明了这名球员对于国安的重要性或者说堪称国安的一员福将，这个人正是张呈栋。

意外地受伤休息了两个半月

6 月 25 日，北京国安队主场打上海申花队，国安队以 2 ：1 取得了又一次的京沪大战胜利。本场比赛对于国安来说，还有着一层特殊意义，这就是前国安队主帅曼萨诺的反戈之战。曼萨诺带队时，国安队取得了队史最佳战绩，可惜曼萨诺没有等来续约合同。倒是离开国安后，申花相中了这位西班牙教练，所以曼萨诺带队回到工体，无论是国安队还是申花队，都特别想赢得这一战。

最终，北京国安队如愿在主场击败了曼萨诺领军的上海申花队，但伴随着这个好消息而来的就是一个坏消息：张呈栋受伤了。在这场比赛中，张呈栋上半时意外受伤。当时张呈栋与申花队的柏嘉骏在拼抢时撞到了一起，柏嘉骏的身体撞到了张呈栋的右手，就是这样一次非常巧的"寸劲"，张呈栋的右手掌竟然骨折了。

右手被撞的一瞬间，张呈栋感觉特别疼，但毕竟受伤的部位不是脚部或者是腿部，对于足球运动员来说，只要自己还在场上能跑、能跳，就一定会选择继续坚持下去。而且当时比赛还在上半时，所以张呈栋还是咬着牙坚持完成了全场比赛。比赛结束后，张呈栋发现整个右手的手掌已经完全肿了起来，张呈栋意识到伤势可能不轻。于是，赛后连夜前往了朝阳医院进行检查，X 光检查显示张呈栋的手掌有骨裂的迹象。

第二天，张呈栋又前往专业的骨科医院进行了仔细的检查，结果被确诊为右

手掌骨骨折并有一些碎骨，医生当时表示必须要进行手术治疗，而且至少要休息两个月的时间才能伤愈。就这样，张呈栋遭遇了在北京国安队期间的最严重受伤，国安队的战绩也因为张呈栋的连续缺阵受到了一定的影响。

6月28日，张呈栋在北京积水潭医院进行了手术治疗。在医院，他被很多病人、医护人员认了出来，性格随和的张呈栋立刻成了医院的"亲民大使"，几乎每天都会有人到张呈栋的病房看望这员国安大将，哪怕只聊几句，话题也只有北京国安这一个。虽然在医院，但对于国安球迷的要求张呈栋还是尽可能地满足，哪怕因为手术的关系签不了名，但还是可以合影的。而一些球迷们也通过各种渠道找到张呈栋的病房，结伴同来，还顽皮地把张呈栋固定右手的石膏变成了无厘头的"涂鸦板"，用粗粗的签字笔写道：两袖清风，一身正气。虽然有点离题太远、不着边际的感觉，但也是球迷的一番心意。当然了还有"龙抓手""加油""真棒""28"等。球迷留在张呈栋打着的石膏上面的每一个字，都让他心生感慨，张呈栋知道，球迷们是爱他的，也是支持他的。他很感谢球迷对自己的爱与热情。

张呈栋在北京的这几年，虽然和球迷近距离的接触并不很多，但张呈栋对球迷的友好早已得到球迷的公认好评。每次国安在工体外场训练时，球迷都会在场地外面等国安球员，有要求合影的、有要求签名的。张呈栋每次都会非常耐心地一一满足大家的要求，球迷不多的时候，十分钟、八分钟就可以了。球队多的时候，半个小时都被围在那里。虽然训练很累，张呈栋也想早点回房间洗个澡、冲个凉，休息一会儿，可当看到球迷们辛苦等在那里那么久，也不容易，张呈栋说，他宁可自己累一点，也要满足球迷的要求，让球迷开心。

其实，这一点也最让球迷们感动。不过，张呈栋自己倒是觉得没什么。张呈栋说，作为球员有义务为球迷做这些，因为喜欢，因为支持，所以等在那里，否则要你的签名、合影干什么，这是一种回报，应该做的。而签名、合影也不是什么大事情，是球员为球迷能做的力所能及的事情，这是相互的一种尊重。但对于很多球迷来说就是一件大事，他们会很开心很开心，这种开心的心情甚至可以持续很长一段时间，而且这种开心的心情和经历也会带给球迷身边的朋友们。口口相传，球迷就是这样被凝聚在一起的，这一点无论在中国，还是在国外，都是一样。还有，无论是一支球队，还是一名球员，有了球迷的支持爱戴，这个球队或是球员的生命才更有活力，才更强大。

除了那些索要签名与合影的球迷，还有一些默默支持国安、祝福国安的球迷，他们大多是老北京球迷，他们不会刻意上前打扰，只是远远的挥挥手、笑一笑，或是喊上一句：国安是冠军！张呈栋说走在街上被国安球迷认出来是常事，但像这种远远看着你、拥护你、为你呐喊、支持你的球迷往往让人有种莫名的感动，那感觉就好比吃了蜜糖一样，从心里往外甜。那么远、这么近，心与心相通，他们是北京国安的球迷，喜欢国安，追随国安，也因为国安喜欢上张呈栋。

在国安这几年，张呈栋没少做一些球迷公益活动。无论是俱乐部组织的，还是国家队组织的，只要有公益活动，尤其是一些与球迷有关的，张呈栋都给予极大的支持。比如，看望一些生病的球迷，无论多么忙，都不推辞，都会与这些球迷见面，送上关心，资助一些费用。张呈栋不是一个爱张扬的人，尤其给球迷做事就更不会对外说了，但得到帮助的球迷不会不说，他们和身边的朋友说、和同事说，慢慢地便在球迷中传开了，大家都知道张呈栋是个有情有义的足球人。

就像张呈栋所说的那样，尊重与关心是互相的。张呈栋因为比赛右手手术住院，很多球迷都希望去医院看望张呈栋，为了不给医院造成不必要的麻烦，张呈栋跟朋友、队友们都特别叮嘱，对外保密。尽管如此，还是有球迷想尽办法找到了张呈栋，这也让张呈栋非常感动。

因为执着，所以感动。有这么一个球迷，通过最简单、最让人感动的办法找到了张呈栋。因为不知道张呈栋到底是在哪家医院，这名球迷几乎找遍了北京所有大医院的骨科，朝阳医院、北医三院……每个医院的骨科科室、病房统统找一遍，直至找到了张呈栋。或许很难想象，但偏偏发生了。

积水潭医院是这个球迷寻找张呈栋的第四家医院，和之前去过的三家医院一样，从手外科开始，再找骨外科，逐一病房、逐一楼层地找，终于，在骨外科病房的10楼找到了张呈栋。无法形容的心情，激动、感慨交织在一起，有种执手相看泪眼，竟无语凝噎的感觉……而张呈栋在得知这个球迷这么辛苦地连找了自己三天，心情亦是难以平静，有惊讶、有感动，更多的是一种温暖，蔓延全身。

或许很多人不能理解球迷的一些做法，但张呈栋很理解。他知道一个球迷的爱是无私的，是伟大的。但当张呈栋看到这个球迷带给自己的一盒盒的水果，还是有种说不出的感动。水果都是切好的，盒子不大，每盒水果按种类不同装好。张呈栋说，很多事情不是用金钱来衡量的，而是用心。这个球迷就是用心在为自己做事情，水果不贵，心意很贵。能够愿意为你做这件事的人才是真的爱你，因为热爱、因为国安，所以喜欢张呈栋、喜欢张呈栋的球技、喜欢为张呈栋做事。

张呈栋感觉自己的付出终于得到了球迷的认可，在自己伤病住院的时候能够得到球迷这样的关心，是一种幸福。难以言喻、感慨万千，出院后，张呈栋专门送给了这名球迷一件自己的球衣。张呈栋说，无论将来自己走到哪里，不管还踢不踢球，都不会忘记这些球迷带给自己的感动。在北京这座城市，留下了太多这样的回忆，而张呈栋永远不会忘记北京球迷对他的支持。

伤愈复出就立功

手术出院后，张呈栋比任何人都想迫切地回到训练和比赛中。因为，那段时间国安队连续不赢球，特别是与恒大的足协杯、联赛客场与江苏苏宁、主场与重庆力帆的几场关键比赛都输了球，张呈栋真是看在眼里、急在心头。

还有，过去一直是国家队主力的张呈栋在 12 强赛来临前却因伤缺阵，那种迫切想要参加国家队比赛的心情也是可以想象。张呈栋几乎每天都在心里数着日子，看看自己什么时候能够恢复开始训练。

张呈栋伤情恢复的那段时间，刚好是北京最炎热的夏天。医生反复叮嘱，尽量减少手部出汗，一旦出汗就容易感染。如果作为一个非运动员来说很容易做到，待在有冷气的房间就可以了，但对于一名足球运动员来说确实有点折磨人，要保证体能训练，还要保证伤口不因为出汗感染，确实有点难。那段时间，张呈栋不敢在外面跑步、动球，只能在健身房里锻炼，跑跑停停，刚一发现身体热了就赶紧到空调下面吹一吹右手，生怕因为出汗感染伤口。尽管这样，张呈栋也一直坚持训练，让体能保持在比赛的程度上。

到了 8 月中旬，经过了近两个月的时间，张呈栋终于可以开始训练了，但右手依然需要戴上护具，且不能进行大强度的对抗，但至少可以回到队伍中了，这让张呈栋很欣慰。没想到让教练组惊讶的是，张呈栋在训练场上奔跑所显示出的

体能状况完全没有任何问题，看来两个月的伤病并没有困扰到张呈栋，由此可见伤病的段时间，张呈栋在跑步机上付出了多少汗水。

8月份的时候，国安进行了三场中超比赛，除了第一场0：0逼平恒大外，后两场分别输给了重庆力帆和江苏苏宁。其中输给力帆的比赛还是在主场，坐在看台上的张呈栋心急如焚。张呈栋说，其实国安队的实力都在，就是大家的压力大了，因为以往国安都是处在前四名左右的行列，但2016赛季中期始终排在中游，大家总是希望多赢几场，回到熟悉的位置，这样才能发挥正常的水平。结果越急打得越不好，可以说那段比赛和年初开局的时候一样，都不是国安的真实水平。

进入9月份的时候，张呈栋终于可以复出比赛了。他的心情也因此豁然开朗起来，作为一名足球运动员能够在比赛场厮杀、拼搏才是最美好的事情。因为能够随队比赛，张呈栋很兴奋，发了微博，说终于可以在伤后两个半月后随球队出征，兵发上海了！可以感受到张呈栋的求战欲望。而给张呈栋微博留言的不仅有国安球迷，还有很多其他城市的球迷也非常的开心、激动，他们盼着张呈栋能够快点回到国家队中，其中有河北球迷留言："国安队右路不能没有你！回国安是基础，进国家队打主力是目标，努力吧，老乡！"

中超联赛客场与上海上港队的比赛前，主教练谢峰坚决地安排张呈栋首发，并且没有刻意在赛前对外保密，甚至高调地把张呈栋一起带到了战前新闻发布会，谈到张呈栋的复出，谢峰还特意说道："相信所有人都能够在过去的比赛中看到，国安的右路进攻有没有张呈栋是完全不一样的，我相信他的复出对我们的进攻会有很大帮助。"

谢峰用这样特有的方式为复出的张呈栋打气。尽管张呈栋的作用不用怀疑，但毕竟休息了两个半月，状态能否及时找回，所有人都不知道。这个时候，是否有足够的信心就显得至关重要，面对主教练的信任，张呈栋则非常谦逊地表示：我个人能力不是特别突出，国安是一个踢整体足球的队伍，但我会全力以赴为球队带来更多的活力。国安现在缺的不是战术，是血性，我们要在客场踢得更硬朗一点。

正如张呈栋所言，在 8 月份的三场比赛中，国安队缺的就是一份血性、一份硬朗。而与上港队比赛前，对方的外援胡尔克同样是刚刚伤愈复出，外界普遍看好主场作战的上港能够战胜国安队。比赛开始后，"绿巨人"胡尔克果然率先发威，在前场一次进攻中，胡尔克连续过掉拉尔夫和克里梅茨，在禁区外左脚抽射出一记世界波，这也是胡尔克的中超首个进球。

实事求是，胡尔克的这个进球完全凭借个人能力上演了一次简单粗暴的进球。正当国安球迷担心自己的球队在客场被血洗时，张呈栋与队友们一起向上港发起反击。想赢国安，不容易。

如同谢峰刚刚上任时用张呈栋客串前锋，张呈栋就为于大宝送上助攻一样。这一次，张呈栋再次把谢峰在赛前给予自己的信任与赞赏转化成了球场上的出色表现。当国安落后时，又是张呈栋为国安制造出了杀机。第 67 分钟，张呈栋精确送出一记对方防守的身后球，伊尔马兹禁区内得球后被守门员颜骏凌扑倒，主裁判果断判罚点球，伊尔马兹亲自操刀主罚命中。

扳平比分后的国安士气大振，并且由雷腾龙的头球攻门一度反超比分，只不过最后意外的点球让胡尔克上演梅开二度，国安队在客场带走一分。虽然没有取得胜利，但这却是国安连续两场失利后，在客场艰难止住了颓势。比赛后，主教练谢峰再次提及了张呈栋在球队中的作用：张呈栋受伤后回归，在右路给对方了制造了很大的威胁。由此可见，有了张呈栋的国安确实不一样。

张呈栋在北京国安的作用有目共睹，身为国安队里的中坚力量，没有哪家俱乐部不看好张呈栋。尤其是在职业足球赛场上，像张呈栋这样的球员早已经被多家中超俱乐部盯上了，特别是在张呈栋与国安的合同不到一年的情况下，很多俱乐部纷纷向国安开出了求购张呈栋的要求。

续约成为所有人关心的话题

正式复出后的张呈栋重新回到了国安队的主力阵容中，接下来的几场比赛连续首发，而且场场打满 90 分钟，张呈栋迅速找回了受伤前的状态，并且被时任国家队主教练高洪波重新招入了国家队。

9 月下旬，中超联赛进入又一次间歇期，张呈栋重新回到了国安队，这也是张呈栋第一次随队征战世界杯预选赛 12 强赛。不过，这个时候关于张呈栋最大的新闻却是：续约。

其实在 2015 年底，张呈栋准备结束西班牙留洋返回中超的时候，就已经有很多国内俱乐部向张呈栋伸出橄榄枝。比如之前的曼萨诺，在决定前往申花执教时，第一个想到的就是张呈栋，希望张呈栋能够与自己一同前往申花，但张呈栋婉拒了曼萨诺的好意。

除了上海申花外，还有其他俱乐部直接向北京国安俱乐部开价。国安俱乐部名誉董事长罗宁在 2016 年初的时候就分别接到过几家俱乐部的开价。其中有的北方俱乐部就明确表示：可以向国安俱乐部支付 1.5 亿人民币的转会费。而有的南方俱乐部更是直接让国安开价，只要国安肯出价，无论多少钱都能接受。

只要肯出价、多少钱都能接受。这就是张呈栋的价值体现，想一想 2013 年张呈栋结束留洋加盟国安的时候，国安为张呈栋支付了队史最高的 1000 万人民

币转会费，当时很多人都觉得国安这笔花费有点大胆，敢投这么多钱引进一个此前并没有在中超证明过自己的年轻球员。

其实那个时候，国安就已经看到张呈栋是一只潜力股，记得那时候总经理高潮就明确表示：有一天张呈栋的身价绝对会证明国安的选择是物超所值。这句话仅仅在两年半后得到了应验。

面对这些俱乐部的开价，罗宁只能非常礼貌地婉拒：根本不是钱的事情，就算给2个亿、3个亿，我也不能卖，卖了张呈栋，我去买谁呢？

无奈的是，一年前国安还可以不理会这些豪门俱乐部的开价，因为那个时候张呈栋与国安还有一年半的合同。可是，在接下来不到一年的时间里，中超球员身价眼看着越涨越高，很多俱乐部仍然执意要从国安俱乐部买走张呈栋，残酷的现实让国安俱乐部意识到，不可能像其他俱乐部那样不节制地烧钱。

实际上国安俱乐部从2016年下半年就已经开始启动了主力球员的续约问题，体育总监邵佳一，国安现役球员的老大哥亲自负责谈判，俱乐部名誉董事长罗宁在邵佳一背后坐镇，就是希望能够留住现有主力。张稀哲、于大宝、张呈栋、雷腾龙、朴成这些当打球员都是国安需要重点续约的对象。面对这些球员，邵佳一只能逐一攻破。

9月下旬，张稀哲、张呈栋在国家队集训期间，邵佳一和俱乐部财务总监李平亲自从北京飞往武汉，在国家队下榻宾馆与张稀哲完成续约。虽然当时同在国家队的张呈栋还没有与俱乐部完成续约，但邵佳一在接受媒体采访时表示出了乐观的态度，认为能够留住张呈栋。

就在2016年的中超联赛结束后，外界开始陆续传出张呈栋已经转会河北华夏幸福俱乐部的消息，对于国安来讲，不得不面临一个艰难的选择：是留下张呈栋，提高全队的工资结构，还是放走张呈栋培养新人。

很多人都已经隐隐约约地预感到，情况已经不再像邵佳一两个月前说的那样乐观。尽管，对此北京国安、河北华夏幸福、张呈栋这三方面都保持沉默。但终究，国安球迷还是没有等来"张呈栋续约"的好消息，而张呈栋则在北京的朋友圈内开始了小范围的告别。对于张呈栋来说，在北京的这三年多时间，除了与国安俱乐部、与北京球迷这段无法忘却的感情，还有很多朋友，尤其是那些帮助过自己的人。三年的时间不短，足已让张呈栋着实融入了北京这座城市，并以北京为中心外延自己的生活圈子。虽然自己还没有成为一个新北京人，但张呈栋已经把这里当成了家。东五环外，他购置了一套属于自己的小天地，虽不大，但却可以让自己的梦想在这里驻足。怎奈计划没有变化快，张呈栋还是离开了北京这座城市，离开了他赖以生活了三年的地方。他很舍不得。但作为一名职业球员，即使难舍也得舍得，挥挥衣袖，笑看未来。

漂泊的游子终于回家了

果然，1月13日17时，北京国安与河北华夏幸福俱乐部同时官方宣布：张呈栋和另外一位国安球员郎征同时加盟河北华夏幸福俱乐部。传言终于变成了现实，离开了效力三年半的北京国安俱乐部，张呈栋选择了回家，第一次为家乡的职业足球俱乐部队效力。

人生如同一场修行，而对于足球运动员来说，修行就是不断地追寻适合自己的高水平的平台，来来回回，方能领会足球的真谛与含义。张呈栋就是如此，他的足球生涯一直在不停地来来回回中寻找，到底何处是终点，或许连他自己也不很清楚。少年时因为家乡没有职业俱乐部去了辽足，到了辽足又因为霸王条款去了葡萄牙，是被动的选择。当然也有主动的选择，比如四年留洋归来加盟北京国安、比如二次留洋登陆西甲联赛。

而这一次，离开国安，回到家乡。连张呈栋自己也弄不明白到底是主动还是被动的决定。抑或，无论留下，还是离开，张呈栋内心都非常纠结。因为无论国安，还是家乡，对于张呈栋来说都有着那种浓得化不开的情结。作为一个职业足球运动员，仅有感情是不够的，还要有足球的激情，留在家乡和游走四方都是一种选择。张呈栋，一个重情义的男人，要想从中取舍，确实有点难。

其实，对于国安来讲，能否留住张呈栋，又何尝不是一个艰难的选择。国安比谁都清楚，放走队中的一个绝对主力，对于球队有多大的损失，京城的球迷和媒体又会如何看待，这些问题北京国安不得不考虑。但如何才能留得住，国安俱乐部又不得不面对残酷的现实问题，这就是有可能要大幅度提高全队的工资结构。

张呈栋与国安俱乐部的合同到2017年6月30日到期，如果国安要留住张呈栋，就只能在2016年年底前完成续约。而在国安与张呈栋商谈续约的同时，已经有至少三家俱乐部直接向国安开出高价转会费求购张呈栋。

如果说一年前，国安还有时间挽留张呈栋，还能够拒绝这些俱乐部的报价。但一年后，张呈栋在转会市场上的身价与热度让国安俱乐部非常清楚，如果要留住张呈栋，之前已经谈好的其他球员续约工作可能都要推倒重来。于是，在一个大家都不愿捅破的那层窗户纸面前，张呈栋自己提出一个大家都能接受的建议：如果走，选择回家乡球队，而且给国安留下一笔转会费。

在得知国安有可能放走张呈栋的时候，很多俱乐部都表现出求贤若渴的心情，甚至有一家俱乐部的知名外籍主教练直接找上门来，希望能够把张呈栋卖给他们。面对这些邀请，张呈栋都一一婉言谢绝。因为什么也抵不过浓郁乡情给张呈栋带来的诱惑，这个在外漂泊了十几年的游子太渴望那种回家的感觉了。

谜一样的转会费

作为转会市场上炙手可热的人物，张呈栋的身价一直是舆论关注的热点。不仅国内媒体不断炒作这件事情，甚至连欧洲的媒体都报道出一些惊人的数字。但是真正的转会费价格只有北京国安、河北华夏幸福两家俱乐部才知晓的商业秘密。

不管是 2 亿人民币、1.5 亿人民币，还是 2000 万欧元，这些一长串人们感兴趣的数字，表明了张呈栋的能力与身价得到了外界的一致公认。河北华夏幸福俱乐部表示：这是一个非常合理、双方都能够接受的价格。国安俱乐部也表示：放走张呈栋，不是钱的因素。是华夏幸福的诚意和张呈栋想回家的心。

其实，在张呈栋转会过程中，有一件很多人并不知道的事情。就是张呈栋可以等到成为自由身或者以支付国安违约金的形式离开，因为这样张呈栋个人会有更多的收入。

只要再等 6 个月，确切地说，中超联赛开赛后只有 3 个多月的时间，张呈栋就可以成为自由身。按照中国足球转会市场的"潜规则"，自由身球员是可以从新的俱乐部拿到一笔不菲的"签字费"，从最新的市场行情来看，张呈栋的这笔签字费可能会相当可观。但是，为了能够给国安留下一笔转会费，张呈栋不能等到成为自由身再离开国安。

张呈栋选择这么做，是因为北京国安当年对他的知遇之恩。张呈栋说，结束第一次欧洲留洋回国是国安俱乐部的诚意打动他，加盟了国安。而 2015 年再次留洋西甲，还是国安俱乐部坚决支持了他，当时，还是在球队有夺冠希望的情况下大开绿灯。这种莫大的支持张呈栋不能忘。这次转会，张呈栋不能让国安在经济上吃亏。

其次，在张呈栋与国安俱乐部的工作合同中，其中有一款关于"违约金赔偿"的内容。就是在合同期间，无论哪一方违约，都必须支付不菲的违约金。对于张呈栋来说，就是假如没有履行完与国安的工作合同，在合同期内选择离开，就必须向俱乐部支付这笔违约金，实际上这也是欧洲球员合同中经常会写进去的"自由身买断费"。同样，以当时的市场行情来计算，张呈栋的这笔"违约金"金额要远远低于转会费价格。也就是说，华夏幸福俱乐部只需要为张呈栋支付这笔低于实际转会费的"违约金"，就可以领走张呈栋。但是，对于这样的操作方式，张呈栋再次选择了说不。还是相同的理由：想为国安留下一笔真正符合自己身价的转会费。

对于张呈栋做出的决定，国安俱乐部也非常感动，国安内部一致用"有情有义"四个字来形容张呈栋的做法。同样，河北华夏幸福俱乐部也为张呈栋能够在回乡前，对国安有如此重信守诺的行为表示赞赏。最终，双方就张呈栋的转会费达成共识，顺利完成了这笔转会交易。

是有多不舍，才离开就想到归来

　　虽然两家俱乐部早就签订了转会协议，但双方一直没有对外宣布这个消息。一方面，国安俱乐部刚好处在增资扩股的关键时期；另一方面，华夏幸福俱乐部也希望等待其他新援到位后一起宣布。最早，两家俱乐部约定的日期是 1 月 9 日。按照这个时间计划，在双方官宣后，张呈栋将正式前往华夏幸福报到、接受体检、然后随队前往马来西亚进行冬训。为此，北京电视台、新浪网等媒体甚至提前对张呈栋进行了专访，只待官方宣布后就第一时间播出或发布。

　　结果，1 月 9 日的官宣推迟了，一度让人觉得是不是张呈栋的转会发生了变化，是不是新股东进入国安后，又强力挽留了张呈栋。结果证明，只是官宣的时间推迟了。因为 1 月 12 日，在华夏幸福队出现在首都机场时，身穿华夏幸福队 28 号队服的张呈栋立刻被很多球迷认了出来。不愿相信，但不得不信，张呈栋真的离开北京国安了。果然，第二天下午 17 时，两家俱乐部同时官宣张呈栋转会。

　　虽然之前无论是球迷，还是张呈栋自己，都已经有了一定的思想准备，但当官方消息终于发布，要正式面对这个现实时，依旧泪水盈眶。不舍的不只张呈栋自己，还有一直支持、喜爱张呈栋的北京国安球迷们。

　　舍不得北京、舍不得国安、舍不得工体、舍不得朝夕相处的队友、更舍不得那些为国安呐喊助威的热心球迷、舍不得……舍不得的有太多太多。

才离开就想念。张呈栋说，从没觉得说出再见会有这么难，但当真的要说再见的时候，却开不了口。再见两个字很简单，说出来却很难，三个半赛季的感情积淀，不是一句再见，一个转身就能了却的；那种感受，那种情，不是一句再见就能表达出来的。

尽管如此，到了该说再见的时候还是要说再见的，作为一名职业球员，离开是一种选择，也是职业球员应该面对的一部分。张呈栋说，唯有做最好的自己，踢出更精彩的比赛，才是对爱自己球迷的一种回报。无论走到哪里都不会忘记北京国安球迷对自己的支持。既然不能再当国安的十一人，那就一起做国安的第十二人。

是有多不舍，才离开就想到要归来。张呈栋说，现在虽然离开了，但不代表将来不会再回到国安。如果将来有机会，张呈栋说他愿意再次回来，再回到国安。未来的事情，谁能说得准，何况职业足球运动员的流动是非常正常的事情。

人都是有感情的，离开总有太多的不舍，张呈栋不舍北京国安，也不舍国安的球迷。同样，北京国安的队友还有北京国安的球迷也都不舍张呈栋离开。翻开北京国安的微博、微信以及贴吧的留言，有太多给张呈栋的留言，但大都是感谢与祝福、不舍。感谢张呈栋为国安做出的贡献，希望未来会更好。

一位球迷说，不希望张呈栋离开国安，还想在赛场上看到张呈栋身披绿色战袍踢球的身影，可又不能左右结果，但球迷们很理解张呈栋身为一名职业球员做出的选择。他们不后悔支持张呈栋，他们依然喜欢张呈栋，依然很想拥有张呈栋的签名、合影。还说，很舍不得张呈栋，要张呈栋不要忘记还有一群一直支持他的北京球迷……

情依依，别依依，北京球迷虽然不舍张呈栋的离开，但更多的是祝福张呈栋。正所谓球迷给张呈栋的留言一样，"愿有前程可奔赴，也有岁月可回首"。千言万语化作无语，唯有祝福是最好的不舍。

F⚽⚽tball

国家队
部分

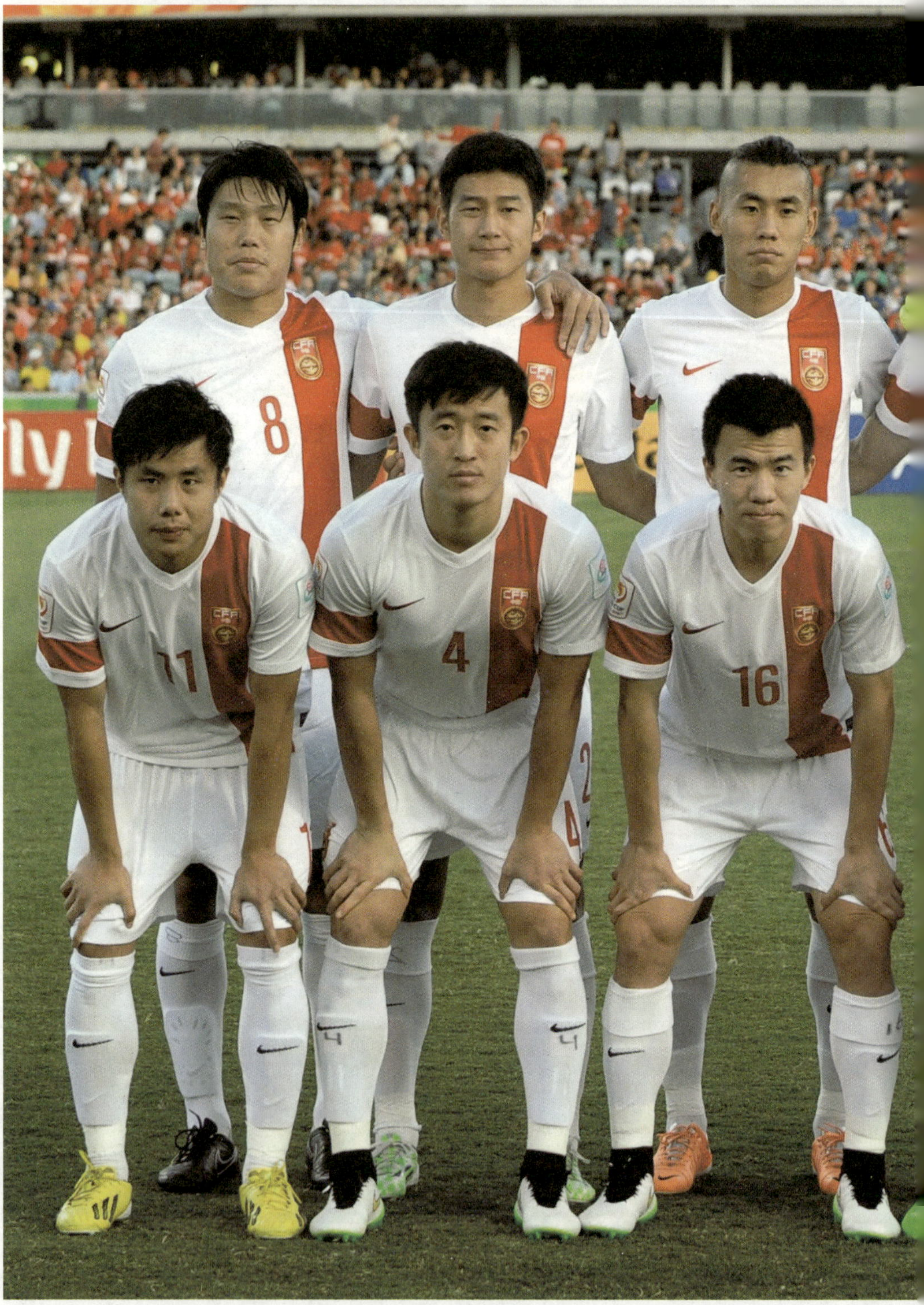
8
11
4
16

初披国足战袍对阵巨星 C 罗

　　对于每一个足球运动员来说，他们从小到大唯一一个相同的梦想，就是有一天能够身披国家队战袍，站在世界的舞台上为国而战。张呈栋自是不例外，在他人生的第 21 个年头里，留洋在外的他，终于作为一名新人如愿入选中国国家队，虽然那个时候他并不被更多的球迷熟知。

　　也正是从那时开始，张呈栋就一直被每一届国家队主教练所欣赏，从高洪波到卡马乔，从佩兰再到高洪波，直至"银狐"里皮，从 2010 年开始，每一届国家队主帅的麾下都有张呈栋的身影，能够有这样的经历，在现役国脚里面确实为数不多。

　　2010 年 3 月份，刚刚度过 21 岁生日的张呈栋收到了国家队的调令，那个时候张呈栋还在葡乙联赛的马夫拉俱乐部效力，对于这个在 2009——2010 年赛季葡萄牙杯第 5 轮的比赛中，客场面对葡超豪门里斯本竞技上演了帽子戏法，当时的国家队主教练高洪波自然要看看，这个叫张呈栋的小伙子是不是一块未经雕琢的璞玉。

　　一方面因为张呈栋与里斯本竞技队的比赛表现出色，另一方面也是得利于刚好国家队要来葡萄牙进行一场友谊赛。当时除了张呈栋外，另一名在葡萄牙甲级联赛效力的中国球员王刚也一同入选了这一期的国家队集训名单。而此前曾经效力过本菲卡队的于大宝则因为刚刚回国，无缘这场与葡萄牙国家队的比赛。

张呈栋是在 2 月底接到了国家队集训通知，并被告知国家队在葡萄牙当地时间 3 月 3 日在里斯本进行一场友谊赛，对手是葡萄牙国家队。作为在葡萄牙留洋的球员，能够与葡萄牙国家队打一场比赛，是怎样一种兴奋的感觉。用张呈栋的话说：感觉像做梦一样。就连张呈栋马夫拉俱乐部的队友在知道了这个消息后都替他高兴，因为很多人可能一辈子都没有这样的机会，能够与葡萄牙国家队进行比赛，想想都觉得幸福。

那一次，高洪波除了征调了张呈栋、王刚这两名在葡萄牙留洋的球员外，还招入了当时在海外留洋的其他几名国脚，像当时在苏超凯尔特人的郑智、在德甲沙尔克 04 的蒿俊闵、在德乙科特布斯的邵佳一，这几名老国脚都先在国内成名后留洋欧洲的，故参加的联赛质量也比较高。在张呈栋看来，能够与这些在欧洲主流联赛效力的老大哥一同进入国家队，是一种幸运。

张呈栋所在的第一期的国家队队友中，还有邰林、曲波、杜威、赵旭日、于海、姜宁这些国家队常客。值得一提的是，在那次葡萄牙的国家队集训里，张呈栋遇到了和自己同年龄段的张琳芃。曾经在国青的时候，他们两个就是很要好的队友，那时候张琳芃一直是国青队的队长，两人相约，将来要努力进入国奥队、国家队，并一同在国家队打上主力，为国家队取得好成绩。没想到，当时还属于国奥队适龄球员的两人一同入选了高洪波指导的那届葡萄牙集训的一期国家队，当年的约定提前实现了。只不过两人当时在国家队都不是主力，而 5 年后的澳大利亚亚洲杯上，张琳芃、张呈栋、吴曦、任航、武磊这些 1989 年国奥队球员会聚国家队，并且以国家队主力身份帮助中国队实现了自 2004 年后的亚洲杯最好成绩。

国家队来到葡萄牙后，马拉夫俱乐部专门派人把张呈栋送到了里斯本与中国国家队会合，这在马夫拉看来，绝对是一件大事。在里斯本下榻的酒店里，张呈栋第一次以国脚的身份穿上了中国国家队的球衣。虽然与以前在国青队时所穿的球衣相差无几，但这毕竟是第一次正式进入国家队，身边的队友很多都是自己少年时代的偶像，比如邵佳一、郑智这些老大哥们。那一次入选国家队张呈栋历久弥新，至今，张呈栋清楚记得自己第一次身穿国家队的球衣号码是 15 号。张呈栋说，在他的印象里，肇俊哲在国家队时候穿的是 15 号球衣，而辽宁队是张呈栋第一支效力的职业球队，进入国家队能穿 15 号球衣，也算是跟辽足、跟肇俊哲的一种缘分。

在里斯本，国家队集体观看了一场里斯本竞技主场和另一支葡超豪门波尔图的比赛，看后，所有中国球员都称比赛速度太快，还有队员打趣张呈栋，当时进里斯本仁球的感觉，是不是连自己都不敢相信。

虽说葡超在欧洲联赛的整体水平赶不上英超、意甲、德甲、西甲、法甲，但像里斯本、本菲卡、波尔图这三支老牌劲旅绝对算得上是欧洲的豪门球队了。张呈栋说，这场友谊比赛，葡萄牙国家队派出主力阵容迎战中国国家队，包括当时正如日中天的 C 罗也首发出场。而半年前 C 罗以打破世界纪录的 8000 万英镑转会费从英超红魔曼联转会到了西甲银河舰队皇家马德里。在葡萄牙，C 罗早已经是家喻户晓的第一足球明星，而在欧洲足坛乃至世界足坛，C 罗同样属于顶尖球星。对于这样的一场比赛，应该说无论是作为中国国家队的队员，还是作为中国的球迷们都非常期待。

北京时间的 3 月 4 日凌晨 4 点 45 分，葡萄牙国家队和中国国家队的这场比赛是在里斯本的科英布拉大学体育场开战，虽然国内没有电视转播，很多球迷还是通过网络观看了现场直播。那场比赛的焦点人物无疑是 C 罗，C 罗的表现也不负众望，上半时 35 分钟，C 罗在中场利用自己的拼抢获得足球后，上演了半场狂奔的好戏，然后轻松助攻无人防守的阿尔梅达，后者打破场上僵局。C 罗的这次突破后长途奔袭，也让张呈栋连声感叹：C 罗个人能力实在太强了，不仅有技术、有速度，身体素质也绝对一流。

稍显遗憾的是，张呈栋在那场比赛中并没有首发，下半时开始的时候高洪波用张呈栋换下了郜林，面对实力明显强于自己的葡萄牙队，张呈栋与国家队的队友们一直用顽强的防守阻击着对手一次次进攻，直到比赛进行到伤停补时，葡萄牙队在禁区外的一次远射，结果足球在飞行过程中变线飞入了球门，最终中国队以 0 : 2 负于葡萄牙队。虽然国家队的首秀失利了，但是比赛的过程已经让葡萄牙球迷记住了中国队的球员们，特别是下半时登场的张呈栋、王刚。因为张呈栋

曾于里斯本上演的帽子戏法一夜间让太多的葡萄牙人记住了他，而王刚当时就效力于葡超球队，两人在葡萄牙已经通过不断的比赛逐渐有了拥护自己的球迷，这些球迷也自然来到现场观看比赛，所以在比赛中间或听到有不少当地球迷高声呼喊两人的名字。

这是张呈栋在国家队的处子秀，那场比赛过后，张呈栋更加坚定了继续留在欧洲踢球的想法，他知道，以自己的年龄和比赛经验，留在欧洲进行比赛和训练得到的帮助更大。因为那个时候即使回国，就算能在中超球队打上主力，得到的锻炼价值也不一样，自己年纪还小，还有上升的空间和发展。果然，在那次国家队比赛后，张呈栋便在新赛季登陆了葡超，得到了一个更高的可以磨炼自己的平台。

因为伤病向国奥战友说一声对不起

由于年龄偏小，经历了 2010 年 3 月的国家队处子秀后，张呈栋和那些 89 年龄段的球员都没有入选随后几期的国家队。但作为国奥队的适龄球员，张呈栋一直在国奥队教练组的考察视线中，为此张呈栋一直在葡萄牙联赛卧薪尝胆、苦练内功。

由于在马夫拉队那个赛季的出色表现，被葡超俱乐部莱利亚相中，破格从葡乙直接跳级来到了葡超联赛，并且表现同样不错，时任国奥队主教练孙卫非常欣赏张呈栋，多次在公开采访时表示，已注意到在葡萄牙留洋的张呈栋，并说他在葡萄牙的比赛表现非常不错，是国奥队重点关注的海外球员。

考虑到当时张呈栋已经在葡超打上比赛，而国奥队的一些比赛又不是国际足联比赛日的比赛，为了能够让张呈栋在葡超安心打比赛，孙卫告诉张呈栋留在葡超踢比赛，比回国跟随国奥队打一些热身赛重要，锻炼价值也更大，对于国奥队来说，最重要的还是 2011 年 6 月份的奥运会预选赛。

虽然孙卫在亚运会后因为战绩不佳而下课，却没有影响到后面的教练组对张呈栋的持续关注。正常情况下，张呈栋应该在奥运会预选赛的阵容中占据一席之地的。但没有想到，2011 年 1 月 17 日，张呈栋经历了他职业生涯的第一次重伤，意外的受伤导致第五跖骨骨折，这一伤就是 4 个多月，不仅无法参加葡超那个赛季剩余的联赛，自然也落选了国奥队的集训。

不过，时任国奥队教练的克罗地亚老帅布拉泽维奇并没有忘记这位曾经三次攻破里斯本竞技队的适龄球员，因为当时队内严重缺乏前锋，只有董学升、王刚两人。球队最大的问题是破门乏数，所以布拉泽维奇一直在关注张呈栋的伤势恢复情况。在临近奥运会预选赛时，得知张呈栋的腿伤基本痊愈后，布拉泽维奇立刻决定招入张呈栋，让张呈栋先来国奥队看一看，如果能够参加比赛，还是希望张呈栋给国奥队的进攻带来帮助。就这样，2011 年 5 月 20 日，中国足协发布了国奥队备战奥运会预选赛的大名单，张呈栋的名字赫然在列。

2011 年 6 月 1 日，国奥队在上海迎来了最后一期集训，19 天后他们将正式打响奥运会预选赛。这既是张呈栋第一次进入布拉泽维奇的集训名单，也是张呈栋在年初受伤以来第一次参加有球训练。国奥队最后一期集训征调张呈栋，可以想象当时布拉泽维奇对张呈栋寄予的重望。

来到国奥队，队医在检查张呈栋伤势时发现，虽然受伤部位的第五跖骨已经没有问题。但因为将近 5 个月没有进行训练，左腿肌肉已经略见萎缩，对比右腿的肌肉，张呈栋的左腿明显细了一些。虽然受伤后第一次参加分组对抗，但训练中张呈栋无论在跑位、突破，还是抢点方面，意识都非常强，只是在对抗方面身体还不行。而身体对抗方面一直是张呈栋的强项，过去他最突出特点就是身体强壮、对抗占优。但由于伤病恢复时间的原因，张呈栋不但不能把这个优势体现出来，还在与其他队友的对抗中经常摔倒，这种情况下，张呈栋显然无法进行正常的比赛。

布拉泽维奇着急，张呈栋自己更着急，国奥队训练结束后，张呈栋甚至主动提出要进行加练。布拉泽维奇立刻制止了张呈栋的想法，虽然他很理解张呈栋的心情。他告诉张呈栋：他现在的身体不能立刻上太大的强度，否则很容易导致肌肉受伤。

由于距离奥运会预选赛的正式比赛只有不到 20 天的时间，虽然在后面的训练中，张呈栋恢复得很快，训练积极性也非常高，但因为身体无法达到高强度比赛的要求，布拉泽维奇也只能忍痛割爱，没有将张呈栋列入最后的参赛名单。

令人遗憾的是，国奥队随后在与阿曼国奥队的两场淘汰赛中均告失利，未能获得接下来参加奥运会预选赛亚洲区 12 强的资格。国奥队被淘汰的当天晚上，张呈栋虽然没有在球队中，也一样为队友们的比赛失利潸然泪下。张呈栋说，他很遗憾，因为伤病的原因没能和队友们一起战斗。但依然感谢队友们在比赛中的努力，尽管国奥队最终出局，但这也是足球的魅力所在。只要大家一如既往地热爱足球、为中国足球奋斗，一切重新再来。

第一次世界杯预选赛之旅

　　未能帮助国奥队尽一份力，走出低落情绪的张呈栋把所有的力量都投入训练中。在葡萄牙，张呈栋来到了另外一支葡超球队贝拉马尔，在这里张呈栋又重新找回了出色的状态。在 2011 年葡超联赛前 20 轮联赛中，张呈栋 19 次首发，而且收获了 4 粒进球、2 次助攻。这样好的状态，自然引起新一届国家队主教练卡马乔的注意。2011 年下半年，22 岁的张呈栋再次入选国家队。

　　相比于第一次入选"高家军"只是参加与葡萄牙队的友谊赛，这一次张呈栋是被征调到世界杯预选赛的阵容中。2011 年 10 月份，国家队将在深圳迎战同组的最大竞争对手——伊拉克队，卡马乔招入了张呈栋，在当时的国家队名单中，张呈栋是唯一一位在欧洲留洋的国脚。

　　由于不是第一次入选国家队，国内媒体对于张呈栋的入选没有更多的报道。反倒是葡萄牙媒体给予了更多的关注，由于卡马乔教练不只在西班牙足球界大名鼎鼎，在葡萄牙足球界也是赫赫有名，再加上又招入了在葡萄牙贝拉马尔俱乐部效力的中国籍球员，自然是一件很有新闻性的事件，葡萄牙的《球报》《Terranova》《TVI24》等多家媒体都给予了报道。贝拉马尔俱乐部的官网更是在第一时间对张呈栋入选国家队进行了报道，官网写道：卡马乔在葡萄牙家喻户晓，现在身为中国国家队主帅的他召入了张呈栋，让我们俱乐部的中国人有了再次代表国家队出场的机会。

能够再次入选国家队，而且还是被西班牙名帅卡马乔相中，张呈栋自是高兴。他说，入选国家队一直都是他的最大梦想，自己一直渴望能够为国而战，虽然曾经有过一次为国家队出场的经历，但毕竟只是热身赛，而这次不一样，是代表国家队参加正式的世界杯预选赛，是很关键的战役。

很快，在国家队张呈栋得到了卡马乔的信任，那个时候，虽然张呈栋在贝拉马尔俱乐部已经改打后腰、偶尔才会打一打左前卫，但在卡马乔的战术体系中，卡马乔教练还是把张呈栋定位在前锋、攻击性前腰的位置上。

这一期的国家队中，有昔日的辽足队友于汉超，还有过去在国青、国奥队友张琳芃、吴曦、郑铮，以及曾经共同留洋葡萄牙的于大宝。与队友们相见，分外亲切。那个时候，张呈栋的葡语已基本不存在问题，正常交流更是驾轻就熟，不仅可以和国家队里的助教直接用葡萄牙语交流，就是主帅卡马乔也能简单的沟通，因为葡语和西语很相似。此外，张呈栋还可以给队友们偶尔客串一下翻译的角色。

在深圳，国家队首先与来访的阿联酋队进行了一场热身赛，张呈栋在下半时替补郜林出场，这是时隔一年半，张呈栋再次身穿国家队战袍亮相，这一次卡马乔把象征前锋的 11 号球衣交给了张呈栋。

与伊拉克队的那场关键性比赛中，国家队在上半时一球落后的情况下，下半时加大攻势，卡马乔用张呈栋换下了司职前腰的陈涛，与郜林一同打起了双前锋，可惜尽管中国队对伊拉克城门形成围攻，但仍然没有破门得分，最终以 0：1 的比分输掉了这场非常关键的比赛。

一个月后，张呈栋再次入选国家队，随队参加客场与伊拉克、新加坡的两场比赛，这也意味着年轻的张呈栋已经得到了卡马乔的充分信任。应当说，当时在国家队的中锋位置上，既有韩鹏这样的老将，又有郜林这样的中生代，即使是和张呈栋年龄相仿的也有于大宝、杨旭。而在这些中锋里，郜林是卡马乔的第一人选，张呈栋与韩鹏则是郜林的替补，这对于在葡萄牙一直踢后腰位置偶尔踢边前卫的张呈栋来说，已是相当不容易。

11 月 11 日，中国队在多哈对阵伊尔克，这场生死战中国国家队再次以 0：1

负于对手，基本上提前出局。在这场比赛中，张呈栋替补郜林出场。4 天后，客场与新加坡的比赛张呈栋再次替补郜林出场，国家队以 4∶0 大胜对手。

连续两期入选国家队，张呈栋基本为外界所熟悉，大家都知道国家队有了一个留洋葡萄牙的海外国脚。对于张呈栋而言，国家队的这两期集训，四场比赛都获得出场机会，已经足矣。只是非常难过的是，国家队却输掉了两场最重要的比赛。和其他国脚一样，张呈栋的第一次世界杯冲击之旅就这样结束了。张呈栋说，其实那两场比赛国家队还是有机会进入 10 强赛的，就是差了那么一点点，如果当时在主场能够拿下伊拉克就没什么问题了，可惜还是太着急了。包括到了客场，也是最后一分钟才被对手进了球，论实力中国队其实并不比伊拉克差，只是没有发挥出一个比较好的水平。

通过国家队的两期集训，张呈栋不仅得到了切身锻炼，还和队友们增加了默契感，以前只是和张琳芃、吴曦、郑铮这些在国青、国奥的队友们训练过，算是相互了解一些。但对于大多数的国家队的队友还是不了解的，不过，在参加了国家队的两次集训与比赛后，倒是让张呈栋对国家队队友们的特点有了更多的了解和熟悉。

结束两次留洋都因害怕影响国家队

通过两期国家队集训、比赛，张呈栋已经得到了球迷、媒体的认可，主教练卡马乔也把张呈栋划为国家队大的框架中。2012 年 2 月份，国家队再次集结，只是与对手约旦队的比赛已经没有了任何意义，因为国家队已经在世界杯预选赛上提前出局。而 2 月份正是欧洲联赛进入下半程的关键时期，顾卡马乔并没有招入张呈栋。

2012 年 6 月份，中国国家队将在西班牙塞维利亚与世界冠军西班牙队进行一场友谊赛。卡马乔提前通知张呈栋所在的葡超贝拉马尔俱乐部，征调队伍中的中国前锋张呈栋，参加与西班牙队的比赛。

得到卡马乔的调令时，2011——2012 赛季的葡超联赛刚刚结束，张呈栋在那个赛季出场 26 次打进 6 球，同时还有 2 个助攻，虽然数据并不是很惊人，但在讲究整体打法的贝拉马尔队，张呈栋已经是队内的头号射手。至今，张呈栋也认为那个赛季是他四年留洋生活中最美好的一段时光，没有伤病、完整地参加了球队的比赛，在帮助球队保级的同时，自己也取得了非常大的进步。

能够代表中国队参加与西班牙队的比赛，再一次让张呈栋激动不已，甚至比自己第一次入选国家队参加与葡萄牙的比赛还要激动。

非常可惜的是，6 月 3 日，在塞维利亚与世界冠军西班牙队的那场比赛中，赛前领到了国家队 9 号球衣的张呈栋却没有获得出场机会。那场比赛，吸引了不少经纪人和欧洲俱乐部的球探，其中有不少人就是专门为张呈栋而来。因为张呈栋在刚刚结束的葡超联赛中表现非常出色，很多俱乐部已经相中了张呈栋，也想希望通过这场国家队比赛来进一步观察张呈栋。

非常可惜，张呈栋没有在与世界冠军西班牙队的比赛中亮相，但这没有对张呈栋的转会前景造成影响，格拉纳达、巴列卡诺、拉科鲁尼亚都提出想租借张呈栋。不过，因为当时拥有张呈栋所属权的马夫拉俱乐部要求必须支付租借费或转会费，几家西班牙俱乐部只好作罢，最终德乙的不伦瑞克同意支付租借费，张呈栋才去了德乙联赛。

只是在不伦瑞克，张呈栋一直没有获得主力位置，自然影响了在国家队的位置。于是，2013 年夏天，张呈栋做出了返回中超的决定，其中一个主要原因就是希望能够在中超证明自己，重新返回国家队。

无独有偶，张呈栋在二次留洋前往西班牙的时候，同样也是因为在巴列卡诺打不上比赛而影响了国家队的比赛。那时，尽管国家队主教练佩兰还是非常信任张呈栋，一直给予张呈栋首发的位置，怎奈由于张呈栋在西甲赛场长期打替补的原因，还是对体能影响很大，导致状态不佳。

其中最明显的体现就是 2015 年 10 月客场与卡塔尔队的比赛，张呈栋从马德里直接飞到多哈参加那场 40 强的关键一战。本场比赛，佩兰仍然安排张呈栋首发出场。可是在打到 80 分钟的时候，张呈栋竟然出现了要抽筋的现象。当时原本佩兰打算换下前场其他球员加强进攻，但后来只能用孙可将张呈栋换下。

在比赛中出现体能不支的情况，这在张呈栋过往的比赛中简直是不可想象的事情。于是，张呈栋在 2015 年底做出了结束第二次留洋回归中超的决定。对于张呈栋来说，与其继续在巴列卡诺将冷板凳坐穿，不如回国参加联赛，这样也能够保持良好的状态与体能，才能再次在国家队站稳脚跟。

最难忘的亚洲杯比赛为 89 国奥正名

结束第一次留洋，回到中超、加盟国安，重新证明自己，再次返回国家队，这是张呈栋为自己制订的回归计划。在经历了 2013 年下半个赛程的适应，张呈栋随后用了一个准备期的时间征服了北京国安队教练组，2014 年的比赛刚一开始，张呈栋就立刻在国安队站稳了主力位置。

2014 年 2 月 28 日，法国人佩兰成为中国男足国家队的新一任主教练，这是继卡马乔后，国家队迎来的又一位洋帅。佩兰上任后的第一项工作就是观看中超联赛，寻找新一届国家队队员。而在佩兰首批圈定的国脚名单中，就有张呈栋的名字。

从 2015 年 5 月 23 日佩兰公布第一期集训名单，到 9 月 29 日的第三期名单，佩兰先后招入了 43 名国脚，张呈栋始终位列其中。更关键的是，这期间的 7 场比赛中，张呈栋成为 43 人中唯一一位 7 场比赛全部首发的球员，这足以可见张呈栋在佩兰心中的位置。7 场比赛场场首发，也让张呈栋以 543 分钟成为国家队前三期比赛出场时间最多的球员。

就这样，张呈栋稳稳地在国家队获得了主力位置。而与张呈栋一同进入佩兰国家队的国脚中，很多人都出生于 89 年，像吴曦、姜至鹏、王大雷、梅方、孙可、任航、蔡慧康、雷腾龙、于洋、朴成这些球员，都曾入选过 89 年龄段的国奥队。

此外，武磊虽然比其他人小两岁，但也是布拉泽维奇国奥队的成员。

就这样一批从国少、国青，再到国奥队球员，因为2011年的奥运会预选赛中被阿曼国奥队淘汰，甚至没能进入亚洲区的最后决赛阶段比赛，被外界扣上了"史上最弱国奥队"的帽子。如今，这批89年龄段的球员又进入了"佩兰时期"的国家队，张呈栋和这些昔日的队友特别希望能够证明一件事：89年的这拨球员绝对不是像外界认为的那么差。

张呈栋说，在2011年奥运会预选赛被淘汰的时候，大家就憋着一股劲儿，希望有一天，他们89年龄段的球员，能够在国家队重新证明自己。而佩兰国家队招入的多数球员正好是当年89年龄段的国奥球员，而他们希望能够打出让球迷叫好的比赛。

因为有一股想证明自己年龄段实力的劲头，这些昔日的队友再聚到一起，无形中就增添了空前的凝聚力。而凝聚力对于一支团队来说就是一种力量，一大法宝。"千人同心，则得千人之力；万人异心，则无一人之用。"

张呈栋说，89年这批球员大都比较简单，不多事，也没有人抽烟、酗酒，彼此间没有什么矛盾。还有，性格宅的比较多，居家。其中一些也都成家较早，大家都很有责任、有担当。这样一群人，来到国家队后，也无形地很团结，或许因为心底都有股要为自己是89这批球员正名的劲头。平时大家聚在一起，吃饭、聊天、做一些餐桌上的小游戏，其乐融融，气氛和谐，大家都很期待国家队的下一次集训再来。

正是凭借这股团结的劲头，这一拨89年龄段球员加上当时国家队中的郑智、郜林、于汉超、杨旭这些球员，大家共同努力让国家队2015年初的亚洲杯决赛阶段的比赛一炮打响，小组三战三胜，中国队以小组第一名的身份晋级八强。这个成绩也是国家队自2004年获得亚洲杯亚军后的最好成绩。

张呈栋说，2015年的亚洲杯，小组赛和乌兹别克斯坦队的比赛印象是最深的。以往国家队与乌兹别克斯坦队交手，基本上很少能够赢球。那场比赛国家队在上半时落后，但下半时实现逆转。如果放在过去，中国队在正式比赛中落后的情况想要扳平都很难，更别说反超比分，但那一次中国队做到了绝地反击。

亚洲杯后，89年这一批国奥队员们，在2015年的亚洲杯的国家队比赛中，用实际行动真真切切地为自己正了名，也证明了自己。他们并不是史上最差的一届国奥队，他们同样有能力为国家队做出贡献。

在佩兰时期，张呈栋一直司职右后卫，但实际上2014年在国安队中，张呈栋一直打的是右前卫。就是说在俱乐部与国家队的比赛中，张呈栋要不停转换场上角色与位置职责。在国家队，佩兰给张呈栋的要求是：进攻要起到边前卫甚至边锋的作用，防守要起到边后卫的作用，所以几乎每场比赛，张呈栋都是队中跑动距离最多的球员。张呈栋也以出色的表现终于成为国家队不可或缺的球员。虽然在接下来不到一年的时间内，国家队先后经历了三位主教练，但张呈栋始终是国家队的一名主力战将。

又一次经历残酷的世界杯预选赛

亚洲杯后，佩兰顺利留任。国家队也开始备战下一项重大比赛——2018 年俄罗斯世界杯预选赛。上一次国家队备战世界杯预选赛时，还是卡马乔执教。转眼，四年过去了。这也是张呈栋第二次参加世界杯预选赛。

当初准备亚洲杯的时候，国家队有足够的时间进行备战，佩兰先在国内进行一段时间的集训，然后又提前将球队带到了悉尼进行封闭训练，此外，由于其他球队对亚洲杯并不太重视。所以，国家队在 2015 年亚洲杯上取得了超出过去三届亚洲杯的成绩，进入前八名，同时在国际足联的亚洲排名也上升到第七位，让中国队在接下来的世界杯预选赛亚洲区四十强赛成为种子队。

也正因为如此，让国家队没有充分预计到世界杯预选赛的残酷性。四十强赛的时候，中国队与卡塔尔、中国香港、马尔代夫、不丹分在一组。这是一个在很多人看来非常不错的分组，也是人们常说的"上上签"。而且中国队是以小组种子队的身份抽到的这一组的对手，当时很多人认为，即使中国队不能以小组头名出线，也绝对会以小组第二名的身份晋级十二强赛。

可惜的是，所有人都忽视了中国香港队。虽然中国香港队的排名远在中国队后面，但吸收了不少归化球员的中国香港队已经完全变了样子，当时的中国香港队的实力已经不可小视。结果，中国队在双方第一回合的比赛中，坐镇深圳主场

就被对手０：０逼平。

虽说最终中国队在 40 强赛惊险出线，但在张呈栋看来，中国队还是忽略了亚洲杯与世界杯预选的不同，毕竟 40 强是主客场的比赛，要考虑的问题也多，比如对每一个对手的详细分析，比如如何针对主客场的比赛调整赛程，如何适应主客场天气，还有裁判、球迷这些因素，都会有一定的影响。总之，中国队还是欠缺一些经验。

整个四十强期间，最后对出线形势产生巨大影响的两场比赛无疑就是与中国香港队的那两战。第一回合主场对阵中国香港队，中国队非常不走运，多次将足球设在横梁和立柱上，缺少幸运女神的青睐，中国队只能无奈地与对手０：０互交白卷。

在主场被中国香港队逼平后，国家队主教练佩兰开始产生了急躁的情绪。佩兰甚至在训练中公开批评了一位错过进球机会的国脚，这样的做法无疑让球队背上了沉重的思想包袱。

与中国香港队的两场比赛，张呈栋都没有上场，坐在场下的张呈栋反而能够很清楚地看到，对手的防守非常严密，特别是归化球员的个人能力很是突出。面对中国香港队摆出的铁桶阵，中国队确实很难创造出有威胁的进攻。

客场与中国香港队的比赛，场上的过程几乎完全是首回合的翻版，不仅运气不佳、进攻受阻，而且裁判竟然把中国队攻入的一粒进球吹了出来。如此残酷！中国足球真是命运多舛。而这竟是没有选择的选择，张呈栋和他的队友们只能欲哭无泪，不愿接受，也只能接受。难道中国足球又一次以这样的一种方式止步十二强赛，真的没有转机吗？

梦圆 12 强泪洒西安出线夜

关键时刻，中国足协当机立断决定换帅。在佩兰下课后，中国队一度打算再次选聘洋帅接手球队，但当时的形势下，没有哪个洋帅愿意接受一份只有执教两场比赛的短期合同，因为中国队一旦无法从四十强出线，自然难逃下课命运。

危难时，本土教练挺身而出。曾经执教过国家队的高洪波临危授命，接过了国家队的帅印。历史竟这样巧合，当初张呈栋第一次入选国家队时，主教练就是高洪波。如今，张呈栋和他的队友们面临国家队的生死战时，主教练还是高洪波。

上任后，高洪波没有对国家队人员进行太多的改变，张呈栋依旧是队中的国脚，却不是队中的主力球员。2016 年初，由于国安队的中超联赛开赛时间晚于其他中超球队，整个国安队状态都不是很好，高洪波虽然招了张呈栋、于大宝、张稀哲几名国安球员，但几个人都不是队中的绝对主力。不过，高洪波的一番话还是让张呈栋有所感触。高洪波告诉大家，作为国家队队员，无论主力还是替补球员，都应该随时做好出场比赛的准备，而不应该对自己失去信心。

张呈栋需要这样的鼓劲。曾经，张呈栋是国家队的主力球员，但因为二次留洋西甲，导致失去国家队主力位置，心情可以想象。但高洪波的话，让张呈栋茅塞顿开。与其想太多，不如埋头苦练，张呈栋告诉自己：随时做好出场准备。

随后，高洪波为整个国家队进行思想动员。高洪波告诉国脚们，无论 85 年出生、87 年出生，还是 89 年出生的球员都应该把握当下，冲击世界杯是中国足球的使命，是荣耀。距离上次世界杯预选赛的十强赛已经过去 15 年，15 个年头过去了，中国足球没有任何改变。现在中国足球需要这个改变，而能够改变中国足球命运的，就是接下来的两场比赛，主场对阵马尔代夫和卡塔尔，所以，拿出信心，坚信自己能力，坚信够拿 6 分。

果然，在高洪波的激励下，国家队先是 4：0 大胜马尔代夫，随后在关系生死的比赛中拿下了卡塔尔队。在这个时候，久违的好运气终于回到了中国队身上，想要获得出线权，除了自己获胜还要看其他球队的比赛结果。结果，看似不可能发生的奇迹都神奇般地出现了。其他小组的竞争对手竟然在最后一轮纷纷败下阵来，特别是当中国队战胜卡塔尔队时，由于另外一个小组的朝鲜队确定被淘汰，中国队已经基本可以确认会以成绩最好的小组第二名出线。那一刻，无论是参加比赛的国脚，还是坐在场边的张呈栋，每一个国脚都心潮澎湃、兴奋不已，难以抑制心中的欢喜与幸福。时隔 15 年，中国队终于再次站在了距离世界杯最近的赛场上。十二强赛，中国队回来了。

张呈栋说，信心很重要，是成功的一半。而另一半是，因为没有放弃。因为没有放弃，所以成功。尽管冲击十二强赛那么难、那么渺茫。但大家努力到最后，坚持到最后，或许因为这份努力、坚持和不放弃，中国队终于可以不留遗憾了，终于把不可能完成的任务完成了，如愿进入十二强赛。

西安出线那一夜，张呈栋和所有热爱中国足球的人们一样幸福不已。那天晚上，张呈栋接到了很多亲人、朋友的电话，大家纷纷祝贺国家队终于可以打十二强赛了。那一夜，人们都格外的欢呼与雀跃，因为是值得庆祝的夜晚。那一夜，因为中国足球欢乐而欢乐，那一夜，因为中国足球，无眠。

张呈栋说，在西安的那个晚上，想了很多。中国队冲进十二强赛，是一件大事。当初喜欢上中国足球是因为中国队参加 1997 年十强赛。那个时候特别喜欢郝海东、范志毅踢点球，还有当时被称为"四小天鹅"的健力宝球员李铁、李金羽，那时最大的梦想是希望将来有一天能够和他们成为同行，成为一名优秀的足球运动员，这是当年看中国队打十强赛的最大感受。这次，中国队又一次冲进十二强赛，不仅对中国队自身是一种刺激，更能够鼓舞中国足球，让更多的青少年有动力去踢球。因为只有进入了十二强赛，国家队才会有关注度，才有机会与亚洲高水平球队去切磋，才会让喜欢踢球的孩子们、家长们看到未来。这才是重新进入十二强赛最值得欣慰的地方。

要想打世界杯就得多积累 12 强赛经验

就像一个足球场上的新人面临重大比赛难免会出现紧张、发挥失常一样，已经 15 年没有打过世界杯预选赛最后阶段的中国队在 12 强赛里就是一个新人。所以，中国队的比赛就肯定会出现起伏、失误。

张呈栋在国家队还没有开始打 12 强前说，未来对于中国队来说，如果想要冲进世界杯，首先要学会打好十二强赛。事实证明，张呈栋没有说错，缺少 12 强赛经验的中国队在进入正式比赛节奏后，明显发现比赛的残酷性要远远超过四十强赛，中国队自然无法避免出现一些失误。于是，带领国家队进入十二强赛的高洪波在 4 场比赛过后黯然下课了。

对于国家队的比赛，张呈栋比任何比赛都看得重要，可惜国家队前 4 场比赛，张呈栋只参加了一场比赛。由于右手手掌的意外受伤，让张呈栋在 2016 年的夏天不得不养伤两个半月的时间。当张呈栋重新恢复训练的时候，已经错过了十二强赛的前两场比赛。张呈栋很着急，他说他特别怕像当初错过国奥队比赛一样错过国家队的世界杯预选赛，不管能否出场，都希望能够在队里尽一份自己的力量。

其实，在高洪波的战术体系中，张呈栋是一颗非常重要的棋子。因为张呈栋和于海都属于多面手的球员，在场上可以随时胜任几个位置。以张呈栋为例，在场上就可以打右后卫、右前卫、左前卫甚至前锋、后腰。最关键的是，张呈栋的身体对抗可以在国家队里面排到前几名，这是高洪波最为看重的。

可惜的是，国家队前两场比赛张呈栋因伤缺战，第三战与叙利亚队的比赛，因为张呈栋刚刚回到国家队，保险起见，高洪波没有安排张呈栋出场，结果在主场西安，中国队0∶1失利。随后客场与乌兹别克斯坦队的比赛中，张呈栋得到了首发并且打满全场的机会，怎奈中国队被实力更胜一筹的乌兹别克斯坦以2∶0击败。

负于乌兹别克斯坦队的比赛后，中国队的球员都不愿意接受采访，最终张呈栋被"强行"拉到了赛后顺采区，面对正在直播的镜头，张呈栋说，他的心情糟糕又沮丧，没能赢得比赛，客场失利很遗憾。

本尤德科体育场的客队更衣室内，气氛极其压抑，没有人知道会发生什么。几分钟后，高洪波在赛后的新闻发布会上宣布离开国家队，很多球员都在第一时间向高洪波表达了感激与支持，大家都清楚，这绝不是高洪波一个人的问题与责任。

张呈栋说，足球比赛就是这样，有时候拼尽了全力，并不一定有想要的结果，只能说这个结果对中国队实在是太遗憾了。足球比赛不是一个人的比赛，而是一个团队的比赛，十二强赛无论打得好还是不好，是大家共同的责任。毕竟没有任何人有过12强的经验，大家都是摸着石头过河。虽说大家的终极目标是冲击世界杯，但首先要攒够十二强赛的经验，可能这一次努力的结果不是很好，但如果通过这次十二强赛，知道以后这种比赛怎么打了，这就值得了。

在高洪波离开国家队帅位后，中国足协终于为国家队找来一位经验丰富的"大师"——"银狐"里皮。作为曾经意大利国家队的主教练，里皮曾经带队获得过2006年世界杯冠军。里皮上任后，虽然明确表示新国家队框架会以恒大为班底，但里皮同样没有忽视那些有实力球员，张呈栋顺利入选里皮一期的集训名单。只不过，在昆明集训期间，张呈栋因为小腿拉伤，也未能参加与卡塔尔队的比赛。

张呈栋说，里皮带给国家队最大的变化就是有信心。里皮在训练中要求内容细致、训练认真，甚至不乏亲力亲为。而对于非恒大队的球员来说，就是抓紧时间适应里皮的战术思想，尽全力发挥出自己的水平。当下最重要的就是全队要一起努力先赢得一场十二强的比赛。

Football

家人朋友部分：

那些家人 和
朋友们

相比于大多数足球运动员的粗线条性格，张呈栋更显得内敛、细致。球场上，他作风硬朗、堪称"拼命三郎"；球场下，他是一个慢性子、好脾气，性格随合的邻家大男孩。也正因为如此，结交了不少良师益友，张呈栋把他们看成自己人生路上极其宝贵的财富。一路走来，张呈栋说他最大的收获是认识了这些朋友，尤其在自己迷茫的时候，是朋友给予了他不少的帮助，还有积极的建议。张呈栋很感激，感激朋友们的一路相随与相伴。而他无以回报，唯有真诚相待。

那些让自己格外尊重的老大哥

邵佳一，足球圈内一致公认的楷模型球员，无论是球技还是人品，都在业内得到公认的好评。认识邵佳一还是在张呈栋加盟北京国安前，那是 2010 年，张呈栋 21 岁。第一次入选国家队的他，与邵佳一同参加了中国队与葡萄牙国家队的一场友谊赛。那个时候，邵佳一在德乙的科特布斯队效力。张呈栋作为刚刚留洋的晚辈，在葡乙联赛的马夫拉俱乐部效力。虽然两人第一次相见，还有不小的年龄差，但并没有太多的生疏感。抱着学习的心态，张呈栋自然少不了向邵佳一请教。也因此，两人建立了联系。

张呈栋说，虽然邵佳一在国人中的名气不小，但没有所谓的傲气，不端架子，也没有爱搭不理的清高，人特别好，不管有什么问题，只要问到他，他都会认真地解答，耐心地解释，和气且谦逊。

张呈栋眼中，邵佳一绝对是中国职业运动员中的榜样，不仅仅在赛场上，赛场外的很多方面也都值得年轻运动员学习。也因为邵佳一的好性格，好接触，张呈栋才愿意在大事、小事上一次次找到邵佳一，听取他给出的建议。尤其是，在张呈栋几次遇到人生重大转折的时候，都征求了邵佳一的意见，而邵佳一从没有敷衍了事，每次都细致地帮助张呈栋分析、判断，然后给出一个合理的建议。

2012 年夏天，张呈栋经历了三年的葡萄牙留洋后，希望能够去更高的平台闯一闯。按照张呈栋的想法，如果能去西甲当然是最理想的结果，但是因为租借费的问题，张呈栋错过了登陆西甲的最好时机。那个时候，站在了十字路口的张呈不知去何从。

迷茫间，他想到了邵佳一，希望这位前辈能给自己一个参考意见。当时邵佳一已经结束留洋回到国安，张呈栋打电话给邵佳一，说明了自己的情况后，曾在德国留洋的邵佳一给出了自己的建议和观点。

邵佳一告诉张呈栋，作为一名球员，如果觉得自己还有一颗在外面闯荡的心，有通过努力得到可以提升的空间，就不要着急回国踢比赛，毕竟张呈栋的年龄不算大。而中国足球联赛的水平不比欧洲足球联赛的水平高，就算是锻炼自己也要留在高水平的平台。此外，乌克兰联赛在欧洲还算不上是主流联赛，联赛水平可能还不如葡超，如果去乌克兰为了工资待遇好一点，另当别论。但是，德乙联赛的平台是个很好的平台，中国球员只要能够在德乙俱乐部打上主力，将来无论回国，还是去其他联赛，都能有与人竞争的实力和资本。

就这样，张呈栋听从了邵佳一的建议，加盟德乙不伦瑞克俱乐部。由于到队较晚，加之体能原因，张呈栋一直没有在球队打上主力，邵佳一在得知张呈栋的情况后，主动打来电话给张呈栋鼓劲，一番话让张呈栋觉得很暖心。邵佳一对张呈栋说：无论多么困难，都要对自己有信心。要相信自己的能力，并不是没有能力，只不过是没赶上球队的准备期，任何教练都会优先考虑准备期的磨合阵容。还有，尽快适应新环境。德国毕竟跟葡萄牙的情况不一样，特别尽快度过语言关。

在不伦瑞克的日子过得并不开心，但张呈栋仍然坚守了一个赛季，即使在中途有国内俱乐部发出邀请，张呈栋依然拒绝了那些诱惑，一直等待到赛季结束。很多人后来问张呈栋，对德乙的那段经历是否后悔。张呈栋的回答很简单：不后悔。毕竟后来不伦瑞克队确实冲上了德甲，如果当时自己表现好，也许就跟着球队踢德甲了，那样的话，发展肯定和现在是不一样的。虽然，在德甲一个赛季后，张呈栋还是回到国内踢中超联赛。但张呈栋却一直不后悔自己当初的选择，一直认为那时邵佳一给自己的建议是正确的。

在欧洲联赛的休假期，张呈栋回到了国内。一年的德乙生涯让张呈栋萌生了回国的想法，又一次面临转折时，张呈栋还是想听一听邵佳一是怎么看的。在北京，张呈栋约见了邵佳一。

看得出来张呈栋想回国的决心，邵佳一并没有再说其他，而是主动提起了国安，还仔细向张呈栋介绍了队里情况，以供张呈栋自己参考、比较。邵佳一说，如果累了，想回国了，那就选择国安。国安是一个非常不错的俱乐部，不仅球队团结、和睦，球员间的相处也简单不复杂，而且训练质量高。并表示希望张呈栋能够加盟北京国安，说：如果选择国安俱乐部，不管有什么困难，大家都会帮张呈栋。

其实，在2013年夏天的时候，邵佳一还不是国安俱乐部的官员，只是队中一个普通的球员。但与张呈栋的交流中，邵佳一感觉到张呈栋对国安的向往与青睐，但又对国安内部的情况了解有限。为了打消张呈栋的顾虑，邵佳一才认真地介绍了队内的情况。邵佳一的介绍，让张呈栋对北京国安队更有了信心。他，决定加盟北京国安足球俱乐部。

来到国安后，张呈栋很快感受到了这个团队的包容与友好，国安队内没有任何派系，大家都跟朋友一样友好。这里有很多和张呈栋志趣相投的队友，邵佳一、徐云龙、周挺这样年龄大一点的球员也特别有谦让性，对年轻球员也很照顾；同时也有朴成、于大宝、郎征、李提香这些年龄相仿，有共同话题的队友们。直到现在，张呈栋都很感谢邵佳一建议自己选择国安。

2015赛季结束前，邵佳一宣布退役。那时候，张呈栋正在西甲留洋。退役尽管是所有老运动员最终都必须要面对的现实，但当看到自己崇拜、喜欢的偶像退役时，张呈栋还是格外的伤感。邵佳一在工体举行退役仪式时，远在西班牙的张呈栋找到两张与邵佳一以及其他队友的合影，还有一张邵佳一泪流满面的图片，在当天晚上发了一条微博。张呈栋：当初你跟我说，德国更适合中国球员的发展，我毅然决然地去了；后来你告诉我，如果回国，选择国安，我们变成了队友；你说你只剩下20%水平，可我们连你那20%的水平都达不到。将来不管你从事什么，你永远都是那个满满正能量的一哥！

这条微博是张呈栋所有微博中转发量最高的一条，大家都为张呈栋与邵佳一之间的兄弟情而感动。其实不仅仅是邵佳一，徐云龙、周挺，包括张辛昕、杨智这些年龄大一些的球员，张呈栋都对他们格外的尊重。

　　"你的存在给了国安安全感。"这是老将周挺给张呈栋的感觉。2016赛季最后一场比赛，国安送别了老将周挺。这一次，张呈栋在工体与队友们一起为周挺列队鼓掌，对于这位绿茵场上的大哥、甚至可以称得上前辈的老将，张呈栋用"传承、信仰、精神、尊重"表达自己对周挺的敬意。

逗霸朴成的玩笑陷阱

在北京国安队，张呈栋和朴成是队友，私下里也是很要好的兄弟。两个人在 2007 年相识于刘春明教练的 89 届国青队，张呈栋和张琳芃、曹赟定、吴曦、郑 铮是第一拨被刘春明挑到队里面的适龄球员，朴成第二期被征调补充到球队中的，集训期间和张呈栋分配在同一房间。从此，两个人不仅是场上的队友，也是场下的朋友了。

朴成是个朝鲜族的小伙子，性格开朗，爱开玩笑，是个大活宝。接触过朴成的人都有可能成为他玩笑的对象，就连队长徐云龙也没能逃过朴成在微博里的一通"挤兑"，至于张呈栋更是没少挨朴成的"戏谑"，简直就家常便饭一样。当然，张呈栋也偶尔"回击"一下朴成。不过，两人"互相伤害"的日子还是蛮友爱的，就连球迷们都满满地感受到。

一次球队集体拍出场阵容的照片，朴成趁张呈栋不注意，在大家还没有准备好的时候，偷拍了一张张呈栋穿便装的照片发到微博上，配上调侃的字眼，还 @ 张呈栋。

还有一次在更衣室，朴成突然蹿到正在休息的张呈栋面前"大动拳脚"，正在张呈栋一脸发蒙没弄清楚这局面到底怎么回事的时候，被朴成安排好的其他队友抓拍下张呈栋呆呆傻傻的表情。待张呈栋反应过来，再去抢朴成的手机时已经来不及了，因为照片已经被动作利落的朴成传到他的微博上去了。

从六年前到现在，张呈栋已经习惯了被"逗霸"朴成的黑与调侃了，这是朴成与朋友们的一种生活方式，也是和张呈栋私交甚好的一种体现。但偶尔回击下爱嘚瑟的朴成，感觉也是爽爽的。机会终于来了。朴成经营的一家餐厅开业了，当天朴成发了一条"欢迎大家去品尝"的微博。如果微博就这样发布了，就没有接下来张呈栋的回击了，可是，朴成非不忘顺带调侃下张呈栋，不仅不让张呈栋去他饭店的开业庆典，还说因为张呈栋长得太丑，服务员拒不接待。

这下张呈栋不放过朴成了，斗智斗勇的机会来了，他直接在微博上回复了一条：去朴成的饭店吃饭，如果需要打折对暗号。上句：请问您脸在何方？下句：老板回答远在东土大唐。

张呈栋微博的回复直气得朴成哇哇大叫，但同时也开心张呈栋还能偶尔冒出个冷幽默来，虽然和张呈栋的性格有点不太相符。两人就这样从赛场到生活，一路走来多少欢笑，当然也有不开心的时候，比如伤病。2016赛季，两人分别受伤，先是张呈栋手掌骨折，朴成去医院看望张呈栋，看到有球迷在张呈栋受伤手臂的上石膏写字，朴成也在上面秀文字，张呈栋说，虽然记不太清楚了，但诸如"两袖清风、一身廉正"应该是他的风格。

没想到一个多月后，朴成也受伤了，而且伤得还不轻，赛季提前报销。这回轮到张呈栋去医院看望朴成了，见到张呈栋后，腿上绑着护具的朴成立刻来了精神头，主动摆 pose 等张呈栋拍照。张呈栋很快上传了微博，打趣朴成这个最新"北京瘫"造型的时候，不忘送上满满的祝福，希望朴成能够早日康复。

平日里，大家都喊朴成"老朴"。张呈栋说，老朴虽然是个朝鲜族，但他的汉语说得很好，歇后语、玩笑话都很精通，和朴成聊天一不小心就掉进他玩笑的陷阱里。

虽然一脸萌萌表情的朴成爱玩爱闹，其实老朴是一个很有思想的人，还很单纯、仗义。是那种活在自己世界里的人，洒脱、奔放、不羁，在他的世界里，不要求人生多完美，但要快乐、真诚，亦如朴成的名字。

保定老乡兼大师兄郎征

　　在北京国安队，张呈栋有一个正儿八经的保定老乡——中后卫郎征。郎征比张呈栋大三岁，但比张呈栋早来国安俱乐部8年。2005年，郎征就来到了北京国安，那时候郎征刚刚19岁。

　　郎征为人老实厚道，对朋友特别真诚、对国安也是格外的忠诚。北京球迷对郎征印象最深刻的就是有一次客场比赛中，郎征为了保护国安队旗，与主队工作人员发生冲突的那一幕。而张呈栋在来到国安队后，郎征像大哥一样照顾自己的这个小老乡。

　　在国安这几年，张呈栋和郎征、张辛昕几个人经常会在一起吃饭、聊天。后来，张呈栋还在郎征家附近租了房子，就是为了平时在一起走动多一些。平时训练之余，几个人会经常凑到一起看看国安的比赛录像，总结一下自己在比赛中的发挥。然后再看一看欧洲联赛，对比一下与自己位置一样的球员怎么踢。

　　郎征的性格偏于内向，平时话也不多，但说起话来也不失幽默感，队友们都习惯管郎征叫"大郎"或是"郎哥"。大郎是一个虔诚的佛教信徒，这一点国安队内都知道。别看郎征在赛场上也是一员作风凶猛的悍将，但生活中的郎征却是格外安静。郎征的手中经常会有一串佛珠手串，只要闲下来就静静地独自"盘串"。在郎征的熏染下，张呈栋、张辛昕、张池明等队员都慢慢喜欢上了盘串，郎征还特意向张呈栋介绍了一些关于菩提、橄榄胡这些手串的知识。因为郎征是佛教信徒，所以，郎征就被哥几个叫作"大师兄"。

不丹是一个以佛教文明的国家，大部分不丹人都是佛教徒。2015年张呈栋跟随国家队去不丹打比赛，郎征专门提前在网上做了功课，让张呈栋在不丹寻找一下平时很难找到的凤眼菩提。当时张呈栋还很担心万一找不到让郎征失望怎么办，没想到，在国家队另外一名队友任航的帮助下，还真如愿找到凤眼菩提，算是帮助"大师兄"完成了一桩心愿。

张呈栋说，和郎征能够聊得来，私交也很好，除了郎征和自己是老乡外，还因为郎征为人善良、平和，不骄不躁的性格。虽说在葡萄牙的四年留洋生活已经磨去自己很多的棱角，性格改变很多，但张呈栋还是觉得郎征身上的一些东西值得自己学习，比如说那种平和、宁静的感觉，自己身上就很缺乏。但跟郎征接触的多了，感觉慢慢有了这种平和、宁静，而自己很需要这种平和的心态。

对职业运动员来说，有了这种平和的心态，不仅能够淡然地面对生活中的很多事情，更主要是能够在足球场上让自己时刻保持冷静的头脑。比如，有时候在场上和对手发生了冲突，即便是自己吃了点小亏也能保持一种平和的心态，不急不躁。另外，在受伤治疗的过程中，一个良好、平和的心态也有帮自己的伤病得到快速的恢复，否则如果心太急的话，反而欲速则不达。

2016年赛季结束后，张呈栋和郎征两个人同时被河北华夏幸福俱乐部相中。在是走是留的问题上，两人不约而同做出了相同的举动，先主动找到俱乐部高层，表达了内心的真实想法，然后再听取俱乐部高层的意见。且两人都表达了完全一致的态度：即使真的离开国安，也不会以自由身的身份离开，一定要为国安创造最大的转会利润。这一点，也让北京国安俱乐部高层非常欣慰。

最爱一起逛街的于大宝

　　张呈栋和于大宝两个人算是机缘巧合的总是命运相连。当时初到葡乙联赛留洋的张呈栋两眼一摸黑，葡语更是一句听不懂，训练中，不是凭借感觉就是猜，有时候队友、教练看张呈栋完全跟不上节奏的样子，会偶尔冒出些英语单词，张呈栋才知道下一个环节需要做什么。张呈栋苦恼极了。

　　这个时候，于大宝来到了马夫拉俱乐部，张呈栋的烦恼终于得到了解决。在葡萄牙留洋两年有余的于大宝葡语交流已经完全没有问题，对于张呈栋眼下的处境于大宝再清楚不过了。于是，性格大气的于大宝决定帮助张呈栋渡过这个难关。接下来的日子里，于大宝不仅在训练中成为张呈栋的翻译，生活里，于大宝也是更多地让张呈栋和自己多接触，并把自己在葡萄牙结识的朋友介绍给张呈栋认识，让张呈栋尽快找到融入感，尽快适应葡萄牙的生活节奏。很快地，在于大宝的帮助下，张呈栋的葡语提高得很快，只两三个月的时间便可以简单地交流了，至少在训练场上，张呈栋不再不知所措了。能够跟得上队伍的训练节奏，张呈栋很快在马夫拉俱乐部崭露头角，并在接下来的葡萄牙杯与葡超球队里斯本竞技的比赛中上演了帽子戏法，而一举成名。

　　张呈栋很感谢于大宝对自己的帮助，张呈栋说，那个时候，于大宝被租借到马夫拉队后只几个月的时间便回国了，以当时于大宝的名气完全没有必要理会自己这样的小人物，但于大宝一点明星架子都没有，不仅热情帮助还和自己成了朋友。后来，还因为两个人兴趣相投，还经常相约一起结伴同游、购物。尤其是张呈栋也回到国内踢中超，同在北京国安队的两个人更是节奏一致地逛街、购物了。

每年联赛的间歇期，两个人都结伴一同回到欧洲，而每次去欧洲都不会落下葡萄牙，两人会在里斯本停下来，住上几天，和老朋友叙叙旧。当然，两个人也都对里斯本有着不一样的情愫。留洋的几年时间里，葡萄牙就如同他们的第二故乡一样，有依赖也有想念。所以每年都要回去一次，吃吃他们曾一起吃过的菜，逛一逛他们曾经常逛过的街道、商场，买一些时尚、帅气的衣服，一直是他们两个人不变的癖好。比如，2013年，两人在柏林逛街时一起相中同一款皮夹克，然后一起买来一起穿。

当然衣服、包包不一定是大品牌，但一定要适合自己，体现自己才最好。张呈栋说，他和于大宝的很多衣服都是在欧洲买的，因为一些衣服便宜又好看，同样的品牌，在国内一件的价格可以在欧洲买上两三件了。

赛场外，张呈栋和于大宝两个人配合得很好；赛场内，两个人也同样很有默契感，从欧洲的马夫拉俱乐部的搭档配合，到国内中超联赛的北京国安队的一起搭档，两个人都可谓是珠联璧合。因为两个人的相互了解、共同的兴趣、爱好让两个人不仅成了场下的好朋友，也成为了场上的好队友。因为两个人心灵默契，在比赛中，张呈栋会非常好的执行主教练战术安排，把自己的位置职责做到最好。于大宝在场上的位置则很飘忽，只要于大宝出现在最有威胁的地方时，张呈栋经常可以准确地找到这位好搭档。所以，能够同时拥有张呈栋、于大宝的主教练是很幸福的，因为两人同时在场上的时候，张呈栋最熟悉于大宝的跑位，不仅可以防守的时候进行补位，更能在进攻的时候给于大宝送上让对手想不到的妙传。

张呈栋说：很多人都说大宝是机会主义者，其实这恰恰是他的优势。为什么同样"捡漏"，别的人捡不到，大宝总能捡到，这就是能力的一种体现，门前把握机会的能力就是一种天赋。大宝的特点是把握机会能力强，这不是哪个前锋都能做到的。足球就是这样，即使很努力，但就是缺少门前的嗅觉，而于大宝总是能够出现在可以一锤定音的位置上，这就是他的与众不同。

为人正直、业务能力强的傅博

张呈栋始终不能忘记，2002 年的夏天，在北京工人体育场的外场，在一项足球选秀活动中，傅博相中了自己，并把自己领上了一条专业的足球训练之路。

尽管张呈栋和家人最初都希望能够前往北京国安俱乐部的梯队进行专业的足球训练，但那时候想进国安的人太多，挤不进去就只能放弃了。后来，申花、鲁能、辽足这几家俱乐部中，张呈栋选择了前往辽足，就是因为认定了傅博是一个好教练，也是第一眼相中自己的教练。

年少的张呈栋并没有看错人。刚认识傅博时，傅博发现张呈栋的参赛证上写的是 1991 年出生，而经过了解得知张呈栋实际上是 1989 年出生的，当初进体校的时候就改小了两岁。为此，傅博特意找到了张呈栋的父亲，坦诚相告：张呈栋改小两岁没有意义，因为 91 年龄段也是参加 89 年龄段的国奥队比赛，关键的是如果以后跟随着 91 年龄段的球员训练和比赛，可能小的时候有优势，一旦到了成年的时候，可能就会被真正 91 年的球员甩下。于是，张呈栋的父亲张风杰听从了傅博教练给出的建议，把张呈栋的年龄改回原本的 89 年出生。

将张呈栋带进辽足之后，傅博也对这个从北京"淘"到的小球员格外重视，当时张呈栋的参赛证一直卡在河北省足协，傅博多次催促辽足，一定要把张呈栋买过来，并说张呈栋是一名非常有潜质的球员。

人常说，跟对一个好老师非常重要。对于青少年球员来说，能够在足球生涯起步阶段跟对一个教练就更重要。最初，张呈栋和自己的家人并不太熟悉傅博，只知道傅博曾经是辽宁队十连冠时期的球员。不过在当年的辽足十连冠球队中，傅博的名气并不大，马林、唐尧东、高升、傅玉斌、赵发庆这些国家队的主力才更加出色。但张呈栋来辽宁队后，听很多辽宁球迷以及队里的其他教练介绍才知道，傅博当初在辽宁队时的表现并不比当年的那些国脚们差，只不过因为傅博的年龄比这些队友们小了三四岁，才被一直压在替补席上。有一年，在辽宁队与国家队的比赛中，国家队拥有多名辽宁队主力情况下，竟然被以替补阵容为主的辽宁队 3：0 击败，代表辽宁队出战的傅博就在那场比赛中上演了帽子戏法。

张呈栋说，傅博是那种人品和能力都非常好的教练，跟着傅导训练，我从来没有后悔过。因为张呈栋现在的足球基本功，很多都得益于傅博带领球队冬训时打下的基础，训练中，傅博对张呈栋的要求很严格、很细致。张呈栋一直都很感激傅博在他少年时代给予的培养。

对于一个教练员来说，业务能力是一方面，另一方面就是教练的人品了。傅博的人品让张呈栋一直非常敬佩，在张呈栋开始从事专业训练的时候，也曾经听说家长给教练送礼、塞红包的说法，作为家长，张呈栋的父母也希望他能够得到教练的照顾。于是，一切照搬，找到傅博，说明来意。结果，傅博根本不是一个收受礼品、红包的教练。傅博严词拒绝，并说，作为一个教练他不会收每个球员一分钱，也会对每个球员一视同仁。不仅如此，在广西进行冬训的时候，为了给这些孩子们补充营养，傅博还经常从自己不多的工资里拿出一部分钱给小球员们买一些营养品。傅博所做的这些，跟随过傅博训练的那批辽足的小球员都记得，因为那批小球员已经长大了，偶尔说起少年时代，都不忘记说起傅博在训练中的严厉与负责，以及对他们每个球员的好。对傅博教练，他们都心存感激。

2013 年下半年到 2014 年初，傅博曾经担任过国家队代理教练。而那段时间，张呈栋刚好结束欧洲留洋回到中超，加盟了北京国安队。在一些人看来，傅博一定会招入自己的"嫡系"张呈栋进国家队，更何况张呈栋本身也具备这个实力，之前无论是高洪波还是卡马乔都曾经征调过张呈栋，张呈栋还参加了 2011 年的

3 场世界杯预选赛。

可是，傅博一直没有在自己任期的时候调张呈栋进国家队。傅博也曾经与张呈栋交流过，主要原因就是考虑到张呈栋刚刚从欧洲回来，还没在国安队打上主力，不希望别人认为张呈栋是凭借与自己的关系才进入国家队，这样对张呈栋的未来发展反而不利。

傅博这样告诉张呈栋，要先凭借自己的实力在国安队站稳脚跟成为绝对主力球员，回到国家队自然是水到渠成的事情。果然，2014 年当张呈栋在国安队打上主力时，新任国家队洋帅佩兰一眼就相中了张呈栋，张呈栋从此成了佩兰时期的主力球员。

第一个劝自己出国的人是李铁

在辽宁队，张呈栋遇到了很多良师益友，除了傅博、马林、李争这些带过自己的教练外，很多辽宁队的优秀球员也对张呈栋产生了很大的影响。比如李铁、肇俊哲这些辽足旗帜性人物。

2008年底，李铁重新回到辽宁队。那时候，张呈栋已经进入辽足一队，和李铁成了队友。在辽足的年轻球员中，李铁非常看好张呈栋、于汉超、杨旭这几名小队员，当时李铁和主教练马林的判断一致：这几个小孩将来一定能够进入国家队。

结果2009年2月，辽足俱乐部的一份霸王合同让张呈栋第一次感到了无助与迷茫。张呈栋知道，如果自己不与辽足签订这份合同，就意味着之前所有的努力都将化为乌有。事实上，当时辽宁队中很多年轻球员都面临相同的问题，大家都不愿意签下这份工资不高、时间又长的合同，可如果不签，辽足又不会给他们注册。所以，很多球员无奈之下只能与辽足签约。

固执的张呈栋不想签下这份合同，甚至做好了回家上学的准备。看到张呈栋如此坚决的想法，李铁找到了张呈栋。问张呈栋的打算，是否真的不想踢球。张呈栋告诉李铁，作为年轻球员，挣钱多少不重要，但他不想在一支球队里一签5年，如果"如俱乐部不同意，那只能选择不踢球了"。

李铁告诉张呈栋，遇到事情不要和自己赌气，不要和自己苦练了这么多年、坚持了这么多年的足球轻易说再见。学会坚持、不放弃，去国外历练自己。去国外踢球，这完全是李铁给自己指出了一条"明路"，可是连中超联赛都没有打过的他出国历练能行吗？但不管怎样，张呈栋决定走出去，闯一闯。

就这样，在李铁的指点下，刚刚 20 岁的张呈栋踏上了留洋路。虽然大多数球员留洋前都是在国内的联赛大名鼎鼎，再去海外发展。虽然张呈栋没有这些光环在身，但他也要在国外通过自己的勤奋、努力，一展身手。

于是，张呈栋在经纪人的帮助下，来到了葡萄牙乙级联赛的马夫拉俱乐部，是继于大宝、王刚留洋葡萄牙后又一名年轻球员。而且张呈栋通过自己的努力证明了自己，并在接下来的几年里如愿奔跑在葡超的赛场上。

张呈栋去葡萄牙前，李铁专门给张呈栋打来电话。李铁叮嘱张呈栋，无论在那里遇到多大困难，一定要坚持住，绝对不能放弃。即使打不上比赛，也要保证训练质量、保持身体状态，还有尽量用最快的时间渡过语言关。张呈栋说，李铁告诉自己的话都是肺腑之言，他非常感谢。坚持、不放弃，是李铁的性格，也是李铁说给自己的话，其实李铁一直是这么做的。

"放养" 自己的经纪人朋友

　　去欧洲踢球对于张呈栋来说并没有什么概念，甚至连想都没有想过，因为从小在电视上看到的欧洲足球都是顶级比赛。自己连中超联赛都没有踢过，一夜之间忽然出国踢球真跟做梦一样。不过，张呈栋还是很向往去欧洲踢球的，至少那里是高水平比赛的聚集地，可以近距离地接触欧洲足球，对自己的发展肯定帮助不小。

　　李铁介绍了经纪人赵伟给张呈栋，只有 20 岁的张呈栋对经纪人第一次知道，原来出国踢球还需要经纪人来运作。赵伟虽然是经纪人，但是并没有以经纪人的身份带张呈栋前往欧洲试训，而是以朋友的身份。当时与张呈栋一同前往葡萄牙试训的还有雷永驰、惠家康两名球员，只不过，他们两个都没有选择留在葡萄牙，只有张呈栋选择留在了葡萄牙。

　　试训后，张呈栋留在葡萄牙的一家乙级联赛俱乐部，马夫拉就是张呈栋在葡萄牙效力的第一家俱乐部。在谈妥了每个月 500 欧元工资、管吃管住的条件后，赵伟便离开了葡萄牙，剩下的一切就交给了张呈栋自己。后来，张呈栋常开玩笑说，其他经纪人带球员是"圈养"，赵伟对他是"散养"。

　　不过，正是这种"散养"的方式反而锻炼了张呈栋的生存能力，张呈栋很快就适应了葡萄牙的生活。人怕逼迫，在压力大的环境中，要么沉默下去，要么爆发出来，张呈栋属于后者。在经历了最初的不适应，张呈栋很快就把有关的训练、比赛、衣食住行的各种事情统统自己搞定，也正是在那段时间，张呈栋的葡语能力得到飞速提升。

接下来，张呈栋凭借自己的努力在马夫拉队踢的风生水起，一时间名声躁动，引得很多球探的关注，并在赵伟的推荐下开启了葡超俱乐部之旅。当时很多人惊讶这个中国的小伙子居然能越过葡甲联赛，直接从葡乙联赛一步跨跃式升到了葡超联赛。在葡萄牙的那三年，赵伟都会尽量根据张呈栋的特点选择合适的俱乐部。

张呈栋说，赵伟人很好，很大方，不斤斤计较，做事情认真、负责，有担当。对自己也是，因为是李铁介绍的，赵伟一直没有以经纪人的方式和自己接触，甚至没有和自己签订合同协议。但赵伟却一直做着经纪人该做的事，这些年自己能够走到这一步，赵伟对自己帮助非常大。一个球员要有好的发展，有一个好的经纪人同样非常重要，很多欧洲、南美球员都是这么走过来的。有了经纪人，自己可以避免为其他事件分散注意力，球员只需把全部精力投入训练和比赛中就可以了。2016 年，张呈栋转会到河北华夏幸福俱乐部时，依旧选择赵伟来全权负责自己的转会事宜。

一路走来最感谢自己的家人

一路走来，张呈栋说，要感谢的人很多，但最应该感谢的还是他的家人。能够有今天，离不开父母的支持，父亲每一步的陪伴，是牺牲了父亲的事业换来的，而母亲无私、细致的爱也让自己温暖不寂寞。这些年，每当自己遇到困难的时候，家人都是最坚强的后盾。

初中毕业前，张呈栋一直生活在保定。对于这座距离北京不远的城市，张呈栋有着深刻的印象。那时候，张呈栋的母亲在河北跳水队当教练，父亲作为优秀大学生来到了保定参加工作，尔后经营一家自己的公司，收益也颇丰。而在张呈栋走上专业足球这条路后，为了照顾年少的张呈栋，张呈栋的父亲关闭了一手创建的公司，专门陪同张呈栋一同前往沈阳。

运动员出身的母亲不很会做饭，但为了保证张呈栋的营养，母亲也练就了营养搭配均衡的拿手西餐。自张呈栋踢球开始，每次张呈栋回家，家里的饭桌上就少了猪肉这道菜，而都是一些牛羊肉的菜，尤其牛肉，每餐不少。张呈栋说，为了他能够有一个好身体，不吃羊肉的母亲一直都积极地给自己做牛羊肉。虽然是小事情，但张呈栋总觉得亏欠父母的爱太多太多。

在欧洲留洋的四年里，父母每天都等候在电脑前，不为别的，只为每天陪张呈栋聊聊天，排除那种异国他乡的孤独。训练结束后，张呈栋也是第一时间坐在电脑前，给父母讲他的训练和队友的趣事；讲他的欧洲生活，快乐的，或烦恼的，只要是张呈栋讲，父母都爱听；张呈栋说，他终于有了尚好的表现，与里斯本竞技的比赛中他上演了帽子戏法。隔着网络父母都能感受到张呈栋的那种幸福。每当这个时候，父母也为张呈栋感到高兴。

后来张呈栋入选了国奥队、国家队，低调的父母也提醒张呈栋，不能有任何骄傲的情绪，因为还没有骄傲的资本。入选国奥队、国家队是开始，是起点，不是终点。

虽然张呈栋父母对张呈栋要求比较严格，但并不专制，很民主。尤其在张呈栋遇到人生选择的时候，父母只给出建议，不做任何武断决定，最终做决断的是张呈栋自己。每一次，父母都尊重张呈栋的意见，即使发生分歧，父母也不影响张呈栋，待互相统一思想后，再一同支持张呈栋。

回国踢球后，父亲每一次都会悄悄来到张呈栋比赛的现场，很多时候，张呈栋根本不知道父亲也在现场为自己加油。偶有几次，父亲在赛后告诉张呈栋在现场看比赛，这种情况，一般都是张呈栋在比赛中状态出色，或是发挥不佳的时候父亲才给张呈栋打电话，告诉他来现场观看比赛了。这个时候，父子俩才坐在一起聊聊刚结束的比赛，聊那些发挥好的环节，更多的是那些发挥欠佳的地方。虽然不是很专业，但父亲也希望张呈栋能够再接再厉、避短扬长，尽可能地做一个球迷喜欢的好球员。

张呈栋并没有让他的父母失望，如今，他已成为中国足坛最炙手可热的球员，这对于张呈栋父母来说也算是一种欣慰。

张呈栋说，他很高兴父母能够这样爱他，无论成功、无论失败，都坚强地站在他的身后支持他。而他，唯一能做的就是希望父母快乐，拥有生活中最简单的幸福。父母的安好，便是晴天。

Zhang Chengdong's
boyhood

F⚽⚽tball

在华夏幸福 的

修行

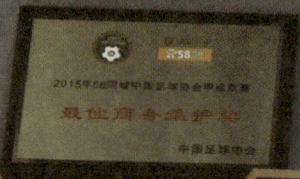

要为家乡赢得荣誉 不给自己留下遗憾

  北京球迷挥泪告别张呈栋，河北球迷则为张呈栋的荣归故里鼓掌欢呼，毕竟这是华夏幸福队中名气最大的河北籍球员。也是张呈栋成为职业球员后，首次加盟家乡的职业足球俱乐部。

  故乡是一根无形的线，不管游子走多远，终究离不开它的牵绊，是挥之不去的情结。张呈栋亦是如此。他的心中，一直希望能够有机会为家乡俱乐部效力。小的时候，河北因为没有职业足球俱乐部，只能很早就离开了家乡。而无论在辽宁、在欧洲，还是在国安，都希望有一天能够代表家乡球队征战职业联赛。结束留洋回到国内那会儿，河北还没有中超球队。但仅仅三年多的时间，河北已经在中超、中甲有了三家职业俱乐部。其中，河北华夏幸福更是成为一家让河北球迷充满期待的中超俱乐部。

  回家一直是张呈栋多年的一个心愿，如果放在过去，因为没有合适的平台，也就只是空想一番而已，根本不可能实现的事。如今不同了，遇到了有着长远发展目标的华夏幸福俱乐部。

  这之前，张呈栋和许多人一样，并不了解华夏幸福足球俱乐部，只知道这是一家房地产公司，其他一无所知。但随着河北华夏幸福这支俱乐部的投入越来越大，在中超的影响力也越来越强，越来越多的人开始对华夏幸福有所了解。慢慢地，一些知名的足球人来到了华夏幸福，曾经在国内联赛赛场上名噪一时的李铁，这个曾经代表中国队参加过 2002 年世界杯，并且留洋英超的前国脚，不仅在球员生涯中有着显赫的经历，退役后也作为名帅里皮的中方教练积累了丰富的经验。他，在离开广州恒大队后担任河北华夏幸福队主教练，率领球队完成冲超，并且一度在中超联赛中取得了不错的成绩。还有，原国家队新闻官付强也来到华夏幸福俱乐部任职总经理，显然，他们的到来更多的是传递了关于华夏幸福搞足球的坚定、理念与规划。

正因为他们的加入和努力，正因为华夏人的拼搏和不懈，河北华夏幸福俱乐部才刚一步步进入人们的视野，就以惊人的速度成长，且变得越发的强大，不仅被人们熟知也被人们认可。这样的一支河北华夏幸福俱乐部，虽还是一支新生军，但其朝气蓬勃的生命力正不可阻挡地、一骑绝尘地向前冲。

河北华夏幸福足球俱乐部不得不入了张呈栋的眼，通过观察，张呈栋相信这是一家非常有社会责任感的俱乐部，河北华夏幸福这个企业，投资足球并不是一时兴起，也不是跟风追求一时的成绩，而是一个对未来有着长远发展目标和规划的俱乐部。河北华夏幸福这个企业，他们是真的想为河北足球、中国足球做一些脚踏实地的、摸得着看得见的事情。作为河北人，张呈栋能为家乡有这样的一家企业、一支足球俱乐部感到欣慰和自豪。而自己作为一名地道的河北人，当家乡的俱乐部需要自己时，自然是义不容辞选择回家，为家乡的球队献力。

河北虽是个人口众多的大省，但却没有一支属于自己的本土足球队，直到 2013 年才第一次拥有了自己的职业足球俱乐部，现在的石家庄永昌俊豪足球俱乐部。2015 年河北华夏幸福俱乐部成立，这让河北的人们为之雀跃，因为河北终于有了一支中超足球队了，人们也终于可以在家门口看到高级别的足球比赛了。所以，当河北华夏幸福俱乐部宣布张呈栋正式加盟后，俱乐部的官方微博、官方微信平台立刻被球迷的评论刷爆，微博阅读量创下了历史新高，由此可见河北球迷是多么渴望张呈栋的加盟。"欢迎回家、一起战斗"，是球迷们留言给张呈栋最多的一句话。

身为一名球员，看到有这样一群热情的、支持自己的球迷们着实心里是热乎乎的，很温暖。而作为一名职业球员，能为家乡的球队献出自己的力量，是一种幸运、也是一种幸福，而自己恰恰拥有了这两样东西，幸运和幸福。这是多少人羡慕不得的。张呈栋深知，自己现在所拥有的离不开球迷们的拥护和支持，是球迷们给了自己依托，让自己有了勇气和不断努力的信心。

张呈栋心存感激，他很感谢那些一直支持他的球迷们。2017 年新春第一天，张呈栋在自己的微博中这样写：新的一年，自己有了一个全新的身份——河北华夏幸福球员。大家都知道，河北是我的故乡，我想每一位职业球员的内心多多少少都会希望能为自己家乡的足球发展做一些贡献，所以即使我对国安有诸多的不舍，我还是希望在自己有限的职业生涯中能够代表家乡球队赢得荣誉，不想让自己留下遗憾。

张呈栋说他非常感谢国安和华夏幸福这两家俱乐部，正是因为他们之间良好的沟通，才让自己一直以来的心愿得以实现。随着这两年河北足球巨大的发展，使得河北足球开始在中国职业足球的版图上占据一席之地，作为一个来自河北的球员感到很欣慰，也希望自己能够为河北足球尽一份力，而河北华夏幸福给了自己这个机会。张呈栋很珍惜这个机会，他说，新赛季里，自己将和华夏幸福的队友们、球迷们一起并肩战斗，争取为河北华夏幸福取得荣誉。

国足队友再相聚 重组最强战队

    2017 年虽然只是华夏幸福冲入中超后的第二个赛季，但球队经过连续两年的招兵买马，队中球员实力已经基本达到了中超上游水平，队中也不乏国脚以及多次入选国家队的球员。来到华夏幸福队后，张呈栋也坦言，自己希望能够尽早融入球队中，特别是熟悉新帅佩莱格里尼的战术理念。

    在华夏幸福队，张呈栋遇到了曾经在国家队、国青队时的队友，任航、赵明剑、尹鸿博、丁海峰、董学升这些球员都曾经是张呈栋不同时期的队友，如今大家相聚在华夏幸福，自然也格外开心。华夏幸福，中超联赛新豪门，在很多人羡慕的目光里，华夏幸福完成了"中超买、买、买"的引援计划。其实，在华夏幸福冲上中超后，很多球员开始关注这支年轻的中超俱乐部，之所以后来能够有那么多国脚级人物投奔华夏幸福，绝不仅仅是因为外界传言的高收入，更重要的还是俱乐部下大力气搞足球的发展理念。

    每一名来到华夏幸福的球员，在与俱乐部总经理付强交谈过后，最后都表示，打动他们的是华夏幸福立志打造百年足球俱乐部的方针理念，所有的一切运营方式与国际接轨，大家来到这里，有着共同的目标，就是希望能够一起创造属于这个俱乐部的光荣历史。正是在这种动力的促使下，这些从小在一起建立起来的队友兄弟情，在来到华夏幸福后不仅组成了一个强大的阵容，更让他们迅速成为一个极具凝聚力的战斗团队。

张呈栋说，遇到对的人，话也自然多了起来。年初，球队冬训地点依次安排在马来西亚和西班牙两地，分配房间的时候，张呈栋和任航这两名国脚级的核心球员按理说都可以享受单独房间的待遇，但由于两个人从小就相熟，兄弟情分笃定，两个人一见面二话不说就搬到了一起。张呈栋也找到了多年前的感觉，除了训练之外，张呈栋的话匣子也彻底打开了。以至于任航打趣张呈栋：是不是你在葡萄牙、德国留洋的时候找不到人聊天，把那几年憋的话都攒着回来跟我们一起聊……

当然，这只是句玩笑话。大家在一起说说话，绝不是寂寞无聊打发时间，聊的是感情、聊的是默契、聊的是如何能够在一个新的团队里爆发出最大的战斗力。因为他们聚在一起都有一个共同的目的，希望能够为华夏幸福队夺得更多的荣誉，也只有这样才能体现他们的价值。

众所周知，华夏幸福队的队内气氛是出了名的好，球员们彼此间的相处就像一家人一样。因为小岛的地理位置特殊性，大家平时训练结束后，依旧三三两两聚在一起，聊天、吃饭、喝茶，玩游戏，尤其大家很热衷于当下流行的"杀人"游戏，因为这游戏不仅真人实战，更能考验在关键时刻一个人的情商和智商，所以大家都很喜欢玩。"天黑请闭眼"是这款游戏里的开场白，有时候，即使不在游戏的状态下，"天黑请闭眼"这句经典台词也时常被队友们挂在嘴边。总之大家在小岛上的业余生活不仅不枯燥，反而很乐呵，彼此间找乐子也都乐此不疲。

由于张呈栋性格好，又善谈，具有球队里的头号好人缘，大家都乐意接触张呈栋与他相处甚好，就连外援也很喜欢张呈栋。几年的留洋经历和语言天赋让张呈栋，很融入外援的生活，比如姆比亚就和张呈栋就很谈得来，两人还时常有说有笑互相打趣取悦。

其实姆比亚和张呈栋的性格很相像，外向、善谈、话多，虽然中文还说不来，但以他丰富的肢体语言已经一跃成为球队里的开心果了。张呈栋和他，两人简直成了队内的哼哈搞笑二将，他们在一起搞笑的视频也经常被队友偷拍下来。不过，两个人也乐在其中，很是享受。

2017年年初，西班牙冬训的时候，两人一起接受媒体公开采访后，张呈栋直接拿起话筒采访姆比亚，结果你一言我一语，两人在镜头前直接上演了一轮语音"对攻"，绝对活脱脱的一片场幽默搞笑视频直播。

除了国家队的队友、外援，球队里的年轻队员也愿意与张呈栋"混"在一起，除却张呈栋言语上给他们必要的点拨指导外，更是经常在训练结束后拉上这些二十出头的小伙子一起加练。年轻的前锋球员桂宏可以说就是张呈栋的"爱将"，只要桂宏加练，张呈栋都会陪在他身边。结果，想不到的是，在帮助桂宏提高技术的同时，张呈栋自己也找回了射门的感觉，以至于张呈栋在华夏幸福队打入第一个进球的时候，桂宏在赛后笑呵呵地对张呈栋说：嘟嘟哥，你看你每次陪我加练，结果把你自己给练出来了，是不是也得谢谢我呀！呵呵。

华夏幸福队的竞争非常激烈，每个位置几乎都是国脚级球员。刚来到球队的时候，张呈栋曾经希望能够有机会打一打左边前卫，因为这也是当年他踢葡萄牙联赛时最喜欢打的位置。在马夫拉、在莱利亚、贝拉马尔，张呈栋都在左前卫的位置上有过出色表现。

自从回到国内加盟北京国安后，因为北京国安一直在右后卫、右前卫的位置上人手较少，加之张呈栋还是能打多个位置的"万金油"球员，结果就被"定"在了右路。所以这次转会到华夏幸福，张呈栋主动表示，希望有机会能够重新打回左前卫的位置。可惜，在左前卫的位置上，有球队的"大哥"拉维奇，所以张呈栋也只能继续坐镇球队的右路。

不过，虽然没能抢来拉维奇的黄金左路，但张呈栋却在另一项较量中战胜了队中的头号大哥，这就是西班牙拉练时候举办的一次乒乓球比赛。虽然是华夏幸福队内部举办的乒乓球比赛，却没有想到一个外国人能把被誉为中国"国球"的乒乓球打得这么娴熟、这么好；更没想到的是，一个来自阿根廷"足球王国"的拉维奇能一路过关斩将杀入决赛，幸好张呈栋也同样打入了决赛，并最终成功捍卫了国球荣誉，在决赛中战胜拉维奇，获得了乒乓球冠军的头衔。

为幸福而战 进球的感觉真好

　　转会到华夏幸福，张呈栋的球衣号码依旧是 28 号。28 号球衣，是张呈栋曾经葡萄牙留洋、回国后在北京国安队一直穿的球衣号码，28 号也是张呈栋自己的幸运数字，张呈栋的铁杆粉丝们也都专门收集张呈栋各个时期的球衣。来到华夏幸福后，有一位球迷希望张呈栋能够送自己一件华夏幸福队的 28 号球衣，张呈栋说，球迷的要求他一定满足，但是要在他代表河北华夏幸福队打入第一粒进球的时候，他会脱下球衣亲手送给这位球迷。为此，张呈栋还特别在俱乐部的官方微博访谈中作了强调，并说以此为证。结果，张呈栋确确实实地进球了。这位球迷是幸运的，他没有等太久就如愿了，如愿地拿到张呈栋亲手送给自己的 28 号球衣。

　　2017 年 3 月 5 日，张呈栋身披华夏幸福队球衣迎来了自己代表家乡球队的第一场比赛，那种感觉很幸福，如同华夏幸福俱乐部的名字一样。至此，张呈栋职业生涯又掀开了新的一页，为幸福而战。

　　张呈栋的进球来得并不晚，相比于在加盟国安队近一年的时间才收获进球，而且还是效力于国安三年半期间的唯一一粒进球。在华夏幸福，张呈栋只用了 55 天就迎来了自己的第一粒进球。

　　2017 年 4 月 29 日，中超联赛第 7 轮的比赛中，河北华夏幸福队主场对阵天津泰达亿利队，上半时不到30分钟，华夏幸福队就已经3：0领先。结果好戏还没完，第39分钟，华夏幸福队左边一记低平球传至门前，高速插上的张呈栋后点倒地铲射将足球送入网窝，4：0，张呈栋收获本赛季首球，也是加盟华夏幸福后的首个进球。进球后，张呈栋没有忘记兑现自己的承诺，第一时间就通过微博发声，寻找那位等待自己进球后索要球衣的球迷，没想到，一下子有太多的人都想得到他的球衣。对此，张呈栋笑说，他需要继续进球、进更多的球。只有这样，才能满足进球后送球衣给球迷的要求。

没错，一个进球当然不够，一个月后的5月27日，华夏幸福队主场迎战长春亚泰，张呈栋又一次帮助球队打入一球。如果说上一个进球是锦上添花，那么这一粒进球绝对是雪中送炭。本场比赛双方打得难解难分，比赛进行到伤停补时阶段仍然是1：1，结果在第95分钟的时候，张呈栋禁区前沿左脚低平球打门，足球速度很快，贴地面滚入球门远端，凭借张呈栋的这粒绝杀进球，华夏幸福队以2：1战胜了对手，取得了主场5连胜，张呈栋无疑是本场比赛获胜的功臣之一。

随后，7月22日中超联赛第18轮的比赛中，张呈栋再次帮助球队打入一球。一时之间，除了外援，打入3粒进球的张呈栋竟然成了队内进球最多的中国球员，昔日曾经在葡萄牙面对本菲卡队上演帽子戏法的那个中国少年又重新找回了射门靴。张呈栋自然也非常享受这种进球得分的感觉。他说，没有什么事能让自己比在比赛中进球的心情更好了，那感觉简直就是美妙、无法言喻，如果非要形容的话，就是一个字，爽！

最受河北球迷喜欢 当家球星幸福来敲门

在华夏幸福队中，最受球迷喜欢的球员无疑就是张呈栋，毕竟张呈栋是队中为数不多的河北籍球员，华夏幸福队作为河北企业，也自然希望能够在球队中多增加河北元素，张呈栋自然也成了球队旗帜性的人物。

张呈栋是个很贴心的球员，尤其是对于支持、喜爱他的球迷更是友爱有加，只要能做到的都会有求必应。来到华夏幸福队后，除了日常的训练、比赛外，另外一个很主要的工作就是与球迷们互动。虽然秦皇岛这个城市不大，但这里却不缺少热情的球迷，每一堂公开训练课，都有很多的秦皇岛球迷守候在场外，围着张呈栋签名、合影的球迷总是最多的。而张呈栋也一如在北京的时候一样，耐心地配合每一名球迷，只要现场有球迷需要他合影或签名，张呈栋都会一一满足，不离开，也没有不耐烦。

自从有了华夏幸福队，河北球迷的幸福日子就算来了。球队主场比赛的时候，很多球迷从河北各个城市来到秦皇岛奥体中心为华夏幸福队助威，以至于华夏幸福队每个主场上座率从来没有低于过 15000 人，这对于交通不算便利的秦皇岛市来说，已经是一个不大不小的奇迹。

面对这些热情的球迷，张呈栋也格外动情。他觉得能在华夏幸福队踢球是荣幸，也是一种幸福。虽然是家乡球队，但自己却从未想过会有这么多的热情球迷来关心、支持自己，在每一场比赛、每一次的公开训练课都有那么多的球迷来到现场。这让张呈栋欣慰又感动。张呈栋说他没有想到，球队每一个主场比赛的上座率都达到一万五千人左右，这样的上座率、这样可爱的球迷们、这样的风雨不误、这样的不顾严寒酷暑，且有组织地给球队加油助威，唯有精彩的表现可以回报球迷。张呈栋很在意球迷们的感受，他说没有比球迷更可爱的人了。胜也爱你败也爱你，这就是河北华夏幸福球迷们的写照。球队赢球了，看台一时间就成了欢乐的海洋，开心着，比创造胜利的球员们还高兴，还疯狂。张呈栋说，这一幕是让他在球场上奋力拼搏的动力源。

在张呈栋看来，华夏幸福球迷们的力量绝不逊色于其他大城市的球迷。张呈栋打入加盟华夏幸福队第一粒进球的那场比赛中，张呈栋的母亲也来到了现场观看比赛，赛后母亲对张呈栋说，看台上，有很多孩子观看比赛，偶尔还给球队加油，跟随着大人们一波一波的人浪起伏而欢呼雀跃，还时不时地举起小旗子挥舞，为场上精彩的场面鼓掌，他们看起来不大，只有3、5岁的样子，他们不哭也不闹，他们在父母的陪同下，一起见证球队的胜利。这些，让张呈栋心潮起伏，或许今天坐在看台上看球的孩子们，就是未来十年后二十年后球场的主力军，孩子们的兴趣、爱好决定着他们未来的发展，孩子们才是中国足球的未来和希望。这些看球的孩子们让张呈栋欣慰，无论河北足球还是中国足球，都需要这样的传承，坚持下去，未来中国足球怎么会不强大？

华夏幸福俱乐部自成立以来，就一直非常重视与球迷的关系。俱乐部专门有一项社会公益活动叫作"幸福来敲门"，华夏幸福队的球员们都会参与到这项公益活动中。张呈栋在加盟华夏幸福队后，自然也成了"公益大使"，每一次面对俱乐部组织的活动，张呈栋都会积极参与。

2017年的4月份，华夏幸福队刚刚回到秦皇岛不久，俱乐部就组织了一次走进东北大学，与大学生联谊的"幸福来敲门"活动。为了参加这次公益活动，张呈栋放弃了一天的休息时间，提前回到了球队，走进校园，与大学生们一起分享自己的成长经历与足球心得。

与这些热情奔放又知性十足的大学生球迷在一起交流，张呈栋说那种感觉棒

极了，只有走到球迷中间，才更能体会球迷的心情，更体会他们对一场比赛胜利的渴望和包容，才更能领悟到球迷的爱与执着。通过交流让自己有一种很强的发自内心的想为他们战斗的感觉。而他们，也更愿意成为球队身后的"第12人"，愿意每一场比赛与球队并肩作战，为了华夏幸福队、为了河北足球一起战斗。也许这就是球员与球迷之间最大的默契。

最让张呈栋感动的是，支持华夏幸福队的那些球迷们，绝不仅仅是能够在顺境中与球队一起享受胜利的喜悦，而即使是逆境，遇到困难也能够陪伴球队一起承担失利的痛苦。2017 年 7 月，虽是盛夏之季，但对于华夏幸福队来说并不如盛夏那般美好，而是遭遇了一个低谷期，球队成绩出现了起伏。这无论对华夏幸福队来说，还是对于华夏幸福的球迷们来说，都是一个考验。但是大家都挺过来了，球队的将士们挺过来了，球迷们也挺过来了。当球队连续输球的时候，无论是来到主场的一万多名球迷，还是跟随球队前往客场的远征军，大家都依旧鼓足了气力为球队打气、加油。

张呈栋说，河北的球迷与自己之前在北京、在国外遇到的那些忠实球迷没有任何分别，他们对于球队的忠诚度同样让人敬佩。所以，即使是在球队输球的情况下，张呈栋也会在谢场的时候走在队伍的最前面，双手高举向看台上的球迷鼓掌致敬，因为张呈栋知道，哪怕是遭受到球迷们的批评或是不满意，也要承受这一切，因为球迷的爱是最纯粹的。

人生就是不断的修行 小岛过起安静读书生活

　　来到华夏幸福、来到秦皇岛，张呈栋似乎又重新找回了曾经在葡萄牙生活的那种感觉，简单、随性又充实，重要的是，可以在有限的时间里给自己补充足够的能量。或许应了那句话"人生本来就是一场修行"。张呈栋说，他要在小岛上好好修炼自己。

　　在张呈栋看来，修行其实就是踏踏实实做好当下的每一件事。因为人生就是一场不断自我完善的修行，要想自己变得更好，就需要不断的修行和磨炼自己。比如自己在欧洲留洋的那段日子，就是一次很好的修行，不仅锻炼了自己的意志，还学会了勇敢。给自己重新回到国内再修行打下了良好夯实的基础。

　　张呈栋说，生活在秦皇岛，感觉和国外踢球的那段生活非常相像。以前在欧洲踢球的时候，由于球队是在城市下面的一个小镇上，远离城市的繁华，生活就过得相对简单了很多，每天上午训练，午餐过后，下午到晚上基本没有什么事情可做。空下了很多时间，张呈栋便把这些时间利用起来观看高水平的赛事，然后总结并结合自己举一反三运用到训练和比赛中去。也会经常看看书，或是思考一些问题。回国后，每当有人问起他欧洲的业余生活怎么样，张呈栋都会说，海外生活的那几年，是一种修行，是提高自己的修行。

　　如今，在秦皇岛也差不多如此，远离了大都市的喧嚣，没有了训练、比赛后的太多社交与应酬，张呈栋觉得，自己又回到了在葡萄牙踢球的那种日子了。这里安静、安逸，每天训练后，有很多属于自己的时间，可以沉下心来做一些自己想做的事情，比如看看书、写写字。

或者某一次比赛结束后，如果心情好，可以开车回到200多公里以外的北京。就像当初在葡萄牙时候那样，效力的葡乙球队距离首都里斯本就有200多公里的距离，有的时候比赛结束后，张呈栋会与队友开车去里斯本转一转，吃吃喝喝再一起侃侃有趣的话题，感觉生活也无比惬意。简单地放松后再回到安静的小镇里重复平静的生活。

在秦皇岛亦是如此，俱乐部创造的训练环境非常好，张呈栋每天几乎是公寓、训练场两点一线的生活。在这里，张呈栋又开始一次新的修行，给自己充电。张呈栋觉得所有的经历，开心也好，苦痛也罢，都是为塑造更完美的自己。既然如此，既然认定了这个理儿，既然修行是一次心里建设，一次补充能量的加油站，那就坚持下去，实现一次自我蜕变。

小岛的生活让张呈栋慢慢地沉静了下来，他有大把的时间可以放空自己、放飞思绪，也可以让自己那些闲暇的时间变得充实，自我或者更有色彩。他来到了图书馆，走进了新华书店。他为自己买上几本书，找一家咖啡店。坐下来，翻翻看看，总会学到些东西，总是会有所收获。

或者某个午后、某个洒满斜阳的傍晚，他，张呈栋，一个人，一杯茶，一本书，一种心情，亦或某个时刻，他，忽地读懂了一段时光，知道自己到底需要的是什么。这或许是张呈栋修行过程中的有所感悟，是修行的果。俗语说"读万卷书，行万里路"，张呈栋说他需要的是后者，他要读很多的书，他要把自己修成一个儒雅的踢球人。

坐在小岛的咖啡店里，张呈栋看的第一本书便是龙应台的生活散文。《目送》《孩子你慢慢来》张呈栋都很喜欢，他喜欢这类感悟性的人生之书，忧伤，美丽又不失深邃。张呈栋说，读过《蝴蝶结》，一遇到台阶或是夕阳这种类似的场景，便会想到龙应台笔下那个眼睛晶亮的小女孩，正用她5岁的手指从从容容地扎蝴蝶结的一幕，而看她的人愿意等上一辈子的时间……

张呈栋说自己小的时候，母亲也曾这样看着自己从从容容地做一件事。成长的代价，人生不短，如果能有人愿意等你做好一件事，该是多么的幸福。而这个人便是自己的父亲、母亲。

　　生活中总是有很多这样细碎的记忆，读书让张呈栋变得细腻了不少，他常常从读着的书里面看到自己，看到家人，也常常从读着的书里面领略到人生的意义，美好或者悲凉。他常常有很多想说的话，对家人的、对朋友的、对所有爱自己的人的。他想说，他的今天需要感谢的有太多太多的人，很多这样的时候，他很动情。

　　于是，张呈栋拿起了笔，记录下了这一刻的自己，也记录下生活里的点点滴滴。他的心得、他的感悟，当然少不了关于球队、比赛、训练以及俱乐部的幸福生活。对了，还有很多民生话题，关于正义、关于责任。张呈栋说，这些琐碎构成了生活，也让他在生活里修行。就如加措活佛所说，一切都是最好的安排。自己需要做的就是珍惜与把握，认真度过在华夏幸福、在秦皇岛的每一天，相信所有的付出一定会有回报。

乘风破浪：张呈栋传

张呈栋档案

国　籍：中国　　　民　族：汉族

身　高：184cm　　体　重：73kg

出生地：河北保定

出生日期：1989年2月9日

毕业院校：意大利AC米兰足球学校

喜欢吃驴肉火烧、麻辣火锅、甜品、咖啡。

最喜欢绿色、黄色和橙色这些比较鲜艳的颜色。

最喜欢看好莱坞动作大片。

最喜欢的一首歌是西班牙语歌，叫《Me Voy Enamorado 恋爱中的我走了》

最大的兴趣爱好就是逛街、打台球、看电影。不喜欢看悲剧，喜欢结局比较好的故事。

最难忘的比赛：马夫拉与里斯本竞技的葡萄牙杯比赛，自己上演了帽子戏法。

葡超的第一个进球：对手科因布拉大学城队，自己打入了在葡超第一个进球。

葡超最重要的进球：在葡超第三年的比赛中，贝拉马尔在保级战面对圣维森特队，那是一场必须赢的比赛，结果凭借张呈栋的头球得分，1：0绝杀对手。

在国安表现最好的比赛：2014年第一场比赛，主场和长春亚泰的比赛，1：0助攻巴塔拉，边路突破。

在国安最难忘的比赛：2014年客场1：0战胜广州恒大。

上架建议：传记·球星

ISBN 978-7-5143-6609-9

9 787514 366099 >

定价：69.80 元